国家技术转移专业人员能力等级培训
（塔里木大学南疆技术转移中心）

民商事法律基础知识

主　　编　　刘子龙　　简端良
其他编者　　陈媛媛　　曹　然
　　　　　　邹婷婷　　陈昕雨

中国农业科学技术出版社

图书在版编目（CIP）数据

民商事法律基础知识/刘子龙，简端良主编. —— 北京：中国农业科学技术出版社，2023.7
ISBN 978-7-5116-6300-9

Ⅰ.①民… Ⅱ.①刘…②简… Ⅲ.①民法—基本知识—中国②商法—基本知识—中国 Ⅳ.① D923

中国版本图书馆CIP数据核字（2023）第101411号

责任编辑　张国锋
责任校对　贾若妍　李向荣
责任印制　姜义伟　王思文

出 版 者	中国农业科学技术出版社 北京市中关村南大街12号　邮编：100081
电　　话	（010）82109705（编辑室）　（010）82109702（发行部） （010）82109709（读者服务部）
网　　址	https://castp.caas.cn
经 销 者	各地新华书店
印 刷 者	北京富泰印刷有限责任公司
开　　本	148 mm×210 mm　1/32
印　　张	8.375
字　　数	260千字
版　　次	2023年7月第1版　2023年7月第1次印刷
定　　价	48.00元

版权所有·侵权必究

前　言

技术转移是我国科技创新体系中的重要组成部分，是将科学技术研发成果转化为经济社会生产力的关键环节。习近平总书记在2021年中央全面深化改革委员会会议上明确指出"要加快科研成果的转化，建设高水平的技术交易市场"。而推动科研成果的转化，核心关键就在于技术转移。从结构视角来看，技术转移这一过程涉及两个重要的结构要素：主体和方式。而从法律视角来审视，技术转移过程中的主体和方式这两大结构要素，则对应的是由我国现行法律体系中的民商事法律规范来进行规定。具体而言，商事法律规范中的《公司法》，规定的是技术转移中的主体问题，即谁来实施技术转移；民事法律规范中的《合同编》，则规定的是技术转移的方式问题，即技术转移的法律途径和形式。据此，本书紧紧围绕技术转移中的主体和方式这两大结构要素，聚焦民商事法律规范中的《公司法》和《合同编》，进行规范重述和制度梳理。在技术转移的主体方面，重点围绕公司及《公司法》进行阐述，主要包括公司的基本范畴，公司的基本类型（有限责任公司和股份有限公司），公司的组织过程，公司的治理结构，公司资本制度，股东及股东权利，公司的变更，公司的终止、重整和清算等内容；在技术转移的方式方面，则重点围绕《合同编》展开阐述，主要包括合同的基本范畴，合同的订立，合同的内容和形式，合同的效力，合同的履行，合同的保全，合同的变更与转让，合同权利义务的终止，违约责任，技术合同等内容。全书侧重于对现行涉及技术转移的民商事法律规范进行基础性阐释,力求做到全面系统、通俗易懂。可为国家技术转移专业人员能力等级培训提供教材教辅参考,也可为国家技术转移专业人员的实务实践提供参考。

本书的撰写与成书出版受塔里木大学南疆技术转移中心的资助。同时,本书还受到新疆生产建设兵团科技计划项目《国家级技术转移人才培养基地支撑能力建设》(2022DA003)和《中央引导地方科技——南疆技术转移中心》(2020ZY006-1)的项目资助,在此表示特别感谢。

刘子龙

2023年5月8日

目 录

第一编 法律概论

第一章 法律基本原理 ……………………………………… 3
第一节 法律基本概念 ………………………………… 3
第二节 习近平法治思想引领全面依法治国基本方略 ……… 10

第二编 民事法律制度

第二章 基本民事法律制度 ………………………………… 17
第一节 民法概述 ……………………………………… 17
第二节 民事法律行为制度 …………………………… 22
第三节 代理制度 ……………………………………… 32
第四节 民事责任制度 ………………………………… 35
第五节 诉讼时效制度 ………………………………… 39

第三编 合同法律制度

第三章 合同法通则 ………………………………………… 45
第一节 合同的基本理论 ……………………………… 45
第二节 合同的订立 …………………………………… 50
第三节 合同的效力 …………………………………… 57
第四节 合同的履行 …………………………………… 58

第五节	合同的保全	65
第六节	合同的变更和转让	67
第七节	合同的权利义务终止	69
第八节	违约责任	74

第四章　典型合同　78

第一节	买卖合同	78
第二节	供用电、水、气、热力合同	89
第三节	赠与合同	90
第四节	借款合同	91
第五节	保证合同	97
第六节	租赁合同	103
第七节	融资租赁合同	106
第八节	保理合同	110
第九节	承揽合同	111
第十节	建设工程合同	113
第十一节	运输合同	121
第十二节	保管合同	125
第十三节	仓储合同	126
第十四节	委托合同	128
第十五节	物业服务合同	130
第十六节	行纪合同	133
第十七节	中介合同	134
第十八节	合伙合同	135

第五章　技术合同　137

第一节	技术合同基本理论	137
第二节	技术开发合同	139
第三节	技术转让合同	141
第四节	技术许可合同	143

第五节　技术咨询合同 ………………………………………… 145
　　第六节　技术服务合同 ………………………………………… 146
第六章　准合同 ………………………………………………………… 148
　　第一节　无因管理 ……………………………………………… 148
　　第二节　不当得利 ……………………………………………… 149

第四编　商事法律制度

第七章　公司与公司法 ………………………………………………… 153
　　第一节　公司与公司法概述 …………………………………… 153
　　第二节　公司的主要类型 ……………………………………… 159
　　第三节　公司法人格否认制度 ………………………………… 163
第八章　有限责任公司 ………………………………………………… 165
　　第一节　有限责任公司的设立 ………………………………… 166
　　第二节　有限责任公司股东的权利与义务 …………………… 173
　　第三节　有限责任公司的治理结构 …………………………… 178
　　第四节　有限责任公司的股权转让 …………………………… 185
第九章　股份有限公司 ………………………………………………… 191
　　第一节　股份有限公司设立 …………………………………… 191
　　第二节　股份有限公司的股份或股票发行与转让 …………… 198
　　第三节　股份有限公司的治理结构 …………………………… 205
　　第四节　上市公司组织机构的特别规定 ……………………… 212
第十章　公司的变更 …………………………………………………… 214
　　第一节　公司的合并 …………………………………………… 214
　　第二节　公司的分立 …………………………………………… 222
　　第三节　公司的其他重要变更 ………………………………… 230
第十一章　公司终止 …………………………………………………… 239
　　第一节　公司解散 ……………………………………………… 239

第二节　公司清算 …………………………………………… 244
第三节　公司重整 …………………………………………… 253

后　记 ……………………………………………………… 258

第一编 法律概论

第一章 法律基本原理

法是由国家制定或认可,以权利义务为主要内容,由国家强制力保证实施的社会行为规范及其相应的规范性文件的总称。法是人类社会生活经验的提炼与总结,是人类社会发展的智慧结晶。在社会活动中形成的各种行为与关系,是法律调整的重要对象——法通过对社会成员行为的规范和引导,实现统治阶级所追求的社会价值与法律目标。

我国《宪法》规定:"中华人民共和国实行依法治国,建设社会主义法治国家。"依法治国是对新中国历史经验进行深刻总结的结果,是发展社会主义市场经济的客观需要,是国家民主法治进步的重要标志,是建设中国特色社会主义文化的重要条件,是国家长治久安的重要保障。党领导人民制定宪法和法律,并在宪法和法律范围内活动。

为了有效控制法律风险,提升服务水平,国家技术转移专业人员在从事本职工作的过程中,应当具有法律意识、熟悉相关法律知识、掌握一定的运用法律解决专业问题的技能。

第一节 法律基本概念

一、法的概念与特征

法的概念是法理学的本源问题。不同学派对法的概念和本质有不同的观点,例如,自然法学派认为,在国家制定的实在法之上存在一种"与公平正义有着必然联系"的自然法;社会法学派认为,法是以最小代价实现满足社会全体最大欲望的社会制度。马克思主义经典作家批判继承了关于法概念的学说思想,从国家、阶级和物质条件等角度给出了法的科学定义,即:法是反映由一定物质生活条件所决定的统治阶级意志的,由国家制定或认可,以权利义务为主要内容,由国家强制力保证实施的社会行为规范及其相应的规范性文件的总称。

与其他类型的社会规范相比,法具有以下特征。

(一)法是由一定物质生活条件所决定的统治阶级意志的体现

马克思主义认为,统治阶级的意志通过法律的形式上升为国家意志。法作为统治阶级意志的体现,同时又具有代表全社会的属性:一方面,法代表的是统治阶级的整体意志,而不是统治阶级中个别人或个别集团的意志;另一方面,法也根据不同阶级、阶层和利益群体相互斗争和妥协的具体情况,尽可能关注被统治阶级和社会弱势群体的权利和利益。但在本质上,法仍然集中体现统治阶级的利益。

按照马克思主义"经济基础决定上层建筑"的基本原理,作为上层建筑重要组成部分的法,是由具体的经济基础即特定的物质生活条件所决定的。因此,正如马克思所说:"君主们在任何时候都不得不服从经济条件,并且从来不能向经济条件发号施令",统治阶级的意志也必须服从于社会物质生活条件,而不能随意立法。

(二)法是由国家制定或认可的行为规范

法由国家制定或认可,体现了法的国家意志性。"制定",即由有权的国家机关根据调整社会关系和规范人的行为的需要,通过一定程序创制新的法律规范。通常,国家通过立法机关、行政机关制定法律,也有一些国家通过司法机关判决的形式形成判例法。"认可",即通过国家权力确认某种社会上已经通行的规则具有法律效力——这些规则可能来源于习惯、教义或礼仪等。国家制定或认可的特征使法具有权威性和统一性:任何人都必须遵守和执行、不可违抗;同时,除了极端情况外,一个国家只能有一个总的法律体系,该法律体系内部各法律规范不能相互矛盾,且在本国主权范围内具有普遍约束力。

(三)法是由国家强制力保证实施的行为规范

任何一种社会规范都有一定的实施保障,如违反道德规范会受到舆论的谴责。法与其他社会规范所不同之处在于:法是由国家强制力保证实施的，国家强制力由军队、警察、监狱等国家机构作为支持。

当然，法具有国家强制性并不意味着法律规范的实施都是依靠国家强制而实现。事实上，法律的实施主要仍依赖于社会主体的自觉遵守和执行。只有社会主体不遵守法律规定并需要承担法律责任时，才会有国家机器保证其实施。

（四）法是调整人的行为和社会关系的行为规范

行为规范大致可以分为两大类：一类是社会规范，调整人与人之间的关系，约束人的行为；另一类是技术规范，调整人与自然、人与劳动工具之间的关系，如度量衡等，后者一般不属于法的范畴。但随着管理科学的出现和发展，人类管理社会的规则也不断技术化，进而产生了所谓的社会技术规范，如环境保护、食品安全、建筑质量标准等。这些规范经国家制定或认可后，也纳入法律规范的范畴。

（五）法是确定社会关系参加者的权利和义务的规范

权利和义务是调整社会关系参与者行为的基本表达形式。法通过确定各方的权利义务，发挥影响人们的动机、指引人们的行为和调节社会关系的功能。法律所规定的权利和义务不仅指个人、组织（法人和非法人组织）及国家（作为普通法律主体）的权利义务，还包括国家机关及其公职人员在依法执行公务时所行使的职权和职责。

二、法律体系

法律体系是指一个国家的全部法律规范，按照一定的原则和要求，根据法律规范的调整对象和调整方法的不同，划分为若干法律部门，进而形成的有机联系、内在统一的整体。

2011年十一届全国人大四次会议上，吴邦国委员长宣布："一个立足中国国情和实际、适应改革开放和社会主义现代化建设需要、集中体现党和人民意志的，以宪法为统帅，以宪法相关法、民法、商法等多个法律部门的法律为主干，由法律、行政法规、地方性法规等多个层次的法律规范构成的中国特色社会主义法律体系已经形成。"

根据全国人大常委会的有关文件规定，我国社会主义法律体系包含以下七个法律部门。

（一）宪法及宪法相关法

宪法是国家的根本大法，规定国家的根本制度和根本任务、公民的基本权利和义务等内容。宪法相关法是与宪法相配套、直接保障宪法实施和国家政权运作等方面的法律规范的总和，主要包括四个方面：有关国家机构的产生、组织、职权和基本工作制度的法律；有关民族区域自治制度、特别行政区制度、基层群众自治组织的法律；有关维护国家主权、领土完整和国家安全的法律；有关保障公民基本权利的法律。

（二）刑法

刑法是规定犯罪、刑事责任和刑罚的法律规范的总称。与其他法律部门相比，刑法具有两个显著特点：第一，刑法所调整的社会关系极其广泛。无论哪一方面的社会关系，只要发生了构成犯罪的行为，都受刑法的调整；第二，强制性最突出。所有法律都具有强制性，但刑法的强制性最为突出，刑法是保证其他法律有效实施的后盾。

（三）行政法

行政法是规定行政主体的组织、职权、行使职权的方式、程序以及行使行政职权的法制监督，调整行政关系的法律规范的总称，包括有关行政主体、行政行为、行政程序、行政监督以及国家公务员制度等方面的法律规范。行政法调整的是行政机关与行政相对人（自然人、法人和非法人组织）之间因行政管理活动而发生的法律关系，该种关系是一种纵向法律关系：行政机关与行政相对人之间的关系具有从属性、服从性的特点；行政行为由行政机关单方面依法作出，不需要与行政相对人平等协商。

（四）民商法

民商法是规范民事、商事活动的法律规范的总称。民法调整平等主体的自然人、法人和其他组织之间的人身关系和财产关系，主要包括物权、债权、婚姻、家庭、收养、继承等方面的法律规范。商法是在适应现代商事活动需要的基础上，从民法中分离而逐渐发展起来的法律部门，主要包括公司、证券、破产、保险、票据、海商等领域的法律规范。根据全国人大对社会主义法律体系的划分，知识产权法律制度也被划入民商法部门。

（五）经济法

经济法是调整因国家从社会整体利益出发对经济活动实行干预、管理或调控所产生的社会经济关系的法律规范的总称。经济法在承认市场对资源配置起决定性作用的前提下，通过必要的国家干预手段以克服市场的自发性、滞后性、盲目性等缺陷。按照全国人大对社会主义法律体系划分的说明，税收法律制度、宏观调控和经济管理法律制度、维护市场秩序的法律制度、行业管理和产业促进法律制度、农业法律制度、自然资源法律制度、能源法律制度、产品质量法律制度、企业国有资产法律制度、金融监管法律制度、对外贸易和经济合作法律制度等内容都属于经济法部门。

（六）社会法

社会法是调整劳动关系、社会保障关系、社会福利和特殊群体权益保障方面关系的法律规范的总称。社会法是在国家干预社会生活过程中发展起来的一个法律门类，包括两个方面：第一、有关劳动关系、劳动保障和社会保障方面的法律，如劳动法、社会保险法、工会法等；第二、有关特殊社会群体权益保障方面的法律，如未成年人保护法、妇女权益保护法、残疾人权益保障法等。

（七）诉讼与非诉讼程序法

诉讼与非诉讼程序法是规范解决社会纠纷的诉讼活动与非诉讼活动的法律规范的总称。我国的诉讼制度分为刑事诉讼、民事诉讼和行政诉讼三种，分别针对三类诉讼活动进行规范。此外，我国还针对海事诉讼活动的特殊性，制定了海事诉讼特别程序法，作为对民事诉讼法的补充；为处理国与国之间的犯罪引渡问题，我国制定了引渡法，作为刑事诉讼法的补充。

非诉讼程序在纠纷解决中也占有重要地位。我国制定了仲裁法，作为有效解决民事经济纠纷，保护当事人的合法权益的重要方式；人民调解法则将人民调解工作长期积累的经验做法上升为法律，从法律上完善人民调解制度，明确人民调解与其他纠纷解决机制的关系，加强对人民调解工作的支持和保障；劳动争议调解仲裁法和农村土地承包经营纠纷调解仲裁法，则充分发挥调解和仲裁两个纠纷解决渠道的作用，明确规定了相关调解和仲裁的方式、程序，为及时化解纠纷、维护当事人合法权益提供了法律依据。

三、法律渊源

法律渊源是指法律的存在或表现形式。法律渊源表明法的效力来源，包括法的创制方式和法律规范的外部表现形式。我国的法律渊源主要以下几种：

（一）宪法

宪法是由全国人民代表大会依特别程序制定的具有最高效力的根本大法。宪法规定的是国家政治、经济和社会制度的基本原则，公民的基本权利和基本义务，国家机关的组织和活动原则等国家和社会中最基本、最重要的问题。宪法具有最高效力，一切法律、行政法规、地方性法规、自治条例和单行条例、规章都不得同宪法相抵触。广义的宪法不仅包括《中华人民共和国宪法》，还包括其他附属性法律文件，如《中华人民共和国选举法》《香港特别行政区基本法》等。

（二）法律

法律是由全国人民代表大会及其常委会制定和修改的规范性法律文件的总称，在地位和效力上仅次于宪法，高于行政法规、地方性法规、规章。其中，全国人大制定和修改的，调整国家和社会生活中带有普遍性的社会关系的规范性法律文件，属于基本法律，如《中华人民共和国刑法》《中华人民共和国民法典》等；全国人大常委会制定和修改的，调整国家和社会生活中某一方面社会关系的规范性法律文件，属于一般法律，如《中华人民共和国公司法》《中华人民共和国证券法》等。在全国人大闭会期间，全国人大常委会可以对基本法律进行部分补充和修改，但不得同该法律的基本原则相抵触。全国人大常委会负责解释法律，其作出的法律解释与法律具有同等效力。

（三）行政法规

行政法规是作为国家最高行政机关的国务院在法定职权范围内为实施宪法和法律而制定的规范性法律文件。行政法规应当依据宪法和法律制定，其地位和效力仅次于宪法和法律。根据《中华人民共和国立法法》第六十五条的规定："行政法规可以就下列事项作出规定：（1）为执行法律的规定需要制定行政法规的事项；（2）宪法第八十九条规定的国务院行政管理职权的事项。"《中华人民共和国公司登记管理条例》《证券公司监督管理条例》等属于行政法规。

（四）地方性法规

地方性法规是有地方立法权的地方人民代表大会及其常委会就地方性事务以及根据本地区实际情况执行法律、行政法规的需要所制定的规范性法律文件的总称。地方性法规不得与宪法、法律和行政法规相抵触，且只能在本辖区内适用。根据《中华人民共和国立法法》第七十二条的规定："省、自治区、直辖市的人民代表大会及其常务委员会根据本行政区域的具体情况和实际需要，在不同宪法、法律、行政法规相抵触的前提下，可以制定地方性法规。设区的市的人民代表大会及其常务委员会根据本市的具体情况和实际需要，在不与宪法、法律、行政法规和本省、自治区的地方性法规相抵触的前提下，可以对城乡建设与管理、环境保护、历史文化保护等方面的事项制定地方性法规，法律对设区的市制定地方性法规的事项另有规定的，从其规定。"

（五）部门规章

部门规章是国务院各部、委员会、中国人民银行、审计署和具有行政管理职能的直属机构，就执行法律、国务院行政法规、决定、命令的事项在其职权范围内制定的规范性法律文件的总称，如财政部发布的《企业会计准则——基本准则》、中国人民银行发布的《支付结算办法》等。没有法律或者国务院的行政法规、决定、命令的依据，部门规章不得设定减损公民、法人和其他组织权利或者增加其义务的规范，不得增加本部门的权力或者减少本部门的法定职责。

（六）地方政府规章

地方政府规章是指有权制定规章的地方人民政府，依据法律、行政法规和本省、自治区、直辖市的地方性法规制定的规范性法律文件。其中省、自治区、直辖市和设区的市、自治州的人民政府，可以就执行法律、行政法规、地方性法规的规定而需要制定规章的事项以及属于本行政区域的具体行政管理事项，制定地方政府规章。其中，设区的市、自治州的人民政府"限于城乡建设与管理、环境保护、历史文化保护等方面的事项"制定地方政府规章。没有法律、行政法规、地方性法规的依据，地方政府规章不得设定减损公民、法人和其他组织权利或者增加其义务的规范。

（七）司法解释

司法解释是最高人民法院、最高人民检察院在总结司法审判经验的基础上发布的指导性文件和法律解释的总称，如最高人民法院发布的《关于适用〈中华人民共和国民法典〉时间效力的若干规定》等。1981年五届全国人大常委会第十九次会议通过《全国人民代表大会常务委员会关于加强法律解释工作的决议》第二条规定："凡属于法院审判工作中具体应用法律、法令的问题，由最高人民法院进行解释。凡属于检察院检察工作中具体应用法律、法令的问题，由最高人民检察院进行解释。最高人民法院和最高人民检察院的解释如果有原则性的分歧，报请全国人民代表大会常务委员会解释或决定。"

（八）国际条约和协定

国际条约和协定是指我国作为国际法主体同其他国家或地区缔结的双边、多边协议和其他具有条约、协定性质的文件，如我国加入 WTO 后与相关国家签订的协议等。

第二节　习近平法治思想引领全面依法治国基本方略

一、全面推进依法治国

全面推进依法治国是习近平新时代中国特色社会主义思想的重要组成部分。依法治国，就是依照体现人民意志和社会发展规律的法律治理国家，而不是依照个人意志、主张治理国家；要求国家的政治、经济运作、社会各方面的活动都要依照法律进行，而不受任何个人意志的干预、阻碍或破坏。全面依法治国，是深刻总结我国社会主义法治建设成功经验和深刻教训作出的重大抉择，是中国共产党领导人民治理国家的基本方略，是发展社会主义市场经济的客观需要，也是社会文明进步的显著标志，还是国家长治久安的必要保障。依法治国，建设社会主义法治国家，是人民当家作主的根本保证。

2020年11月召开的中央全面依法治国工作会议，首次明确习近平法治思想为全面依法治国的指导思想。全面推进依法治国的总目标是建设中国特色社会主义法治体系，建设社会主义法治国家。

二、习近平法治思想

习近平法治思想，是顺应实现中华民族伟大复兴时代要求应运而生的重大理论创新成果，是马克思主义法治理论中国化最新成果，是习近平新时代中国特色社会主义思想的重要组成部分，是全面依法治国的根本遵循和行动指南。习近平法治思想内涵丰富、论述深刻、逻辑严密、系统完备。其核心要义如下。

（一）坚持党对全面依法治国的领导

党的领导是推进全面依法治国的根本保证。国际国内环境越是复杂，改革开放和社会主义现代化建设任务越是繁重，越要运用法治思维和法治手段巩固执政地位、改善执政方式、提高执政能力，保证党和国家长治久安。全面依法治国是要加强和改善党的领导，健全党领导全面依法治国的制度和工作机制，推进党的领导制度化、法治化，通过法治保障党的路线方针政策有效实施。

（二）坚持以人民为中心

全面依法治国最广泛、最深厚的基础是人民，必须坚持为了人民、依靠人民。要把体现人民利益、反映人民愿望、维护人民权益、增进人民福祉落实到全面依法治国各领域全过程。推进全面依法治国，根本目的是依法保障人民权益。要积极回应人民群众新要求新期待，系统研究谋划和解决法治领域人民群众反映强烈的突出问题，不断增强人民群众获得感、幸福感、安全感，用法治保障人民安居乐业。

（三）坚持中国特色社会主义法治道路

中国特色社会主义法治道路本质上是中国特色社会主义道路在法治领域的具体体现。既要立足当前，运用法治思维和法治方式解决经济社会发展面临的深层次问题；又要着眼长远，筑法治之基、行法治之力、积法治之势，促进各方面制度更加成熟更加定型，为党和国家事业发展提供长期性的制度保障。要传承中华优秀传统法律文化，从中国革命、建设、改革的实践中探索适合自己的法治道路，同时借鉴国外法治有益成果，为全面建设社会主义现代化国家、实现中华民族伟大复兴夯实法治基础。

（四）坚持依宪治国、依宪执政

党领导人民制定宪法法律，领导人民实施宪法法律，党自身要在宪法法律范围内活动。全国各族人民、一切国家机关和武装力量、各政党和各社会团体、各企业事业组织，都必须以宪法为根本的活动准则，都负有维护宪法尊严、保证宪法实施的职责。坚持依宪治国、依宪执政，就包括坚持宪法确定的中国共产党领导地位不动摇，坚持宪法确定的人民民主专政的国体和人民代表大会制度的政体不动摇。

（五）坚持推进国家治理体系和治理能力现代化

法治是国家治理体系和治理能力的重要依托。只有全面依法治国才能有效保障国家治理体系的系统性、规范性、协调性，才能最大限度凝聚社会共识。在统筹推进伟大斗争、伟大工程、伟大事业、伟大梦想的实践中，在全面建设社会主义现代化国家新征程上，要更加重视法治、厉行法治，更好发挥法治固根本、稳预期、利长远的重要作用，坚持依法应对重大挑战、抵御重大风险、克服重大阻力、解决重大矛盾。

（六）坚持建设中国特色社会主义法治体系

中国特色社会主义法治体系是推进全面依法治国的总抓手。要加快形成完备的法律规范体系、高效的法治实施体系、严密的法治监督体系、有力的法治保障体系，形成完善的党内法规体系。要坚持依法治国和以德治国相结合，实现法治和德治相辅相成、相得益彰。要积极推进国家安全、科技创新、公共卫生、生物安全、生态文明、防范风险、涉外法治等重要领域立法，健全国家治理急需的法律制度、满足人民日益增长的美好生活需要必备的法律制度，以良法善治保障新业态新模式健康发展。

（七）坚持依法治国、依法执政、依法行政共同推进

全面依法治国是一个系统工程，要整体谋划，更加注重系统性、整

体性、协同性。法治政府建设是重点任务和主体工程，要率先突破，用法治给行政权力定规矩、划界线，规范行政决策程序，加快转变政府职能。要推进严格规范公正文明执法，提高司法公信力。普法工作要在针对性和实效性上下功夫，特别是要加强青少年法治教育，不断提升全体公民法治意识和法治素养。要完善预防性法律制度，坚持和发展新时代"枫桥经验"，促进社会和谐稳定。

（八）坚持全面推进科学立法、严格执法、公正司法、全民守法

要继续推进法治领域改革，解决好立法、执法、司法、守法等领域的突出矛盾和问题。公平正义是司法的灵魂和生命。要深化司法责任制综合配套改革，加强司法制约监督，健全社会公平正义法治保障制度，努力让人民群众在每一个司法案件中感受到公平正义。要加快构建规范高效的制约监督体系。要推动扫黑除恶常态化，坚决打击黑恶势力及其"保护伞"，让城乡更安宁、群众更安乐。

（九）坚持统筹推进国内法治和涉外法治

要加快涉外法治工作战略布局，协调推进国内治理和国际治理，更好维护国家主权、安全、发展利益。要强化法治思维，运用法治方式，有效应对挑战、防范风险，综合利用立法、执法、司法等手段开展斗争，坚决维护国家主权、尊严和核心利益。要推动全球治理变革，推动构建人类命运共同体。

（十）坚持建设德才兼备的高素质法治工作队伍

要加强理想信念教育，深入开展社会主义核心价值观和社会主义法治理念教育，推进法治专门队伍革命化、正规化、专业化、职业化，确保做到忠于党、忠于国家、忠于人民、忠于法律。要教育引导法律服务工作者坚持正确政治方向，依法依规诚信执业，认真履行社会责任。

（十一）坚持抓住领导干部这个"关键少数"

各级领导干部要坚决贯彻落实党中央关于全面依法治国的重大决策部署，带头尊崇法治、敬畏法律，了解法律、掌握法律，不断提高运用法治思维和法治方式深化改革、推动发展、化解矛盾、维护稳定、应对风险的能力，做尊法学法守法用法的模范。要力戒形式主义、官僚主义，确保全面依法治国各项任务真正落到实处。

三、建设中国特色社会主义法治体系

建设中国特色社会主义法治体系,是习近平法治思想的核心要义之一,是全面依法治国的总抓手,是建设中国特色社会主义制度的重要组成部分。加快建设中国特色社会主义法治体系,就要加快形成完备的法律规范体系,高效的法治实施体系,严密的法治监督体系,有力的法治保障体系,形成完善的党内法规体系。

建设中国特色社会主义法治体系,首要的是完善以宪法为核心的中国特色社会主义法律体系。中国特色社会主义法律体系的主要标准包括:第一,法的部门要齐全;第二,不同法律部门内部基本的、主要的法律规范要齐备;第三,不同法律部门之间、不同法律规范之间、不同层级的法律规范之间,要做到逻辑严谨、结构合理、和谐统一。

第二编 民事法律制度

第二章 基本民事法律制度

第一节 民法概述

一、民法的概念与特征

我国学者一般认为：民法是调整社会平等成员之间的人身关系和财产关系的法律规范的总称。

与其他类型的法律规范相比，民法具有以下特征。

（一）民法调整的对象是人身关系和财产关系

我国《民法典》第三条规定："民事主体的人身权利、财产权利以及其他合法权益受法律保护，任何组织或者个人不得侵犯。"人身关系是自然人基于彼此的人格和身份关系而形成的相互关系，是人格关系和身份关系的合成；财产关系是人与人之间基于财产而形成的相互关系。民法调整人身关系和财产关系的结果，即民法上的人身权利和财产权利。其中，人身权利包括生命权、健康权、姓名权、名誉权、荣誉权、肖像权、隐私权、婚姻自主权、监护权等；财产权利包括所有权、用益物权、担保物权、股权等。此外，兼具人身和财产属性的知识产权、继承权，以及法律并未逐一列举的其他合法权益，也受民法保护。

（二）民法调整的人身关系和财产关系仅限于平等主体之间

人身关系和财产关系既可能发生在平等主体之间，也可能发生在非平等主体之间，如财政关系、行政管理关系等。只有平等主体之间的人身关系和财产关系才能被民法所调整。

(三）民法为私法

关于"公法"和"私法"的划分标准，学理上大致包括利益说、隶属说、主体说、自由决策说等多种不同观点。概括而言，通常认为宪法、行政法、刑法等属于公法范畴，而民法、商法等属于私法范畴；但与民法紧密联系的民事诉讼法如何划分，学术上尚有争议，目前主流看法认为其应属于公法的范畴。

二、基本原则

我国《民法典》第三条规定："民事主体的人身权利、财产权利以及其他合法权益受法律保护，任何组织或者个人不得侵犯。"民事权利及其他合法权益受到法律保护是民法的基本精神，同时，也衍生出如下民法基本原则。

（一）平等原则

平等原则，是指民事主体在从事民事活动时，相互之间在法律地位上都是平等的，合法权益受到法律的平等保护。当事人之间地位平等是民法区别于其他法律部门的最重要特征。

平等原则在我国《民法典》第四条表述为："民事主体在民事活动中的法律地位一律平等。"

（二）自愿原则

自愿原则，也被称为意思自治原则。即民事主体有权根据自己的意愿，自愿从事民事活动，按照自己的意思自主决定民事法律关系的内容及其设立、变更和终止，自觉承受相应的法律后果。平等原则是民法的前提和基础，自愿原则则是民法的核心。

自愿原则在我国《民法典》第五条表述为："民事主体从事民事活动，应当遵循自愿原则，按照自己的意思设立、变更、终止民事法律关系。"

（三）公平原则

公平原则，是指民事主体在从事民事活动时，要秉持公平理念，公正、平允、合理地确定各方的权利和义务，并依法承担相应的民事责任。公平原则体现了民法促进社会公平正义的基本价值，是民事主体从事民事活动应当遵守的基本行为准则,也是人民法院审理民事纠纷应当遵守的基本裁判准则。

公平原则在我国《民法典》第六条表述为:"民事主体从事民事活动,应当遵循公平原则,合理确定各方的权利和义务。"

(四)诚实信用原则

诚实信用原则是民法最为重要的基本原则,被称为民法的"帝王条款",是各国民法公认的基本原则。

诚实信用原则要求,所有民事主体在从事任何民事活动时,包括行使民事权利、履行民事义务、承担民事责任时,都应该秉持诚实、善意,信守自己的承诺。

诚实信用原则对司法机关裁判民事纠纷也具有十分积极的作用:在当事人没有明确约定或者法律没有具体规定时,司法机关可以根据诚实信用原则填补合同漏洞、弥补法律空白,平衡民事主体之间、民事主体与社会之间的权益,从而实现社会的公平正义。

诚信原则在我国《民法典》第七条表述为:"民事主体从事民事活动,应当遵循诚信原则,秉持诚实,恪守承诺。"

(五)守法和公序良俗原则

公序良俗是指公共秩序和善良习俗。其中,公共秩序强调国家和社会层面的价值理念,善良习俗则突出民间的道德观念,二者相辅相成,互为补充。

守法和公序良俗原则要求自然人、法人和非法人组织在从事民事活动时,不得违反各种法律的强制性规定,也不违背公共秩序和善良习俗。

守法和公序良俗原则在我国《民法典》第八条表述为:"民事主体从事民事活动,不得违反法律,不得违背公序良俗。"

(六)绿色原则

绿色原则,又称"生态原则",在我国《民法典》第九条表述为:"民事主体从事民事活动,应当有利于节约资源、保护生态环境。"绿色原则,体现了我国民法对宪法关于保护环境要求的贯彻,同时也是落实党中央关于建设生态文明、实现可持续发展理念的要求,将环境资源保护上升至民法基本原则的地位，具有鲜明的时代特征。

三、民事主体

民事主体即我们通常所说的"民法上的人"，是指在民法上能够享有民事权利并承担民事义务的自然人或组织。民事主体结构形式长期以来有"二元论"和"三元论"之争："二元论"者认为民法上仅有两类主体，即要么是自然人，要么是法人，非法人团体不能成为一类独立的民事主体；"三元论"者则认为民法上的主体包括自然人、法人和其他非法人团体。我国《民法典》第二条规定："民法调整平等主体的自然人、法人和非法人组织之间的人身关系和财产关系。"显然是采"三元论"的观点，将个人独资企业、合伙企业等不具备法人资格的组织也赋予民事主体地位和资格。

（一）自然人

我国《民法典》第十三条规定："自然人从出生时起到死亡时止，具有民事权利能力，依法享有民事权利，承担民事义务。"民事权利能力是指民事主体享有民事权利、承担民事义务的法律资格，始于出生、终于死亡，具有不可剥夺的特征。

自然人的民事权利能力一律平等。涉及遗产继承、接受赠与等胎儿利益保护的，胎儿视为具有民事权利能力；但是，胎儿娩出时为死体的，其民事权利能力自始不存在。

自然人的民事行为能力，《民法典》规定如下。

第十七条 十八周岁以上的自然人为成年人，不满十八周岁的自然人为未成年人。

第十八条 成年人为完全民事行为能力人，可以独立实施民事法律行为。十六周岁以上的未成年人，以自己的劳动收入为主要生活来源的，视为完全民事行为能力人。

第十九条 八周岁以上的未成年人、不能完全辨认自己行为的成年人，为限制民事行为能力人，实施民事法律行为由其法定代理人代理或者经其法定代理人同意、追认；但是，可以独立实施纯获利益的民事法律行为或者与其年龄、智力相适应的民事法律行为。

第二十条 不满八周岁的未成年人、八周岁以上的不能辨认自己行为的未成年人、不能辨认自己行为的成年人，为无民事行为能力人，由其法定代理人代理实施民事法律行为。

第二十一条 不能辨认或者不能完全辨认自己行为的成年人，其利害关系人或者有关组织，可以向人民法院申请认定该成年人为无民事行为能力人或者限制民事行为能力人。同样，被人民法院认定为无民事行为能力人或者限制民事行为能力人的，经本人、利害关系人或者有关组织申请，人民法院可以根据其智力、精神健康恢复的状况，认定该成年人恢复为限制民事行为能力人或者完全民事行为能力人。这里所称的有关组织包括：居民委员会、村民委员会、学校、医疗机构、妇女联合会、残疾人联合会、依法设立的老年人组织、民政部门等。

（二）法人

法人是具有民事权利能力和民事行为能力，依法独立享有民事权利和承担民事义务的组织。

以取得利润并分配给股东等出资人为目的成立的法人，为营利法人。营利法人包括有限责任公司、股份有限公司和其他企业法人等。

为公益目的或者其他非营利目的成立，不向出资人、设立人或者会员分配所取得利润的法人，为非营利法人。非营利法人包括事业单位、社会团体、基金会、社会服务机构等。

机关法人、农村集体经济组织法人、城镇农村的合作经济组织法人、基层群众性自治组织法人，为特别法人。

法人应当有自己的名称、组织机构、住所、财产或者经费。法人成立的具体条件和程序，依照法律、行政法规的规定。设立法人，法律、行政法规规定须经有关机关批准的，依照其规定。

法人的民事权利能力和民事行为能力，从法人成立时产生，到法人终止时消灭。法人以其全部财产独立承担民事责任。

（三）非法人组织

非法人组织是不具有法人资格，但是能够依法以自己的名义从事民事活动的组织。非法人组织包括个人独资企业、合伙企业、不具有法人资格的专业服务机构等。

非法人组织应当依照法律的规定登记。设立非法人组织，法律、行政法规规定须经有关机关批准的，依照其规定。

非法人组织的财产不足以清偿债务的，其出资人或者设立人承担无限责任。法律另有规定的，依照其规定。

第二节 民事法律行为制度

一、民事法律行为的概念与特征

民事法律行为是民事主体通过意思表示设立、变更、终止民事法律关系的行为。民事法律行为是对合同行为、婚姻行为、遗嘱行为等一系列能够产生具体权利义务关系的行为的抽象和概括，是法律关系变动的原因之一，是民法最重要的法律事实。民事法律行为具有以下特征。

（一）民事法律行为是民事主体实施的行为

民事法律行为作为一种法律事实，必须是由自然人、法人和非法人组织这些民事主体实施的行为，非民事主体实施的行为不是民事法律行为，如司法机关作出的裁决，行政机关作出的处罚决定等虽也会产生法律后果，但其不是以民事主体身份作出的行为，因此不属于民事法律行为。值得注意的是，行政机关在履行公共管理职能过程中可能会进行一些民事活动，如采购办公用品、修建办公大楼等，这些行为属于民事法律行为。

（二）民事法律行为以意思表示为要素

意思表示是指行为人将意欲达到某种预期法律后果的内在意思表现于外部的行为。意思表示是民事法律行为的核心：如果行为人仅有内在意思而不表现于外，则不构成意思表示，民事法律行为不能成立；行为人表现于外的意思不是其内在意思的真实反映，则该意思表示有瑕疵，民事法律行为的效力同样受到影响。

民事法律行为的目的在于引起一定的法律效果。

民事法律行为是有目的的行为，是当事人希望达到一定法律后果的行为。值得注意的是，民事法律行为虽然是民事主体期望发生一定法律效果为目的的行为，但并非所有的民事法律行为都能最终产生民事法律主体所期望的法律效果。如我国《民法典》第一百五十三条第二款规定："违背公序良俗的民事法律行为无效。"无效的法律行为，不发生民事主体所希望发生的法律效果。

二、意思表示

民事法律以意思表示为核心。意思表示是指行为人为了产生一定民法上的效果而将其内心意思通过一定方式表达于外部的行为。意思是指设立、变更、终止民事法律关系的内心意图，表示是指将内心意思以适当方式向适当对象表示出来的行为。

意思表示可以分为无相对人的意思表示和有相对人的意思表示。无相对人的意思表示不存在意思表示所针对的相对人，如遗嘱行为、抛弃动产等单方民事法律行为。有相对人的意思表示又分为对话的意思表示和非对话的意思表示。《民法典》第一百三十七条第一款规定："以对话方式作出的意思表示，相对人知道其内容时生效。"以对话方式作出的意思表示，是指采取使相对人可以同步受领的方式进行的意思表示，如面对面交谈、电话等。在这种方式进行的意思表示下，表意人作出意思表示和相对人受领意思表示是同步的，因此，表意人作出意思表示并使相对人知道时发生效力。《民法典》第一百三十七条第二款规定："以非对话方式作出的意思表示，到达相对人时生效。以非对话方式作出的采用数据电文形式的意思表示，相对人指定特定系统接收数据电文的，该数据电文进入该特定系统时生效；未指定特定系统的，相对人知道或者应当知道该数据电文进入其系统时生效。当事人对采用数据电文形式的意思表示的生效时间另有约定的，按照其约定。"以非对话方式作出的意思表示，是指表意人作出意思表示的时间与相对人受领意思表示的时间不同步，如传真、信函等。对于非对话的意思表示的生效时间，我国采用到达主义，规定意思表示到达相对人时生效。这里有一个民法典上的例外情形，即我国《民法典》第四百八十四条第二款规定："承诺不需要通知的，根据交易习惯或者要约的要求作出承诺的行为时生效。"即双方根据交易习惯或者要约的要求作出承诺的，虽有相对人的意思表示，却是在行为作出时生效，而非到达时生效。

意思表示可以明示或者默示作出。沉默只有在有法律规定、当事人约定或者符合当事人之间的交易习惯时，才可以视为意思表示。例如，我国《民法典》第一千一百二十四条第一款规定："继承开始后，继承人放弃继承的，应当在遗产处理前，以书面形式作出放弃继承的表示；没有表示的，视为接受继承。"此处，"没有表示的"就属于法定沉默，属于"接受继承"的意思表示。

意思表示可以撤回。撤回意思表示的通知应当在意思表示到达相对人前或者与意思表示同时到达相对人。

意思表示存在解释问题。《民法典》第一百四十二条规定："有相对人的意思表示的解释，应当按照所使用的词句，结合相关条款、行为的性质和目的、习惯以及诚信原则，确定意思表示的含义。无相对人的意思表示的解释，不能完全拘泥于所使用的词句，而应当结合相关条款、行为的性质和目的、习惯以及诚信原则，确定行为人的真实意思。"

三、民事法律行为的效力

（一）民事法律行为的成立

民事法律行为要产生法律效力，必须符合民事法律行为的构成要素，即当事人、意思表示和标的。一些特殊的民事法律行为还需要具备其他特殊要素，如实践性民事法律行为的成立还必须有标的物的交付。

（二）民事法律行为的生效

民事法律行为的生效，是指已经成立的民事法律行为因为符合法律规定的有效要件而取得法律认可的效力。民事法律行为的成立和民事法律行为的生效是两个不同的概念：民事法律行为的成立是民事法律行为生效的前提；民事法律行为未成立，则民事法律行为必然无法生效。当然，在大多数情况下，民事法律行为成立时即具有法律效力。

民事法律行为生效，需要具备一定的条件，即所谓民事法律行为的有效条件。民事法律行为的有效条件包括实质要件和形式要件。

民事法律行为有效的实质要件如下。

1. 行为人具有相应的民事行为能力

民事行为能力是行为人通过自己行为参与民事活动，享有权利和承担义务的能力。与作为法律资格的民事权利能力相比，民事行为能力是行为人实施民事法律行为的相应保证。

关于自然人的民事行为能力，我国《民法典》第十七条规定："十八周岁以上的自然人为成年人。不满十八周岁的自然人为未成年人。"第十八条规定："成年人为完全民事行为能力人，可以独立实施民事法律行为。十六周岁以上的未成年人，以自己的劳动收入为主要生活来源的，视为完全民事行为能力人。"第十九条规定："八周岁以上的未成年人为限制民事行为能力人，实施民事法律行为由其法定代理人代理或者经其法定代理人同意、追认；但是，可以独立实施纯获利益的民事法律行为或者与其年龄、智力相适应的民事法律行为。"第二十条规定："不满八周岁的未成年人为无民事行为能力人，由其法定代理人代理实施民事法律行为。"第二十一条规定："不能辨认自己行为的成年人为无民事行为能力人，由其法定代理人代理实施民事法律行为。八周岁以上的未成年人不能辨认自己行为的，适用前款规定。"第二十二条规定："不能完全辨认自己行为的成年人为限制民事行为能力人，实施民事法律行为由其法定代理人代理或者经其法定代理人同意、追认；但是，可以独立实施纯获利益的民事法律行为或者与其智力、精神健康状况相适应的民事法律行为。"

关于法人的民事行为能力，《民法典》第五十九条规定："法人的民事权利能力和民事行为能力，从法人成立时产生，到法人终止时消灭。"法人的民事行为能力是由其核准登记的经营范围决定的。但从维护相对人的利益和促进交易的角度出发，原则上认定法人超越经营范围从事的民事法律行为有效。如《民法典》第五百零五条规定："当事人超越经营范围订立的合同的效力，应当依照本法第一编第六章第三节和本编的有关规定确定，不得仅以超越经营范围确认合同无效。"

2. 行为人的意思表示真实

意思表示作为法律行为的核心要素，其真实性对于保证行为人正确实现行为目的至关重要。应当注意，此处的真实应作扩大解释，实际上还包括自由、自愿的含义。例如，在因欺诈、胁迫实施民事法律行为的情形，受欺诈、受胁迫的人的意思表示虽然从表面上看是真实的，但实际上并非其内心自由意志的体现，其民事法律行为不能具备完全有效的效力。

3. 不违反法律、行政法规的强制性规定，不违背公序良俗

民事法律行为有效的形式要件如下。

《民法典》第一百三十五条规定："民事法律行为可以采用书面形式、口头形式或者其他形式；法律、行政法规规定或者当事人约定采用特定形式的，应当采用特定形式。"如果行为人进行某项特定的民事法律行为时，没有采用法律规定的特定形式，则不能产生法律效力。

（三）无效民事法律行为

无效民事法律行为是指因欠缺民事法律行为的有效条件，不发生当事人预期法律后果的民事法律行为。无效民事法律行为的特征如下。

1. 自始无效

从行为开始时就没有法律约束力。

2. 当然无效

不论当事人是否主张，是否知道，也不论是否经过人民法院或者仲裁机构确认，该民事法律行为当然无效。

3. 绝对无效

绝对不发生法律效力，不能通过当事人的行为进行补正。

根据我国《民法典》，无效民事法律行为包括以下几种。

（1）无民事行为能力人实施的民事法律行为无效。无民事行为能力人无法辨认其行为的法律意义，依法不能进行民事活动，只能由其法定代理人代理。

（2）以虚假意思表示实施的民事法律行为无效。以虚假的意思表示隐藏的民事法律行为的效力，依照有关法律规定处理。

（3）行为人与相对人恶意串通，损害他人合法权益的民事法律行为无效。

（4）违反法律、行政法规的强制性规定的民事法律行为无效。但是，该强制性规定不导致该民事法律行为无效的除外。

（四）可撤销的民事法律行为

可撤销的民事法律行为，是指依照法律规定，由于行为的意思与表示不一致或者意思表示不自由，导致非真实的意思表示，可由当事人请求人民法院或者仲裁机构予以撤销的民事法律行为。

与无效民事法律行为相比，可撤销的民事法律行为体现出以下特点。

（1）行为成立后的效力不同。可撤销的民事法律行为在撤销前已经生效，在被撤销前，其法律效果可以对抗除撤销权人外的任何人；而无效民事法律行为在法律上当然无效，从一开始就不发生法律效力。

（2）主张权利的主体不同。可撤销的民事法律行为的撤销，由撤销权人依申请为之，人民法院不主动干预；无效民事法律行为的确认，不以当事人的意志为转移，司法机关和仲裁机构可以在诉讼或仲裁过程中主动宣告其无效。

（3）行为效果不同。可撤销的民事法律行为的撤销权人对权力行使拥有选择权，如果撤销权人未在规定的期限内行使，可撤销的民事法律行为将终局有效，不可再被撤销；而无效民事法律行为的后果为自始无效、绝对无效。

（4）行使时间不同。可撤销的民事法律行为，其撤销权的行使有时间限制；而无效民事法律行为不存在这种限制。

根据我国《民法典》，可撤销的民事法律行为包括以下几种。

（1）因重大误解而为的民事法律行为。重大误解，是指行为人对行为的性质、对方当事人、标的物的品种、质量、规格和数量等的错误认识，使行为的后果与自己的意思相悖，造成较大损失的意思表示。《民法典》第一百四十七条规定："基于重大误解实施的民事法律行为，行为人有权请求人民法院或者仲裁机构予以撤销。"

（2）受欺诈而为的民事法律行为。民法中的欺诈，是指行为人故意欺骗他人，使对方陷入错误判断，并基于此错误判断作出意思表示的行为。欺诈的构成不需要受欺诈人客观上遭受损害结果的事实，只要受欺诈人因欺诈行为作出了实施民事法律行为的意思表示，即可成立欺诈。欺诈的法律后果为可撤销，我国《民法典》第一百四十八条规定："一方以欺诈手段，使对方在违背真实意思的情况下实施的民事法律行为，受欺诈方有权请求人民法院或者仲裁机构予以撤销。"对于第三人实施的欺诈行为，《民法典》第一百四十九条规定："第三人实施欺诈行为，使一方在违背真实意思的情况下实施的民事法律行为，对方知道或者应当知道该欺诈行为的，受欺诈方有权请求人民法院或者仲裁机构予以撤销。"可见，第三人实施欺诈行为，只有在受欺诈人的相对方非属于善意时，受欺诈人才能行使撤销权。但是，在第三人欺诈而相对人是善意的情况下，受欺诈人尽管不能通过行使撤销权的方式保护自身权益，但如果其权益因此受损，并不妨碍其向实施欺诈的第三人主张赔偿。

（3）受胁迫而为的民事法律行为。所谓胁迫，是指行为人通过威胁、恐吓等不法手段对他人思想上施加强制，由此使他人产生恐惧心理并基于恐惧心理作出意思表示的行为。从理论上来说，胁迫行为具有不法性，且构成对受胁迫人利益的侵害，应当认定为受胁迫而为的民事法律行为无效；但考虑到民事活动的复杂性以及意思自治原则，受胁迫人在其权益受损时，有权基于自身的利益考量对民事法律行为的效力做出选择。因此，民法上将受胁迫而为的民事法律行为的效力规定为可撤销。需要注意的是，胁迫既可以来自民事法律行为的相对人，也可以来自第三人，无论是相对人方胁迫还是第三方胁迫，受胁迫人均享有撤销权。

（4）显失公平的民事法律行为。显失公平的民事法律行为，是指一方利用对方处于危困状态、缺乏判断能力等情形，致使民事法律行为成立时当事人的权利义务明显违反公平原则的民事法律行为。《民法典》第一百五十一条规定："一方利用对方处于危困状态、缺乏判断能力等情形，致使民事法律行为成立时显失公平的，受损害方有权请求人民法院或者仲裁机构予以撤销。"

需要注意的是，在可撤销的民事法律行为中，撤销权有存续时间，该存续时间为除斥期间——撤销权人超过该时间不行使撤销权的，撤销权消灭。《民法典》第一百五十二条规定了撤销权消灭的情形：

"有下列情形之一的，撤销权消灭：

（一）当事人自知道或者应当知道撤销事由之日起一年内、重大误解的当事人自知道或者应当知道撤销事由之日起九十日内没有行使撤销权；

（二）当事人受胁迫，自胁迫行为终止之日起一年内没有行使撤销权；

（三）当事人知道撤销事由后明确表示或者以自己的行为表明放弃撤销权。

当事人自民事法律行为发生之日起五年内没有行使撤销权的，撤销权消失。"

（五）效力待定的民事法律行为

效力待定的民事法律行为，是指民事法律行为成立时尚未生效，必须经权利人追认才能生效的民事法律行为。追认的意思表示在到达相对人时生效；一旦生效，则该民事法律行为自成立时生效；如果权利人拒绝追认，则民事法律行为自成立起无效。效力待定的民事法律行为包括以下几种。

1. 限制民事行为能力人依法不能独立实施的民事法律行为

《民法典》第一百四十五条第一款规定："限制民事行为能力人实施的纯获利益的民事法律行为或者与其年龄、智力、精神健康状况相适应的民事法律行为有效；实施的其他民事法律行为经法定代理人同意或者追认后有效。"第二款规定："相对人可以催告法定代理人自收到通知之日起三十日内予以追认。法定代理人未作表示的，视为拒绝追认。民事法律行为被追认前，善意相对人有撤销的权利。撤销应当以通知的方式作出。"

2. 无权代理人实施的民事法律行为

《民法典》第一百七十一条第一款规定："行为人没有代理权、超越代理权或者代理权终止后，仍然实施代理行为，未经被代理人追认的，对被代理人不发生效力。"第二款规定："相对人可以催告被代理人自收到通知之日起三十日内予以追认。被代理人未作表示的，视为拒绝追认。行为人实施的行为被追认前，善意相对人有撤销的权利。撤销应当以通知的方式作出。"第三款规定："行为人实施的行为未被追认的，善意相对人有权请求行为人履行债务或者就其受到的损害请求行为人赔偿。但是，赔偿的范围不得超过被代理人追认时相对人所能获得的利益。"第四款规定："相对人知道或者应当知道行为人无权代理的，相对人和行为人按照各自的过错承担责任。"

（六）民事法律行为无效、被撤销、不发生效力的法律后果

民事法律行为被确认为无效或被撤销后，从行为开始时就没有法律效力。但是，没有法律效力不等于没有法律后果产生。《民法典》第一百五十七条规定："民事法律行为无效、被撤销或者确定不发生效力后，行为人因该行为取得的财产，应当予以返还；不能返还或者没有必要返还的，应当折价补偿。有过错的一方应当赔偿对方由此所受到的损失；各方都有过错的，应当各自承担相应的责任。法律另有规定的，依照其规定。"另外，关于争议解决条款，《民法典》第五百零七条规定："合同不生效、无效、被撤销或者终止的，不影响合同中有关解决争议方法的条款的效力。"

四、民事法律行为的附条件和附期限

（一）附条件的民事法律行为

民事法律行为的附条件，是指在民事法律行为中规定一定的条件，并把该条件的成就与否作为民事法律行为效力发生或消灭的依据。所附条件既可以是自然现象、事件，也可以是人的行为。但是，所附条件必须具备以下特征。

（1）必须是将来发生的事实。已经过去的、现在的以及将来确定不会发生的事实不能作为民事法律行为的所附条件。

（2）必须是将来不确定的事实。如果是将来必然发生的事实，则该事实应当作为民事法律行为的期限而非条件。同时，如果仅仅是当事人自己认为事实发生与否不确定，但实际上必然发生或者不发生的，也不能作为所附条件。

（3）条件是当事人约定的。如果条件是法律规定的，如合同的成立条件、生效条件等，则不属于此处所谓的条件。当事人不得以法定条件作为民事法律行为的所附条件。

（4）条件必须合法。违法事实不能作为民事法律行为的附条件。

根据所附条件对民事法律行为产生的效力不同，可以将条件分为生效条件和解除条件。

生效条件，是指已经成立但尚未生效的民事法律行为中所确定的权利义务，在所附条件成就时才生效的条件。

解除条件，是指已经生效的民事法律行为中所确定的权利义务，在所附条件成就时失去法律效力的条件。

《民法典》第一百五十八条规定："民事法律行为可以附条件，但是根据其性质不得附条件的除外。附生效条件的民事法律行为，自条件成就时生效。附解除条件的民事法律行为，自条件成就时失效。"

并非所有的民事法律行为都可以附条件：条件与行为性质相违背的不可附条件，如《民法典》第五百六十八条第二款规定："当事人主张抵销的，应当通知对方。通知自到达对方时生效。抵销不得附条件或者附期限。"条件违背公序良俗的，如婚姻等身份性法律行为，原则上也不得附条件。

附条件的民事法律行为，条件成就与否未定之前，行为人一方不得损害另一方将来条件成就时可能获得的利益，也不得以不正当行为促成或阻止条件的成就。《民法典》第一百五十九条规定："附条件的民事法律行为，当事人为自己的利益不正当地阻止条件成就的，视为条件已经成就；不正当地促成条件成就的，视为条件不成就。"

（二）附期限的民事法律行为

附期限的民事法律行为，是指当事人设定一定的期限，并以期限的到来作为效力发生或消灭的民事法律行为。《民法典》第一百六十条规定："民事法律行为可以附期限，但是根据其性质不得附期限的除外。附生效期限的民事法律行为，自期限届至时生效。附终止期限的民事法律行为，自期限届满时失效。"

（三）附条件的民事法律行为与附期限的民事法律行为的区别

附条件的民事法律行为，是以未来不确定的事实作为民事法律行为效力产生或消灭的依据，该民事法律行为效力的产生和消灭具有不确定性；附期限的民事法律行为是以一定期限的到来作为民事法律行为效力产生或消灭的依据，由于期限的到来是一个必然发生的事实（具体时日未必确定），所以附期限的民事法律行为效力的产生或消灭是确定的、可预知的。

第三节　代理制度

一、代理的基本理论

代理，是指代理人在代理权限内，以被代理人的名义与第三人实施民事法律行为，由此产生的法律后果直接由被代理人承担的法律制度。

代理制度使民事主体可以在有限的时间、条件下，通过第三人从事民事活动并取得法律效果，扩大了民事法律活动的范围与可能性。同时，代理制度还弥补了无民事行为能力人、限制民事行为能力人无法独立从事民事法律活动的不足，使得他们可以通过代理制度参与民事活动，充分实现自己的民事权益。

代理包括委托代理和法定代理。委托代理人按照被代理人的委托行使代理权；法定代理人依照法律的规定行使代理权。

代理人不履行或者不完全履行职责，造成被代理人损害的，应当承担民事责任。代理人和相对人恶意串通，损害被代理人合法权益的，代理人和相对人应当承担连带责任。

依照法律规定、当事人约定或者民事法律行为的性质，应当由本人亲自实施的民事法律行为，不得代理。

二、委托代理

委托代理，是指基于被代理人授权的意思表示而发生的代理。委托代理既可以采取书面形式，也可以采用口头或其他方式授权。《民法典》第一百六十五条规定："委托代理授权采用书面形式的，授权委托书应当载明代理人的姓名或者名称、代理事项、权限和期限，并由被代理人签名或者盖章。"

（一）共同代理

数人为同一代理事项的代理人的，应当共同行使代理权，但是当事人另有约定的除外。

（二）代理权滥用

代理人不得以被代理人的名义与自己实施民事法律行为，但是被代理人同意或者追认的除外。

代理人不得以被代理人的名义与自己同时代理的其他人实施民事法律行为，但是被代理的双方同意或者追认的除外。

（三）转代理

代理人需要转委托第三人代理的，应当取得被代理人的同意或者追认。

转委托代理经被代理人同意或者追认的，被代理人可以就代理事务直接指示转委托的第三人，代理人仅就第三人的选任以及对第三人的指示承担责任。

转委托代理未经被代理人同意或者追认的，代理人应当对转委托的第三人的行为承担责任；但是，在紧急情况下代理人为了维护被代理人的利益需要转委托第三人代理的除外。

（四）职务代理

执行法人或者非法人组织工作任务的人员，就其职权范围内的事项，以法人或者非法人组织的名义实施的民事法律行为，对法人或者非法人组织发生效力。

法人或者非法人组织对执行其工作任务的人员职权范围的限制，不得对抗善意相对人。

（五）无权代理

行为人没有代理权、超越代理权或者代理权终止后，仍然实施代理行为，未经被代理人追认的，对被代理人不发生效力。

相对人可以催告被代理人自收到通知之日起三十日内予以追认。被代理人未作表示的，视为拒绝追认。行为人实施的行为被追认前，善意相对人有撤销的权利。撤销应当以通知的方式作出。

行为人实施的行为未被追认的，善意相对人有权请求行为人履行债务或者就其受到的损害请求行为人赔偿。但是，赔偿的范围不得超过被代理人追认时相对人所能获得的利益。

相对人知道或者应当知道行为人无权代理的，相对人和行为人按照各自的过错承担责任。

（六）表见代理

行为人没有代理权、超越代理权或者代理权终止后，仍然实施代理行为，相对人有理由相信行为人有代理权的，代理行为有效。

三、代理终止

（一）有下列情形之一的，委托代理终止

（1）代理期限届满或者代理事务完成；

（2）被代理人取消委托或者代理人辞去委托；

（3）代理人丧失民事行为能力；

（4）代理人或者被代理人死亡；

（5）作为代理人或者被代理人的法人、非法人组织终止。

（二）被代理人死亡后，有下列情形之一的，委托代理人实施的代理行为有效

（1）代理人不知道且不应当知道被代理人死亡；

（2）被代理人的继承人予以承认；

（3）授权中明确代理权在代理事务完成时终止；

（4）被代理人死亡前已经实施，为了被代理人的继承人的利益继续代理；

（5）作为被代理人的法人、非法人组织终止的，参照适用上述规定。

（三）有下列情形之一的，法定代理终止

（1）被代理人取得或者恢复完全民事行为能力；

（2）代理人丧失民事行为能力；

（3）代理人或者被代理人死亡；

（4）法律规定的其他情形。

第四节 民事责任制度

一、民事责任基本理论

《民法典》第一百七十六条规定:"民事主体依照法律规定或者按照当事人约定,履行民事义务,承担民事责任。"民事责任,是民事主体违反民事义务所应承担的责任,是违反民事义务的后果。民事义务包括法律直接规定的义务和在法律允许范围内民事主体自行约定的义务。民事责任具有强制性,对于不履行民事义务的主体,可以通过法律制裁要求民事主体承担责任。

民事责任的责任人为多人时,根据民事责任的承担方式,可以分为按份责任与连带责任。

按份责任,是指各责任人按照一定的份额向权利人承担民事责任,各责任人之间没有连带关系。《民法典》第一百七十七条规定:"二人以上依法承担按份责任,能够确定责任大小的,各自承担相应的责任;难以确定责任大小的,平均承担责任。"

连带责任,是指依照法律的规定或者当事人之间的约定,两个或两个以上的当事人对共同产生的民事责任承担全部责任,并由此引起内部债务关系的民事责任。《民法典》第一百七十八条规定:"二人以上依法承担连带责任的,权利人有权请求部分或者全部连带责任人承担责任。"连带责任由法律规定或者当事人约定,既可能基于合同产生,也可能基于侵权行为产生。连带责任人的责任份额根据各自责任大小确定;难以确定责任大小的,平均承担责任。实际承担责任超过自己责任份额的连带责任人,有权向其他连带责任人追偿。

二、民事责任的承担方式

根据《民法典》的规定,民事责任承担的主要方式包括以下几种。

(一)停止侵害

停止侵害,主要是要求行为人停止实施某种侵害行为,防止侵害时间的延长和侵害后果的扩大。

（二）排除妨碍

排除妨碍，是指行为人实施的行为使他人无法正常行使民事权益时，受害人要求行为人排除妨碍其民事权益行使的障碍。

（三）消除危险

消除危险，是指行为人的行为对他人民事权益造成实际威胁时，受害人有权要求行为人消除这种危险或者威胁。

（四）返还财产

返还财产，是指当行为人没有法律或者合同上的依据，无权占有他人财产时，受害人可以要求其返还该财产。

（五）恢复原状

恢复原状，是指被行为人损坏的财产，行为人通过修理等方式将其恢复损坏发生之前的状态的一种民事责任承担方式。采取恢复原状的民事责任承担方式，必须同时具备以下两个条件：一是受到损坏的财产存在恢复原状的可能性，不能修复的财产不能采用恢复原状的民事责任承担方式；二是恢复原状具有经济上的可行性，如果恢复原状需要付出不合理的经济代价，则不宜采取该责任方式，而应当采取赔偿损失等其他民事责任承担方式。

（六）修理、重作、更换

修理、重作、更换主要是违反合同应当承担的民事责任形式，是违约的一种责任承担方式。修理是最普遍的质量瑕疵的补救方式，重作、更换则是用于存在严重质量瑕疵以致不能通过修理实现补救目的的情形。需要特别说明的是，修理、重作、更换针对的都是"质量瑕疵"，恢复原状针对的是"被损坏"，这是两种民事责任最重要的区别。

（七）继续履行

继续履行，顾名思义就是按照原有的约定继续履行义务，是当事人一方违反合同义务后，应当承担的一项重要民事责任。对合同一方当事人不能自觉履行合同的，另一方当事人有权请求违约方继续履行合同或者请求人民法院、仲裁机构强制违约方继续履行合同。

(八)赔偿损失

赔偿损失,是指行为人通过支付一定数额的金钱用以弥补、赔偿受害人损失的责任承担方式,是运用最为广泛的民事责任承担方式之一。

(九)支付违约金

违约金是当事人在合同中约定的或者由法律直接规定的当一方违反合同时应当向对方支付一定数额的金钱的民事责任承担方式。违约金的标的物一般是金钱,通常在法律中直接规定或者在合同中直接明确约定,其计算标准往往是一固定金额或固定比例金额。如果约定的违约金低于造成的损失,当事人可以请求人民法院、仲裁机构予以增加;如果约定的违约金过分高于造成的损失,当事人可以请求人民法院、仲裁机构予以适当减少。需要特别说明的是,支付违约金后,违约方一般还要承担继续履行的义务,除非双方协商一致解除相关合同。

(十)消除影响、恢复名誉

消除影响、恢复名誉是指人民法院根据受害人的请求,责令行为人在一定范围内采取适当方式消除对受害人名誉的不利影响,是受害人名誉得以恢复的一种责任方式。常见的消除影响、恢复名誉的方式包括但不限于在报刊上或网站上刊登声明、在公开场合召开澄清会等。

(十一)赔礼道歉

赔礼道歉,是指行为人通过口头、书面或其他形式向受害人道歉,从而取得对方谅解的一种责任方式。

上述十一种民事责任的方式,可以单独适用,也可以合并适用。如果一种方式不足以救济受害人的,就应当同时适用其他方式。

除以上十一种民事责任承担方式外,《民法典》第一百七十九条第二款还作了关于惩罚性赔偿的规定:"法律规定惩罚性赔偿的,依照其规定。"即当行为人以故意、恶意、欺诈等方式进行加害行为时,法律规定受害人可以要求实际损害赔偿之外的额外赔偿,用以惩治、警示加害人的恶意行为。惩罚性赔偿,广泛运用于消费者保护领域和产品质量领域,对于保护受害人权益、惩治和警示加害人、防范此类行为的发生有着重要的价值和意义。

三、民事责任的豁免

民事责任的豁免,即法定的民事责任的免责事由,通常包括不可抗力、正当防卫、紧急避险等。

(一)不可抗力

不可抗力是不能预见、不能避免且不能克服的客观情况。《民法典》第一百八十条规定:"因不可抗力不能履行民事义务的,不承担民事责任。法律另有规定的,依照其规定。"

常见的不可抗力包括:

(1)自然灾害,如地震、火灾、海啸、台风等;

(2)政府行为,如禁运禁令、征收征用等;

(3)社会异常现象,如罢工骚乱等。

(二)正当防卫

正当防卫,是指本人、他人的人身权利、财产权利受到不法侵害时,行为人所采取的一种防卫措施,是法律赋予当事人的正当权利。因正当防卫造成损害的,不承担民事责任。但是,若正当防卫超过必要的限度,造成不应有的损害的,正当防卫人应当承担适当的民事责任。

(三)紧急避险

紧急避险,是指为了使本人或他人的人身权利、财产权利免受正在发生的危险,不得已采取的避险行为。因紧急避险造成损害的,由引起险情发生的人承担民事责任。但若紧急避险采取措施不当或者超过必要的限度,造成不应有的损害的,紧急避险人应当承担适当的民事责任。

四、责任竞合

(一)民事责任与行政责任、刑事责任的竞合

《民法典》规定,民事主体因同一行为应当承担民事责任、行政责任和刑事责任的,承担行政责任或者刑事责任不影响承担民事责任;民事主体的财产不足以支付的,优先用于承担民事责任。

民事责任优先,是现代法律的基本精神之一;尊重和保护民事主体的合法权益,也是现代民法的奠基石。

(二)违约责任与侵权责任的竞合

因当事人一方的违约行为,损害对方人身权益、财产权益的,受损害方有权选择请求其承担违约责任或者侵权责任。需要重点说明的是,受损害方拥有的是两种请求权的选择权:受害方选择其中一种并得到实现的,另一种请求权即告消灭;但若受害方选择其中一种未果,且另一种请求权并未因时效消灭的,受害方仍可行使另一种请求权以维护自身合法权益。

第五节 诉讼时效制度

一、诉讼时效的概念

诉讼时效,是指请求权达到一定期间不行使即失去国家强制力保护的制度。诉讼时效的特点包括以下几种。

(1)有债权人不行使相关权利的事实状态存在,且该状态存续了较长一段时间。

(2)诉讼时效届满,并不当然消灭债权人的实体权利,只是让债务人因此产生了抗辩权。

(3)诉讼时效具有强制性。诉讼时效的期间、计算方法、中止与中断事由均由法律强制规定,当事人的约定无效。当事人对诉讼时效利益的预先放弃无效。

所谓并不当然消灭债权人的实体权利,是指诉讼时效届满,债权人仍可以就相关债权提起民事诉讼,并不因此丧失诉权,人民法院也不得主动适用诉讼时效的规定。但是,一旦债务人主张诉讼时效的抗辩,法院在确认诉讼时效届满的情况下,则应驳回债权人的诉讼请求。另一方面,诉讼时效期间届满后,义务人同意履行的,不得以诉讼时效期间届满为由抗辩;义务人已经自愿履行的,不得请求返还。同样,当事人在一审期间未提出诉讼时效抗辩,在二审期间提出的,人民法院也不予支持,但其基于新的证据能够证明对方当事人的请求权已过诉讼时效期间的情形除外。

根据《民法典》第一百九十六条的规定，下列请求权不适用诉讼时效的规定：

（一）请求停止侵害、排除妨碍、消除危险；

（二）不动产物权和登记的动产物权的权利人请求返还财产；

（三）请求支付抚养费、赡养费或者扶养费；

（四）依法不适用诉讼时效的其他请求权。

二、诉讼时效的种类

（一）普通诉讼时效

《民法典》第一百八十八条第一款规定："向人民法院请求保护民事权利的诉讼时效期间为三年。法律另有规定的，依照其规定。"

（二）长期诉讼时效

长期诉讼时效，即时效期间比普通诉讼时效的三年要长的诉讼时效。如《民法典》第五百九十四条规定："因国际货物买卖合同和技术进出口合同争议提起诉讼或者申请仲裁的时效期间为四年。"

（三）最长诉讼时效

《民法典》第一百八十八条第二款规定："诉讼时效期间自权利人知道或者应当知道权利受到损害以及义务人之日起计算。法律另有规定的，依照其规定。但是，自权利受到损害之日起超过二十年的，人民法院不予保护，有特殊情况的，人民法院可以根据权利人的申请决定延长。"

需要特别指出的是，法律对仲裁时效有规定的，依照其规定；没有规定的，适用诉讼时效的规定。

三、诉讼时效期间的计算

诉讼时效期间自权利人知道或者应当知道权利受到损害以及义务人之日起计算。法律另有规定的，依照其规定：

（1）附条件或附期限的债的请求权，从条件成就或期限届满之日起算；

（2）定有履行期限的债的请求权，从清偿期届满之日起算，当事人约定同一债务分期履行的，诉讼时效期间自最后一期履行期限届满之日

起计算;

（3）未约定履行期限的债的请求权，诉讼时效期间从债权人要求债务人履行义务的宽限期届满之日起算，但债务人在债权人第一次向其主张权利时明确表示不履行义务的，诉讼时效期间从债务人明确表示不履行义务之日起算;

（4）无民事行为能力人或者限制民事行为能力人对其法定代理人的请求权的诉讼时效期间，自该法定代理终止之日起计算;

（5）未成年人遭受性侵害的损害赔偿请求权的诉讼时效期间，自受害人年满十八周岁之日起计算;

（6）国家赔偿的诉讼时效的起算，自其知道或者应当知道国家机关及其工作人员行使职权时的行为侵犯其人身权、财产权之日起计算，但被羁押等限制人身自由期间不计算在内。

四、诉讼时效的中止

在诉讼时效期间的最后六个月内，因下列障碍，不能行使请求权的，诉讼时效中止：

（一）不可抗力；

（二）无民事行为能力人或者限制民事行为能力人没有法定代理人，或者法定代理人死亡、丧失民事行为能力、丧失代理权；

（三）继承开始后未确定继承人或者遗产管理人；

（四）权利人被义务人或者其他人控制；

（五）其他导致权利人不能行使请求权的障碍。

自中止时效的原因消除之日起满六个月，诉讼时效期间届满。

五、诉讼时效的中断

有下列情形之一的，诉讼时效中断，从中断、有关程序终结时起，诉讼时效期间重新计算：

（一）权利人向义务人提出履行请求；

（二）义务人同意履行义务；

（三）权利人提起诉讼或者申请仲裁；

（四）与提起诉讼或者申请仲裁具有同等效力的其他情形。

六、除斥期间

除斥期间，是指法律规定某种权利预定存续的时间，债权人在此期间不行使权利，预定期间届满后该权利直接消灭。《民法典》第一百九十九条规定："法律规定或者当事人约定的撤销权、解除权等权利的存续期间，除法律另有规定外，自权利人知道或者应当知道权利产生之日起计算，不适用有关诉讼时效中止、中断和延长的规定。存续期间届满，撤销权、解除权等权利消灭。"

诉讼时效和除斥期间的主要区别在于：

（1）适用对象不同：诉讼时效适用于债权请求权，除斥期间适用于形成权，如追认权、撤销权、解除权等；

（2）可援用的主体不同：人民法院不能直接适用诉讼时效，但除斥期间无论当事人是否主张，人民法院均可主动审查；

（3）法律效力不同：诉讼时效届满只是让债务人取得抗辩权，债权人的实体权利并不当然消灭，除斥期间届满，实体权利消灭。

七、期间计算

根据《民法典》的规定，民法所称的期间按照公历年、月、日、小时计算。

按照年、月、日计算期间的，开始的当日不计入，自下一日开始计算。

按照小时计算期间的，自法律规定或者当事人约定的时间开始计算。

按照年、月计算期间的，到期月的对应日为期间的最后一日；没有对应日的，月末日为期间的最后一日。

期间的最后一日是法定休假日的，以法定休假日结束的次日为期间的最后一日。

期间的最后一日的截止时间为二十四时；有业务时间的，停止业务活动的时间为截止时间。

第三编 合同法律制度

第三章 合同法通则

第一节 合同的基本理论

一、合同与合同法

(一) 合同的概念

《中华人民共和国民法典》(以下简称《民法典》)第四百六十四条第一款规定:"合同是民事主体之间设立、变更、终止民事法律关系的协议。"根据本条定义,合同的特征包括以下几个方面。

(1) 合同的主体是民事主体,包括自然人、法人和非法人组织;

(2) 合同是双方或多方的民事法律行为,双方或多方当事人的意思表示达成一致,即形成合意,合同即告成立;

(3) 合同的内容是设立、变更、终止特定的民事权利义务关系,不同的合同所涉及的权利义务也不尽相同,例如是买卖而不是租赁,也不是赠与,即使同样都是买卖,其标的物、金额、数量、交付地点、交付方式等也不尽相同;

(4) 合同是一种协议,是两方以上的当事人对某一事务经过协商所达成的一致意见,合同的本质就是民事主体就民事权利义务关系的变动达成合意而形成的协议。

(二)《民法典》合同编的适用范围

合同有广义和狭义之分。广义的合同,是指能够产生法律上的权利义务效果的各种合同的总称,如民法上的合同、行政法上的合同、劳动法上的合同等。不同的合同,其法律性质、权利义务、救济方式等均不相同。狭义的合同，即民事合同，是指能够产生民法上权利义务的合同。从这个意义上讲，《民法典》合同编的主要适用范围为狭义的合同即民事合同，其具体包括以下几个方面。

因合同产生的债权债务关系。

部分非因合同产生的债权债务关系，如基于侵权行为产生的债权债务关系，《民法典》第四百六十八条规定："非因合同产生的债权债务关系，适用有关该债权债务关系的法律规定；没有规定的，适用本编通则的有关规定，但是根据其性质不能适用的除外。"

部分有关身份关系的协议，《民法典》第四百六十四条第二款规定："婚姻、收养、监护等有关身份关系的协议，适用有关该身份关系的法律规定；没有规定的，可以根据其性质参照适用本编规定。"

此外，涉外合同是否适用《民法典》合同编的规定要具体情况具体分析。原则上，涉外合同的当事人可以选择处理合同争议所适用的法律，但法律另有规定的除外。例如《民法典》第四百六十七条第二款规定："在中华人民共和国境内履行的中外合资经营企业合同、中外合作经营企业合同、中外合作勘探开发自然资源合同，适用中华人民共和国法律。"此为法律上的强制规定，不得随意约定或选择适用法律。

二、合同的分类

合同的分类，是指根据一定的标准将合同区分为不同的类型。合同的分类有助于正确理解法律，指导当事人订立和履行合同，有助于正确地适用法律处理合同纠纷，还可以对合同法律制度的完善提供理论依据。通常，在立法与合同制度理论上对合同作出以下分类。

（一）有名合同与无名合同

这是以法律是否对合同规定确定的名称与调整规则为标准进行的分类。

有名合同，又称典型合同，是指法律规定了确定名称与规则的合同，如《民法典》合同编在第二分编规定的买卖合同、赠与合同等十九种合同。

无名合同，又称非典型合同，是指法律尚未规定有确定名称与规则的合同。

区分有名合同与无名合同的意义在于：有名合同，当事人可以直接适用《民法典》合同编第二分编等法律有关规定订立，在合同发生争议时，人民法院或仲裁机构应当按照法律的有关规定进行裁判；无名合同，则只能在适用有关民事法律行为与合同的一般规定外，参照与之类似的有名合同的法律规定。值得注意的是，无名合同只要其内容不违反法律、行政法规的强制性规定，不违背公序良俗，法律即承认其效力。

（二）单务合同与双务合同

这是以合同当事人是否互负义务进行的分类。

单务合同，是指仅有当事人一方负担给付义务的合同，如赠与合同、借用合同等。

双务合同，是指当事人双方互负给付义务的合同，如买卖合同、租赁合同等。

区分单务合同与双务合同的意义在于：双务合同中，当事人之间的给付义务存在依存和牵连关系，故双务合同中存在同时履行抗辩权和风险负担等特殊规则与问题，而单务合同并无此类问题。

（三）诺成合同与实践合同

这是以合同的成立是否需要交付标的物为要件而进行的分类。

诺成合同，是指当事人意思表示一致即可认定合同成立的合同。

实践合同，是指除当事人意思表示一致外，还需要实际交付标的物或者完成其他给付才能成立的合同，如保管合同、借用合同等。根据我国《民法典》的规定，赠与合同、质押合同不是实践合同。

区分诺成合同与实践合同的意义在于：在诺成合同中，交付标的物或者完成其他给付是当事人的义务，违反该义务便产生违约责任；而在实践合同中，交付标的物或者完成其他给付是合同的成立要件，不是当事人的义务，违反该要件会导致缔约过失责任，而非违约责任。

合同还可以分为有偿合同与无偿合同、要式合同与不要式合同、一时性合同与持续性合同、主合同与从合同等，此处不赘述。

三、合同的相对性

《民法典》第四百六十五条第二款规定:"依法成立的合同,仅对当事人具有法律约束力,但是法律另有规定的除外。"合同的相对性,是指合同主要在特定的合同当事人之间发生权利义务关系,当事人只能基于合同向其他当事人提出请求或提起诉讼,不能向无合同关系的第三人提出合同上的请求,也不能擅自为第三人设定合同上的义务。

合同的相对性主要体现在以下几个方面。

(一)主体的相对性

主体的相对性,是指合同关系只能发生在特定的主体之间,只有合同当事人一方能够向合同的其他方当事人基于合同提出请求或提起诉讼。这就意味着,合同关系之外的第三人不能依据合同提出请求或者提起诉讼,合同关系的当事人也不能向合同关系之外的第三人提出合同上的请求或者提起诉讼。

(二)内容的相对性

内容的相对性,是指除法律另有规定、合同另有约定外,只有合同当事人才能享有合同规定的权利并承担合同规定的义务,任何第三人不能主张合同上的权利。在双务合同中,内容的相对性还体现在一方的权利就是另一方的义务,一方的义务就是另一方的权利,权利义务是相互对应的。

(三)责任的相对性

责任的相对性,是指合同责任只能在合同关系的当事人之间发生,合同关系之外的人不承担违约责任。这也意味着,即使是第三人的原因造成当事人的违约或者履行不能,违约当事人仍应对违约后果承担违约责任;同样,债务人只能向合同中的债权人承担违约责任,而不应向第三人承担违约责任。

(四)合同相对性的例外

虽然合同关系具有相对性,但出于对债权人债权实现的保障等原因,这种相对性在一定条件下也可能被法律规定所"打破"。

《民法典》第五百三十五条第一款关于合同保全的规定:"因债务人

怠于行使其债权或者与该债权有关的从权利，影响债权人的到期债权实现的，债权人可以向人民法院请求以自己的名义代位行使债务人对相对人的权利，但是该权利专属于债务人自身的除外。"

《民法典》第七百二十五条关于"买卖不破租赁"的规定："租赁物在承租人按照租赁合同占有期限内发生所有权变动的，不影响租赁合同的效力。"

《民法典》第七百九十一条第二款关于分包人与承包人共同对发包人承担连带责任的规定："总承包人或者勘察、设计、施工承包人经发包人同意，可以将自己承包的部分工作交由第三人完成。第三人就其完成的工作成果与总承包人或者勘察、设计、施工承包人向发包人承担连带责任。承包人不得将其承包的全部建设工程转包给第三人或者将其承包的全部建设工程支解以后以分包的名义分别转包给第三人。"

《民法典》第八百三十四条关于单式联运合同中区段承运人和总承运人共同向托运人承担连带责任的规定："两个以上承运人以同一运输方式联运的，与托运人订立合同的承运人应当对全程运输承担责任；损失发生在某一运输区段的，与托运人订立合同的承运人和该区段的承运人承担连带责任。"

四、合同的解释

合同的解释，是指在合同所使用的语言文字或者推定行为的内涵不明确、不清楚而发生争议时，由有权机关依照一定的规则对合同加以阐明或补充。

《民法典》第四百六十六条第一款规定："当事人对合同条款的理解有争议的，应当依据本法第一百四十二条第一款的规定，确定争议条款的含义。"《民法典》第一百四十二条第一款，即是对有相对人的意思表示的规定，在本编第二章第二节"民事法律行为制度"中已有详细论述，此处不赘述。

《民法典》第四百六十六条第二款规定："合同文本采用两种以上文字订立并约定具有同等效力的，对各文本使用的词句推定具有相同含义。各文本使用的词句不一致的，应当根据合同的相关条款、性质、目的以及诚信原则等予以解释。"由此可见，合同的解释规则主要有以下几种。

（一）文义解释

合同条款是由语言文字构成的，解释合同条款应当首先从合同的文本文字入手，确定合同语言的含义。尤其是在当事人赋予合同语句特别的含义时，对合同条款的解释就必须依从于当事人签订合同时所采用的含义，而非依从语句本身的含义或通用的含义。

（二）体系解释

体系解释，又称整体解释，是指把合同全部条款视为一个统一的整体，通过合同各条款及其组成部分的相互关联、总体联系上阐明当事人有争议的合同语句的方法。

（三）目的解释

目的解释，顾名思义，是指解释合同条款应当遵从最有利于实现合同目的的角度进行。具体而言：在合同语句表达的意思与合同目的相反时，应当通过解释更正合同语句；当合同内容不明确或者相互矛盾时，应当在确认合同的每一组成部分的语句和条款都有效的前提下，尽可能通过解释的方式予以统一和协调；当合同语句有不同意思时，应当按照符合合同目的的解释，摒弃有违合同目的的解释。

（四）参照交易习惯与惯例

是指在合同语句或条款的含义发生歧义时，按照交易习惯或者惯例对其进行明确；在合同存在漏洞，导致当事人的权利义务无法确定时，参照交易习惯或者惯例进行补充。

（五）诚实信用原则

在合同语句含糊不清、意义不明时，应当按照诚实信用原则对合同的语句和条款进行解释，公平合理地确定合同各方当事人的权利义务，维护与平衡合同各方的利益。

第二节 合同的订立

合同的订立，是指当事人为实现预期目的，各方接触、协商直至达成合意的过程。《民法典》第四百七十一条规定:"当事人订立合同,可以采取要约、承诺方式或者其他方式。"

一、要约

要约,是指希望与他人订立合同的意思表示。要约可以向特定人发出,也可以向非特定人发出。根据《民法典》的规定,要约应当符合下列条件:第一,内容具体确定;第二,表明经受要约人承诺,要约人即受该意思表示约束。

(一)要约和要约邀请

要约邀请,是希望他人向自己发出要约的表示。根据《民法典》第四百七十三条的规定,拍卖公告、招标公告、招股说明书、债券募集办法、基金招募说明书、商业广告和宣传、寄送的价目表等为要约邀请。但若商业广告和宣传的内容符合要约条件,则构成要约。如《民法典》第四百九十九条规定:"悬赏人以公开方式声明对完成特定行为的人支付报酬的,完成该行为的人可以请求其支付。"又如《最高人民法院关于审理商品房买卖合同纠纷案件适用法律若干问题的解释》第三条规定:"商品房的销售广告和宣传资料为要约邀请,但是出卖人就商品房开发规划范围内的房屋及相关设施所作的说明和允诺具体确定,并对商品房买卖合同的订立以及房屋价格的确定有重大影响的,构成要约。该说明和允诺即使未载入商品房买卖合同,也应当视为合同内容,当事人违反的,应当承担违约责任。"

要约和要约邀请的主要区别主要体现在以下几个方面。

(1)要约是一种法律行为,具有法律意义;要约邀请是一种事实行为,不具有法律意义。

(2)要约是当事人主动提出愿意与他人订立合同的意思表示;要约邀请是希望他人向自己发出要约的意思表示,是订立合同的预备行为。

(3)要约一旦被承诺,合同即告成立,要约人需要受到要约的约束,否则需要承担违约责任;要约邀请则不包括发出要约邀请的当事人表示愿意接受要约邀请内容约束的意思表示,受要约邀请的人依要约邀请发出要约,要约邀请人仍享有是否作出承诺的选择权。

（4）要约的内容应当包括合同的主要条款，这样才能因受要约人的承诺成立合同；要约邀请只是希望对方向自己发出要约，无须且一般也不会包括合同的主要条款。

（二）要约的生效时间

要约生效的时间适用《民法典》第一百三十七条的规定，即："以对话方式作出的意思表示，相对人知道其内容时生效。以非对话方式作出的意思表示，到达相对人时生效。以非对话方式作出的采用数据电文形式的意思表示，相对人指定特定系统接收数据电文的，该数据电文进入该特定系统时生效；未指定特定系统的，相对人知道或者应当知道该数据电文进入其系统时生效。当事人对采用数据电文形式的意思表示的生效时间另有约定的，按照其约定。"

（三）要约的撤回与撤销

要约的撤回，是指在要约生效之前，要约人使其丧失法律效力的意思表示。要约的撤回适用《民法典》第一百四十一条的规定："行为人可以撤回意思表示。撤回意思表示的通知应当在意思表示到达相对人前或者与意思表示同时到达相对人。"

要约的撤销，是指在要约生效后，要约人使其丧失法律效力的意思表示。《民法典》第四百七十七条规定："撤销要约的意思表示以对话方式作出的，该意思表示的内容应当在受要约人作出承诺之前为受要约人所知道；撤销要约的意思表示以非对话方式作出的，应当在受要约人作出承诺之前到达受要约人。"但是，下列情形下的要约不得撤销：

（1）要约人以确定承诺期限或者其他形式明示要约不可撤销；

（2）受要约人有理由认为要约是不可撤销的，并已经为履行合同作了合理准备工作。

（四）要约的失效

有下列情形之一的，要约失效：

（1）要约被拒绝；

（2）要约被依法撤销；

（3）承诺期限届满，受要约人未作出承诺；

（4）受要约人对要约的内容作出实质性变更。

二、承诺

承诺是受要约人同意要约的意思表示。承诺应当以通知的方式作出；但是，根据交易习惯或者要约表明可以通过行为作出承诺的除外。

（一）承诺的期限

承诺应当在要约确定的期限内到达要约人。要约没有确定承诺期限的：要约以对话方式作出的，应当即时作出承诺；要约以非对话方式作出的，承诺应当在合理期限内到达。

要约以信件或者电报作出的，承诺期限自信件载明的日期或者电报交发之日开始计算。信件未载明日期的，自投寄该信件的邮戳日期开始计算。要约以电话、传真、电子邮件等快速通讯方式作出的，承诺期限自要约到达受要约人时开始计算。

（二）承诺的生效

《民法典》第四百八十三条规定："承诺生效时合同成立，但是法律另有规定或者当事人另有约定的除外。"

以通知方式作出的承诺，生效的时间适用《民法典》第一百三十七条的规定："以对话方式作出的意思表示，相对人知道其内容时生效。以非对话方式作出的意思表示，到达相对人时生效。以非对话方式作出的采用数据电文形式的意思表示，相对人指定特定系统接收数据电文的，该数据电文进入该特定系统时生效；未指定特定系统的，相对人知道或者应当知道该数据电文进入其系统时生效。当事人对采用数据电文形式的意思表示的生效时间另有约定的，按照其约定。"

承诺不需要通知的，根据交易习惯或者要约的要求作出承诺的行为时生效。

（三）承诺的撤回

承诺的撤回适用《民法典》第一百四十一条的规定："行为人可以撤回意思表示。撤回意思表示的通知应当在意思表示到达相对人前或者与意思表示同时到达相对人。"

承诺不存在撤销的问题。

（四）承诺的延迟与迟到

承诺的延迟：受要约人超过承诺期限发出承诺，或者在承诺期限内发出承诺，按照通常情形不能及时到达要约人的，为新要约；但是，要约人及时通知受要约人该承诺有效的除外。

承诺的迟到：受要约人在承诺期限内发出承诺，按照通常情形能够及时到达要约人，但是因其他原因致使承诺到达要约人时超过承诺期限的，除要约人及时通知受要约人因承诺超过期限不接受该承诺外，该承诺有效。

（五）承诺的内容

承诺的内容应当与要约的内容一致。受要约人对要约的内容作出实质性变更的，为新要约。有关合同标的、数量、质量、价款或者报酬、履行期限、履行地点和方式、违约责任和解决争议方法等的变更，是对要约内容的实质性变更。

承诺对要约的内容作出非实质性变更的，除要约人及时表示反对或者要约表明承诺不得对要约的内容作出任何变更外，该承诺有效，合同的内容以承诺的内容为准。

三、合同的内容与形式

（一）合同的内容

我国《民法典》没有规定合同的必要条款，而是规定了提示性条款、格式条款与免责条款。

1. 提示性条款

民法典第四百七十条规定："合同的内容由当事人约定，一般包括下列条款：（1）当事人的姓名或者名称和住所；（2）标的；（3）数量；（4）质量；（5）价款或者报酬；（6）履行期限、地点和方式；（7）违约责任；（8）解决争议的方法。当事人可以参照各类合同的示范文本订立合同。"

2. 格式条款

格式条款是当事人为了重复使用而预先拟定，并在订立合同时未与对方协商的条款。

《民法典》第四百九十六条第二款规定:"采用格式条款订立合同的,提供格式条款的一方应当遵循公平原则确定当事人之间的权利和义务,并采取合理的方式提示对方注意免除或者减轻其责任等与对方有重大利害关系的条款,按照对方的要求,对该条款予以说明。提供格式条款的一方未履行提示或者说明义务,致使对方没有注意或者理解与其有重大利害关系的条款的,对方可以主张该条款不成为合同的内容。"

有下列情形之一的,格式条款无效:(1)具有《民法典》规定的合同无效和免责条款无效的情形;(2)提供格式条款一方不合理地免除或者减轻其责任、加重对方责任、限制对方主要权利;(3)提供格式条款一方排除对方主要权利。

对格式条款的理解发生争议的,应当按照通常理解予以解释。对格式条款有两种以上解释的,应当作出不利于提供格式条款一方的解释。格式条款和非格式条款不一致的,应当采用非格式条款。

3. 免责条款

免责条款,是指当事人约定免除或者限制一方当事人未来责任的合同条款。免责条款具有约定性,法律一般不强加干预。但下列免责条款无效:(1)造成对方人身损害的;(2)因故意或者重大过失造成对方财产损失的。

(二)合同的形式

当事人订立合同,可以采用书面形式、口头形式或者其他形式。

书面形式是合同书、信件、电报、电传、传真等可以有形地表现所载内容的形式。

以电子数据交换、电子邮件等方式能够有形地表现所载内容,并可以随时调取查用的数据电文,视为书面形式。

四、合同的成立

(一)合同成立的时间

当事人采用合同书形式订立合同的,自当事人均签名、盖章或者按指印时合同成立。

在签名、盖章或者按指印之前,当事人一方已经履行主要义务,对方接受时,该合同成立。

法律、行政法规规定或者当事人约定合同应当采用书面形式订立,当事人未采用书面形式但是一方已经履行主要义务,对方接受时,该合同成立。

当事人采用信件、数据电文等形式订立合同要求签订确认书的,签订确认书时合同成立。

当事人一方通过互联网等信息网络发布的商品或者服务信息符合要约条件的,对方选择该商品或者服务并提交订单成功时合同成立,但是当事人另有约定的除外。

(二)合同成立的地点

承诺生效的地点为合同成立的地点。

采用数据电文形式订立合同的,收件人的主营业地为合同成立的地点;没有主营业地的,其住所地为合同成立的地点。当事人另有约定的,按照其约定。

当事人采用合同书形式订立合同的,最后签名、盖章或者按指印的地点为合同成立的地点,但是当事人另有约定的除外。

五、缔约过失责任

缔约过失责任,是指当事人在订立合同的过程中,因故意或者过失导致合同未成立、未生效、被撤销或无效,给他人造成损失而应承担的损害赔偿责任。

当事人在订立合同过程中有下列情形之一,造成对方损失的,应当承担赔偿责任:

(1)假借订立合同,恶意进行磋商;

(2)故意隐瞒与订立合同有关的重要事实或者提供虚假情况;

(3)有其他违背诚信原则的行为。

第三节　合同的效力

一、合同的生效

合同的生效，是指已经依法成立的合同，发生相应的法律效力。

依法成立的合同，自成立时生效，但是法律另有规定或者当事人另有约定的除外。

依照法律、行政法规的规定，合同应当办理批准等手续的，依照其规定。未办理批准等手续影响合同生效的，不影响合同中履行报批等义务条款以及相关条款的效力。应当办理申请批准等手续的当事人未履行义务的，对方可以请求其承担违反该义务的责任。

法律、行政法规规定合同应当办理登记手续，但未规定登记后生效的，当事人未办理登记手续不影响合同的效力，但合同标的的所有权和其他物权不能转移。如《民法典》第二百一十五条规定："当事人之间订立有关设立、变更、转让和消灭不动产物权的合同，除法律另有规定或者当事人另有约定外，自合同成立时生效；未办理物权登记的，不影响合同效力。"

当事人对合同的效力可以附条件或者附期限。

附生效条件的合同，自条件成就时生效。附解除条件的合同，自条件成就时失效。当事人为自己的利益不正当地阻止条件成就的，视为条件已经成就；不正当地促成条件成就的，视为条件不成就。

附生效期限的合同，自期限届至时生效；附终止期限的合同，自期限届满时失效。

二、合同效力的层次

合同根据其效力层次可以分为有效合同、无效合同、效力待定的合同以及可撤销合同（此部分内容在本书第二章第二节民事法律行为制度部分做过详细论述，此处不赘述）。根据《民法典》的规定，需要特别注意的内容如下。

（1）无权代理人以被代理人的名义订立合同，被代理人已经开始履行合同义务或者接受相对人履行的，视为对合同的追认。

（2）法人的法定代表人或者非法人组织的负责人超越权限订立的合同，除相对人知道或者应当知道其超越权限外，该代表行为有效，订立的合同对法人或者非法人组织发生效力。

（3）当事人超越经营范围订立的合同的效力，应当依照《民法典》总则编与合同编的有关规定确定，不得仅以超越经营范围确认合同无效。

第四节　合同的履行

一、合同的履行规则

合同的履行，是指合同生效后，合同当事人依照合同的约定完成合同义务、实施合同给付的行为。

（一）合同履行的原则

我国《民法典》第五百零九条系统规定了合同履行的原则：

（1）遵守约定原则，又称承诺必须信守原则。《民法典》第五百零九条第一款规定："当事人应当按照约定全面履行自己的义务。"这里其实包含两次意思：第一，适当履行；第二，全面履行。即合同当事人应当按照合同约定的主体、标的、时间、地点、交付方式等，适当、全面地履行自己的义务。

（2）诚实信用原则。《民法典》第五百零九条第二款规定："当事人应当遵循诚信原则，根据合同的性质、目的和交易习惯履行通知、协助、保密等义务。"

（3）绿色原则。《民法典》第五百零九条第三款规定："当事人在履行合同过程中，应当避免浪费资源、污染环境和破坏生态。"这一条是《民法典》第九条在合同法领域的延伸，第九条的规定为："民事主体从事民事活动，应当有利于节约资源、保护生态环境。"

（二）约定不明时合同内容的确定规则

《民法典》第五百一十条规定："合同生效后，当事人就质量、价款或者报酬、履行地点等内容没有约定或者约定不明确的，可以协议补充；不能达成补充协议的，按照合同相关条款或者交易习惯确定。"

第五百一十一条规定："当事人就有关合同内容约定不明确，依据前条规定仍不能确定的，适用下列规则确定：

（一）质量要求不明确的，按照强制性国家标准履行；没有强制性国家标准的，按照推荐性国家标准履行；没有推荐性国家标准的，按照行业标准履行；没有国家标准、行业标准的，按照通常标准或者符合合同目的的特定标准履行。

（二）价款或者报酬不明确的，按照订立合同时履行地的市场价格履行；依法应当执行政府定价或者政府指导价的，依照规定履行。

（三）履行地点不明确，给付货币的，在接受货币一方所在地履行；交付不动产的，在不动产所在地履行；其他标的，在履行义务一方所在地履行。

（四）履行期限不明确的，债务人可以随时履行，债权人也可以随时请求履行，但是应当给对方必要的准备时间。

（五）履行方式不明确的，按照有利于实现合同目的的方式履行。

（六）履行费用的负担不明确的，由履行义务一方负担；因债权人原因增加的履行费用，由债权人负担。"

（三）电子合同的履行

通过互联网等信息网络订立的电子合同的标的为交付商品并采用快递物流方式交付的，收货人的签收时间为交付时间。电子合同的标的为提供服务的，生成的电子凭证或者实物凭证中载明的时间为提供服务时间；前述凭证没有载明时间或者载明时间与实际提供服务时间不一致的，以实际提供服务的时间为准。

电子合同的标的物为采用在线传输方式交付的，合同标的物进入对方当事人指定的特定系统且能够检索识别的时间为交付时间。

电子合同当事人对交付商品或者提供服务的方式、时间另有约定的，按照其约定。

(四) 向第三人履行、由第三人履行和第三人代为履行

第五百二十二条 当事人约定由债务人向第三人履行债务，债务人未向第三人履行债务或者履行债务不符合约定的，应当向债权人承担违约责任。法律规定或者当事人约定第三人可以直接请求债务人向其履行债务，第三人未在合理期限内明确拒绝，债务人未向第三人履行债务或者履行债务不符合约定的，第三人可以请求债务人承担违约责任；债务人对债权人的抗辩，可以向第三人主张。

第五百二十三条 当事人约定由第三人向债权人履行债务，第三人不履行债务或者履行债务不符合约定的，债务人应当向债权人承担违约责任。

第五百二十四条 债务人不履行债务，第三人对履行该债务具有合法利益的，第三人有权向债权人代为履行；但是，根据债务性质、按照当事人约定或者依照法律规定只能由债务人履行的除外。债权人接受第三人履行后，其对债务人的债权转让给第三人，但是债务人和第三人另有约定的除外。

(五) 中止履行、提前履行和部分履行

中止履行：债权人分立、合并或者变更住所没有通知债务人，致使履行债务发生困难的，债务人可以中止履行或者将标的物提存。

提前履行：债权人可以拒绝债务人提前履行债务，但是提前履行不损害债权人利益的除外。债务人提前履行债务给债权人增加的费用，由债务人负担。值得注意的是，《民法典》第六百七十七条："借款人提前返还借款的，除当事人另有约定外，应当按照实际借款的期间计算利息。"此为提前履行规则的例外情形。

部分履行：债权人可以拒绝债务人部分履行债务，但是部分履行不损害债权人利益的除外。债务人部分履行债务给债权人增加的费用，由债务人负担。

值得注意的是，《民法典》第五百三十二条特别规定："合同生效后，当事人不得因姓名、名称的变更或者法定代表人、负责人、承办人的变动而不履行合同义务。"

(六)执行政府定价或指导价的合同价格确定

执行政府定价或者政府指导价的,在合同约定的交付期限内政府价格调整时,按照交付时的价格计价。

逾期交付标的物的,遇价格上涨时,按照原价格执行;价格下降时,按照新价格执行。

逾期提取标的物或者逾期付款的,遇价格上涨时,按照新价格执行;价格下降时,按照原价格执行。

(七)金钱之债的给付货币确定规则

《民法典》第五百一十四条规定:"以支付金钱为内容的债,除法律另有规定或者当事人另有约定外,债权人可以请求债务人以实际履行地的法定货币履行。"

二、选择之债、按份之债和连带之债

(一)选择之债

选择之债,是指债的关系在成立时,确定的标的有数个,当事人在履行时可以选定其中一个为给付的债。凡在债的给付标的、履行时间、方式、地点等方面可供选择的债,都为选择之债。

《民法典》第五百一十五条第一款规定:"标的有多项而债务人只需履行其中一项的,债务人享有选择权;但是,法律另有规定、当事人另有约定或者另有交易习惯的除外。"选择权,是选择之债中,一方当事人享有的因自己的意思表示而引起选择之债变更为简单之债的形成权。选择权以属于债务人为原则,因为债务毕竟是要由债务人实际履行的,但另有规定或约定的除外。

选择权也可以转移。《民法典》第五百一十五条第二款规定:"享有选择权的当事人在约定期限内或者履行期限届满未作选择,经催告后在合理期限内仍未选择的,选择权转移至对方。"

选择权是形成权,一旦形成,就发生选择的效力,被选择的债务就被特定化,其他选项的债务消灭。《民法典》第五百一十六条第一款规定:"当事人行使选择权应当及时通知对方,通知到达对方时,标的确定。标的确定后不得变更,但是经对方同意的除外。"同时,为保护无选择权的当事人的合法权益,《民法典》第五百一十六条第二款规定:"可选择的标的发生不能履行情形的,享有选择权的当事人不得选择不能履行的标的,但是该不能履行的情形是由对方造成的除外。"

(二)按份之债

债权人为二人以上,标的可分,按照份额各自享有债权的,为按份债权;债务人为二人以上,标的可分,按照份额各自负担债务的,为按份债务。

按份债权人或者按份债务人的份额难以确定的,视为份额相同。

(三)连带之债

债权人为二人以上,部分或者全部债权人均可以请求债务人履行债务的,为连带债权;债务人为二人以上,债权人可以请求部分或者全部债务人履行全部债务的,为连带债务。连带债权或者连带债务,由法律规定或者当事人约定。

在实践中,连带之债范围广泛。如《民法典》第六百八十八条规定:"当事人在保证合同中约定保证人和债务人对债务承担连带责任的,为连带责任保证。连带责任保证的债务人不履行到期债务或者发生当事人约定的情形时,债权人可以请求债务人履行债务,也可以请求保证人在其保证范围内承担保证责任。"

关于连带债务人之间的关系,法律规定如下。

(1)连带债务人之间的份额难以确定的,视为份额相同。

(2)实际承担债务超过自己份额的连带债务人,有权就超出部分在其他连带债务人未履行的份额范围内向其追偿,并相应地享有债权人的权利,但是不得损害债权人的利益。其他连带债务人对债权人的抗辩,可以向该债务人主张。

(3)被追偿的连带债务人不能履行其应分担份额的,其他连带债务人应当在相应范围内按比例分担。

关于连带债务人与债权人之间的关系,法律规定如下。

(1)部分连带债务人履行、抵销债务或者提存标的物的,其他债务人对债权人的债务在相应范围内消灭;该债务人可以依据前条规定向其他债务人追偿。

（2）部分连带债务人的债务被债权人免除的，在该连带债务人应当承担的份额范围内，其他债务人对债权人的债务消灭。

（3）部分连带债务人的债务与债权人的债权同归于一人的，在扣除该债务人应当承担的份额后，债权人对其他债务人的债权继续存在。

（4）债权人对部分连带债务人的给付受领迟延的，对其他连带债务人发生效力。

关于连带债权人之间的关系，法律规定如下。

（1）连带债权人之间的份额难以确定的，视为份额相同。

（2）实际受领债权的连带债权人，应当按比例向其他连带债权人返还。

（3）连带债权参照适用上文连带债务的有关规定。

三、双务合同履行中的抗辩权

双务合同中的双方当事人互为债权人和债务人，双方的履行给付具有牵连性，为了保护双方权益和交易安全，《民法典》为双务合同的债务人规定了同时履行抗辩权、先履行抗辩权和不安抗辩权三种履行抗辩权。

（一）同时履行抗辩权

同时履行抗辩权，是指双务合同中的当事人应同时履行义务的，一方在对方未履行前，有权拒绝对方请求自己履行合同的权利。《民法典》第五百二十五条规定："当事人互负债务，没有先后履行顺序的，应当同时履行。一方在对方履行之前有权拒绝其履行请求。一方在对方履行债务不符合约定时，有权拒绝其相应的履行请求。"

（二）先履行抗辩权

先履行抗辩权，是指双务合同中应当先履行义务的一方当事人未履行时，对方当事人有权拒绝对方请求履行的权利。《民法典》第五百二十六条规定："当事人互负债务，有先后履行顺序，应当先履行债务一方未履行的，后履行一方有权拒绝其履行请求。先履行一方履行债务不符合约定的，后履行一方有权拒绝其相应的履行请求。"

(三)不安抗辩权

不安抗辩权,是指双务合同中应先履行义务的一方当事人,有确切证据证明相对人财产明显减少或欠缺信用,不能保证对等给付时,有暂时中止合同履行的权利。

《民法典》第五百二十七条规定:"应当先履行债务的当事人,有确切证据证明对方有下列情形之一的,可以中止履行:

(一)经营状况严重恶化;

(二)转移财产、抽逃资金,以逃避债务;

(三)丧失商业信誉;

(四)有丧失或者可能丧失履行债务能力的其他情形。

当事人没有确切证据中止履行的,应当承担违约责任。"

当事人依据《民法典》第五百二十七条的规定中止履行的,应当及时通知对方。对方提供适当担保的,应当恢复履行。中止履行后,对方在合理期限内未恢复履行能力且未提供适当担保的,视为以自己的行为表明不履行主要债务,中止履行的一方可以解除合同并可以请求对方承担违约责任。

四、情势变更

情势变更,是指合同履行过程中因不可归责于当事人的事由致使继续履行合同十分困难,如果坚持让受不利影响的当事人按照约定继续履行,将有悖公平原则,故需要调整合同内容或解除合同。《民法典》第五百三十三条规定:"合同成立后,合同的基础条件发生了当事人在订立合同时无法预见的、不属于商业风险的重大变化,继续履行合同对于当事人一方明显不公平的,受不利影响的当事人可以与对方重新协商;在合理期限内协商不成的,当事人可以请求人民法院或者仲裁机构变更或者解除合同。人民法院或者仲裁机构应当结合案件的实际情况,根据公平原则变更或者解除合同。"

需要注意的是,因不可归责于当事人的事由构成情势变更时,当事人应首先选择重新协商,协商不成请求人民法院或者仲裁机构变更或者解除合同的,人民法院或者仲裁机构也应将变更合同作为首先考虑的选项，只有在难以维持合同时才考虑解除合同。

第五节　合同的保全

一、债权人代位权

债权人代位权，是指因债务人怠于行使其债权或者与该债权有关的从权利，影响债权人的到期债权实现的，债权人可以向人民法院请求以自己的名义代位行使债务人对相对人的权利，但是该权利专属于债务人自身的除外。

债权人代位权和债权人撤销权共同构成了合同的保全制度。合同的保全，是指为了保护一般债权人不因债务人的财产不当减少而遭受损害，允许债权人干预债务人处分自己财产行为的法律制度。其中，代位权针对的是债务人消极不行使自己债权的行为，撤销权针对的是债务人积极侵害债权人债权实现的行为。

（一）代位权行使的条件

根据《民法典》的规定，债权人提起代位权诉讼，应当符合下列条件：

（1）债权人对债务人的债权合法。

（2）债务人怠于行使其债权或者与该债权有关的从权利，影响债权人的到期债权实现。

（3）代位权的行使范围以债权人的到期债权为限。除了债务人的债权已到期外，债权人的债权原则上也应已到期。例外情形在《民法典》第五百三十六条作出规定："债权人的债权到期前，债务人的债权或者与该债权有关的从权利存在诉讼时效期间即将届满或者未及时申报破产债权等情形，影响债权人的债权实现的，债权人可以代位向债务人的相对人请求其向债务人履行、向破产管理人申报或者作出其他必要的行为。"

（4）债务人的债权不是专属于债务人自身的债权。但债权人的债权不受是否专属于债权人自身的限制。

（二）代位权行使的法律效果

代位权的行使范围以债权人的到期债权为限。债权人行使代位权的必要费用，由债务人负担。相对人对债务人的抗辩，可以向债权人主张。

《民法典》第五百三十七条规定："人民法院认定代位权成立的，由债务人的相对人向债权人履行义务，债权人接受履行后，债权人与债务人、债务人与相对人之间相应的权利义务终止。债务人对相对人的债权或者与该债权有关的从权利被采取保全、执行措施，或者债务人破产的，依照相关法律的规定处理。"

二、债权人撤销权

债权人撤销权，是指当债务人以放弃其债权、放弃债权担保、无偿转让财产等方式无偿处分财产权益，或者恶意延长其到期债权的履行期限，影响债权人的债权实现的，债权人可以请求人民法院撤销债务人的行为的权利。

（一）撤销权行使的条件

根据《民法典》的规定，债权人行使撤销权，应当符合下列条件。

（1）债权人必须以自己的名义行使撤销权。

（2）债权人对债务人存在有效债权，该债权可以是到期债权，也可以是未到期债权。

（3）债务人实施了减少财产的处分行为，如放弃债权、放弃债权担保、无偿转让财产、以明显不合理的低价转让财产等。

（4）债务人的处分行为有害于债权人债权的实现。

（二）撤销权行使的期限

《民法典》第五百四十一条规定："撤销权自债权人知道或者应当知道撤销事由之日起一年内行使。自债务人的行为发生之日起五年内没有行使撤销权的，该撤销权消灭。"

（三）撤销权行使的法律效果

撤销权的行使范围以债权人的债权为限。债权人行使撤销权的必要费用，由债务人负担。

《民法典》第五百四十二条规定:"债务人影响债权人的债权实现的行为被撤销的,自始没有法律约束力。"

第六节 合同的变更和转让

一、合同的变更

合同的变更,分为法定变更、裁判变更与协商变更。

协商变更,是合同变更的最常见情形。《民法典》第五百四十三条规定:"当事人协商一致,可以变更合同。"合同是当事人合意的体现,当各方当事人协商一致的情况下,当然可以进行合同的变更,这是民法意思自治原则的体现。但是,若法律、行政法规规定变更合同应当办理审批手续的,应当及时办理变更手续方能完成变更。

裁判变更,顾名思义,是指根据人民法院或仲裁机构的生效裁判文书进行合同变更的情形。如《民法典》第五百三十三条规定:"合同成立后,合同的基础条件发生了当事人在订立合同时无法预见的、不属于商业风险的重大变化,继续履行合同对于当事人一方明显不公平的,受不利影响的当事人可以与对方重新协商;在合理期限内协商不成的,当事人可以请求人民法院或者仲裁机构变更或者解除合同。人民法院或者仲裁机构应当结合案件的实际情况,根据公平原则变更或者解除合同。"

法定变更,是指一方当事人依据法律或行政法规的规定,单方通知对方变更合同的情形。通常,在法定变更的情况下,通知方需要赔偿被通知方因此遭受的损失。如《民法典》第八百二十九条规定:"在承运人将货物交付收货人之前,托运人可以要求承运人中止运输、返还货物、变更到达地或者将货物交给其他收货人,但是应当赔偿承运人因此受到的损失。"

合同的变更采用明示主义。当事人对合同变更的内容约定不明确的,推定为未变更。合同的变更,除当事人另有约定外,仅对变更后未履行的部分发生效力,对已经履行完成的部分,不具有溯及力。

需要特别说明的是,我国《民法典》所指的合同的变更,特指合同内容的变更。合同主体的变更，属于下文所述合同的转让。

二、合同的转让

合同的转让，是指当事人将合同的权利义务全部或部分转让给第三人的行为，也即合同主体的变更。合同的转让分为债权转让、债务承担以及债权债务的概括转移。

（一）债权转让

债权转让，是指债权人通过协议将其在合同中享有的权利全部或部分转让给第三人的行为。

债权人转让债权，无须经过债务人的同意，但必须通知债务人。《民法典》第五百四十六条第一款规定："债权人转让债权，未通知债务人的，该转让对债务人不发生效力。"同时，《民法典》第五百四十六条第二款规定："债权转让的通知不得撤销，但是经受让人同意的除外。"

根据《民法典》的有关规定，下列情形的债权不得转让：

（1）根据债权性质不得转让；

（2）根据当事人约定不得转让；

（3）根据法律规定不得转让。

当事人约定非金钱债权不得转让的，不得对抗善意第三人。当事人约定金钱债权不得转让的，不得对抗第三人。

从权利随着主权利转让，是债权转让的重要规则之一。债权人转让债权的，受让人取得与债权有关的从权利，但是该从权利专属于债权人自身的除外。受让人取得从权利不因该从权利未办理转移登记手续或者未转移占有而受到影响。

为保障债务人的正当权益，《民法典》规定，债务人接到债权转让通知后，债务人对让与人的抗辩，可以向受让人主张。同时，有下列情形之一的，债务人可以向受让人主张抵销：

（1）债务人接到债权转让通知时，债务人对让与人享有债权，且债务人的债权先于转让的债权到期或者同时到期；

（2）债务人的债权与转让的债权是基于同一合同产生。

根据公平原则，因债权转让增加的履行费用，由让与人负担。

(二) 债务转移

债务转移,又称债务承担,是指债务人将其负有的合同义务全部或部分转移给第三人的行为。

债务承担,可分为免除的债务承担和并存的债务承担。

免除的债务承担,即债务人将全部或部分债务转移给第三人后,其不再对原债务承担合同义务与偿还责任。免除的债务承担中,债务人将债务的全部或者部分转移给第三人的,应当经债权人同意。为保障债权人的合法权益,债务人或者第三人可以催告债权人在合理期限内予以同意,债权人未作表示的,视为不同意。

并存的债务承担,只指第三人加入债务与原债务人承担连带债务责任,原债务人并不当然退出债务的情形。《民法典》第五百五十二条规定:"第三人与债务人约定加入债务并通知债权人,或者第三人向债权人表示愿意加入债务,债权人未在合理期限内明确拒绝的,债权人可以请求第三人在其愿意承担的债务范围内和债务人承担连带债务。"

债务人转移债务的,新债务人可以主张原债务人对债权人的抗辩。但原债务人对债权人享有债权的,新债务人不得向债权人主张抵销。

与债权转移类似,债务人转移债务的,新债务人应当承担与主债务有关的从债务,但是该从债务专属于原债务人自身的除外。

(三) 债权债务的概括转移

债权债务的概括转移,是指在双务合同中,当事人将自己在合同中的权利义务一并转移的行为。《民法典》规定,当事人一方经对方同意,可以将自己在合同中的权利和义务一并转让给第三人。合同的权利和义务一并转让的,适用债权转让、债务转移的有关规定。

第七节 合同的权利义务终止

一、合同终止的概念

合同的权利义务终止包括债的终止与合同的解除。债的终止,即债权债务关系终止,包括:

（1）债务已经履行；
（2）债务相互抵销；
（3）债务人依法将标的物提存；
（4）债权人免除债务；
（5）债权债务同归于一人；
（6）法律规定或者当事人约定终止的其他情形。

债权债务终止后，当事人应当遵循诚信等原则，根据交易习惯履行通知、协助、保密、旧物回收等义务。债权债务终止时，债权的从权利同时消灭，但是法律另有规定或者当事人另有约定的除外。

合同的解除，包括意定解除与法定解除，是指该合同的权利义务关系终止。合同的权利义务终止，不影响合同中结算条款、清理条款以及解决争议方法条款的效力。

二、清偿

清偿，又称履行，是指债务人完成合同义务并消灭债务的行为。清偿是债权债务消灭的最主要和最常见的原因。

债务人直接向债权人清偿债务，当然引起债权债务的消灭。债务人向债权人的代理人、破产企业的清算组织、收据持有人、行使代位权的债权人、债权人与债务人约定的受领清偿的第三人清偿债务的，债权债务也因此而消灭。

清偿一般由债务人本人为之。如果债务人不履行债务，第三人对履行该债务具有合法利益的，第三人有权向债权人代为履行；但是，根据债务性质、按照当事人约定或者依照法律规定只能由债务人履行的除外。第三人在代为清偿后，可代位行使债权人的权利。

债务人清偿债务应当按合同标的清偿，但经债权人同意并受领替代物清偿的，也能产生清偿效果。

债务人对同一债权人负担的数项债务种类相同，债务人的给付不足以清偿全部债务的，除当事人另有约定外，由债务人在清偿时指定其履行的债务。债务人未作指定的，应当优先履行已经到期的债务；数项债务均到期的，优先履行对债权人缺乏担保或者担保最少的债务；均无担保或者担保相等的,优先履行债务人负担较重的债务;负担相同的,按照债务到期的先后顺序履行;到期时间相同的,按照债务比例履行。

债务人在履行主债务外还应当支付利息和实现债权的有关费用,其给付不足以清偿全部债务的,除当事人另有约定外,应当按照下列顺序履行:(1)实现债权的有关费用;(2)利息;(3)主债务。

三、解除

合同的解除,是指合同生效后,没有履行或没有完全履行之前,合同各方通过协议或者一方行使解除权,使合同关系终止的法律制度。合同的解除分为意定解除与法定解除两种。

(一)意定解除

意定解除,是指当事人经协商一致或根据当事人事先的约定行使解除权而解除合同。

民法典第五百六十二条规定:"当事人协商一致,可以解除合同。当事人可以约定一方解除合同的事由。解除合同的事由发生时,解除权人可以解除合同。"

(二)法定解除

法定解除,是指根据法律的规定解除合同。根据《民法典》的规定,当发生以下事由时,当事人可以解除合同:

(1)因不可抗力致使不能实现合同目的;

(2)在履行期限届满前,当事人一方明确表示或者以自己的行为表明不履行主要债务;

(3)当事人一方迟延履行主要债务,经催告后在合理期限内仍未履行;

(4)当事人一方迟延履行债务或者有其他违约行为致使不能实现合同目的;

(5)以持续履行的债务为内容的不定期合同,当事人可以随时解除合同,但是应当在合理期限之前通知对方,典型的就是租赁合同;

(6)法律规定的其他情形,例如《民法典》第七百八十七条规定:

"定作人在承揽人完成工作前可以随时解除合同，造成承揽人损失的，应当赔偿损失。"

（三）解除权的行使

解除权的行使适用除斥期间。法律规定或者当事人约定解除权行使期限，期限届满当事人不行使的，该权利消灭。法律没有规定或者当事人没有约定解除权行使期限，自解除权人知道或者应当知道解除事由之日起一年内不行使，或者经对方催告后在合理期限内不行使的，该权利消灭。

当事人一方依法主张解除合同的，应当通知对方。合同自通知到达对方时解除；通知载明债务人在一定期限内不履行债务则合同自动解除，债务人在该期限内未履行债务的，合同自通知载明的期限届满时解除。对方对解除合同有异议的，任何一方当事人均可以请求人民法院或者仲裁机构确认解除行为的效力。

当事人一方未通知对方，直接以提起诉讼或者申请仲裁的方式依法主张解除合同，人民法院或者仲裁机构确认该主张的，合同自起诉状副本或者仲裁申请书副本送达对方时解除。

（四）合同解除的效果

合同解除后，尚未履行的，终止履行；已经履行的，根据履行情况和合同性质，当事人可以请求恢复原状或者采取其他补救措施，并有权请求赔偿损失。

合同因违约解除的，解除权人可以请求违约方承担违约责任，但是当事人另有约定的除外。

主合同解除后，担保人对债务人应当承担的民事责任仍应当承担担保责任，但是担保合同另有约定的除外。

四、抵销

当事人互负债务，该债务的标的物种类、品质相同的，任何一方可以将自己的债务与对方的到期债务抵销；但是，根据债务性质、按照当事人约定或者依照法律规定不得抵销的除外。

当事人互负债务，标的物种类、品质不相同的，经协商一致，也可以抵销。

当事人主张抵销的,应当通知对方。通知自到达对方时生效。抵销不得附条件或者附期限。

五、提存

提存,是指非因可归责于债务人的原因,导致债务人无法履行债务的情况下,债务人将标的物交由提存机关保存,从而终止债权债务关系的行为。

《民法典》规定,有下列情形之一,难以履行债务的,债务人可以将标的物提存:

(1)债权人无正当理由拒绝受领;

(2)债权人下落不明;

(3)债权人死亡未确定继承人、遗产管理人,或者丧失民事行为能力未确定监护人;

(4)法律规定的其他情形。

标的物提存后,毁损、灭失的风险由债权人承担。提存期间,标的物的孳息归债权人所有。提存费用由债权人负担。标的物不适于提存或者提存费用过高的,债务人依法可以拍卖或者变卖标的物,提存所得的价款。

债务人将标的物或者将标的物依法拍卖、变卖所得价款交付提存部门时,提存成立。提存成立的,视为债务人在其提存范围内已经交付标的物。

标的物提存后,债务人应当及时通知债权人或者债权人的继承人、遗产管理人、监护人、财产代管人。

债权人可以随时领取提存物。但是,债权人对债务人负有到期债务的,在债权人未履行债务或者提供担保之前,提存部门根据债务人的要求应当拒绝其领取提存物。债权人领取提存物的权利,自提存之日起五年内不行使而消灭,提存物扣除提存费用后归国家所有。但是,债权人未履行对债务人的到期债务,或者债权人向提存部门书面表示放弃领取提存物权利的,债务人负担提存费用后有权取回提存物。

六、免除与混同

债权人免除债务人部分或者全部债务的,债权债务部分或者全部终止,但是债务人在合理期限内拒绝的除外。

债权和债务同归于一人的,债权债务终止,但是损害第三人利益的除外。

第八节　违约责任

一、违约责任的概念

违约责任,又称违反合同的民事责任,是指当事人因违反合同义务所应承担的民事责任。《民法典》第五百七十七条规定:"当事人一方不履行合同义务或者履行合同义务不符合约定的,应当承担继续履行、采取补救措施或者赔偿损失等违约责任。"

《民法典》规定的违约责任采用严格责任,即只要合同当事人有违约行为并造成了相对人的损失,除了法定或约定的免责事由外,无论导致违约的原因是什么,均不得主张免责。

二、违约形态

根据当事人违反合同义务的性质、特点的不同,可以将债务人的违约行为分为以下几种。

(一)预期违约

预期违约,是指在合同履行期限到来之前,一方无正当理由明确表示或其行为明确表明其在合同到期后不会履行合同。《民法典》第五百七十八条规定:"当事人一方明确表示或者以自己的行为表明不履行合同义务的,对方可以在履行期限届满前请求其承担违约责任。"

(二)届期违约

届期违约,是指履行期限到来以后,当事人不履行或不完全履行合同。届期违约,可分为不履行和不适当履行两种。履行在质量、数量方面不符合约定的,为不完全履行;履行在时间上延迟的,为延迟履行。

根据《民法典》的规定,因当事人一方的违约行为,损害对方人身权益、财产权益的,受损害方有权选择请求其承担违约责任或者侵权责任。债权人向人民法院起诉时作出选择后,在一审开庭以前又变更诉讼请求的,人民法院应当准许。但如对方当事人对变更后的诉讼请求提出管辖权异议,经审查异议成立的,人民法院应当驳回起诉。

(三)债权人延迟

债权人延迟,又称受领延迟,是指债权人对给付未及时受领或未提供必要协助的事实。《民法典》第五百八十九条规定:"债务人按照约定履行债务,债权人无正当理由拒绝受领的,债务人可以请求债权人赔偿增加的费用。在债权人受领迟延期间,债务人无须支付利息。"

三、违约责任的承担方式

《民法典》第五百七十七条规定:"当事人一方不履行合同义务或者履行合同义务不符合约定的,应当承担继续履行、采取补救措施或者赔偿损失等违约责任。"

(一)继续履行

继续履行,即按照原有的约定继续履行义务,是当事人一方违反合同义务后,应当承担的一项重要民事责任。对合同一方当事人不能自觉履行合同的,另一方当事人有权请求违约方继续履行合同或者请求人民法院、仲裁机构强制违约方继续履行合同。

《民法典》规定,当事人一方未支付价款、报酬、租金、利息,或者不履行其他金钱债务的,对方可以请求其支付。当事人一方不履行非金钱债务或者履行非金钱债务不符合约定的,对方可以请求履行,但是有下列情形之一的除外:(1)法律上或者事实上不能履行;(2)债务的标的不适于强制履行或者履行费用过高;(3)债权人在合理期限内未请求履行。有前述的除外情形之一,致使不能实现合同目的的,人民法院或者仲裁机构可以根据当事人的请求终止合同权利义务关系,但是不影响违约责任的承担。

（二）采取补救措施

补救措施，是指债务人的履行在质量、数量等方面不符合约定，债权人可以要求债务人采取补救措施履行。《民法典》规定，履行不符合约定的，应当按照当事人的约定承担违约责任。对违约责任没有约定或者约定不明确，依据《民法典》第五百一十条的规定仍不能确定的，受损害方根据标的的性质以及损失的大小，可以合理选择请求对方承担修理、重作、更换、退货、减少价款或者报酬等违约责任。

（三）赔偿损失

当事人一方不履行合同义务或者履行合同义务不符合约定的，在履行义务或者采取补救措施后，对方还有其他损失的，应当赔偿损失。

当事人一方不履行合同义务或者履行合同义务不符合约定，造成对方损失的，损失赔偿额应当相当于因违约所造成的损失，包括合同履行后可以获得的利益；但是，不得超过违约一方订立合同时预见到或者应当预见到的因违约可能造成的损失。

（四）支付违约金

当事人可以约定一方违约时应当根据违约情况向对方支付一定数额的违约金，也可以约定因违约产生的损失赔偿额的计算方法。

约定的违约金低于造成的损失的，人民法院或者仲裁机构可以根据当事人的请求予以增加；约定的违约金过分高于造成的损失的，人民法院或者仲裁机构可以根据当事人的请求予以适当减少。当事人就迟延履行约定违约金的，违约方支付违约金后，还应当履行债务。

（五）适用定金罚则

当事人可以约定一方向对方给付定金作为债权的担保。定金合同自实际交付定金时成立。定金的数额由当事人约定；但是，不得超过主合同标的额的百分之二十，超过部分不产生定金的效力。实际交付的定金数额多于或者少于约定数额的，视为变更约定的定金数额。

债务人履行债务的，定金应当抵作价款或者收回。给付定金的一方不履行债务或者履行债务不符合约定，致使不能实现合同目的的，无权请求返还定金；收受定金的一方不履行债务或者履行债务不符合约定，致使不能实现合同目的的，应当双倍返还定金。

当事人既约定违约金，又约定定金的，一方违约时，对方可以选择适用违约金或者定金条款。定金不足以弥补一方违约造成的损失的，对方可以请求赔偿超过定金数额的损失。

四、过失相抵

过失相抵，是指当一方违约时，对方对于损失的发生或扩大存在过错的，应当相应减轻违约方的违约责任。

《民法典》第五百九十一条规定："当事人一方违约后，对方应当采取适当措施防止损失的扩大；没有采取适当措施致使损失扩大的，不得就扩大的损失请求赔偿。当事人因防止损失扩大而支出的合理费用，由违约方负担。"

《民法典》第五百九十二条规定："当事人都违反合同的，应当各自承担相应的责任。当事人一方违约造成对方损失，对方对损失的发生有过错的，可以减少相应的损失赔偿额。"

五、不可抗力

当事人一方因不可抗力不能履行合同的，根据不可抗力的影响，部分或者全部免除责任，但是法律另有规定的除外。因不可抗力不能履行合同的，应当及时通知对方，以减轻可能给对方造成的损失，并应当在合理期限内提供证明。

当事人迟延履行后发生不可抗力的，不免除其违约责任。

第四章　典型合同

第一节　买卖合同

一、买卖合同的基本理论

（一）买卖合同的概念与特征

买卖合同是出卖人转移标的物的所有权于买受人，买受人支付价款的合同。

买卖合同的基本特征包括：

（1）买卖合同是转移标的物所有权的合同；
（2）买卖合同是双务合同；
（3）买卖合同是有偿合同；
（4）买卖合同是诺成合同；
（5）除法律有特别规定或当事人有特别约定外，买卖合同一般为非要式合同。

（二）买卖合同的基本内容

买卖合同的内容一般包括标的物的名称、数量、质量、价款、履行期限、履行地点和方式、包装方式、检验标准和方法、结算方式、合同使用的文字及其效力等条款。

其中，标的物是买卖合同双方当事人权利义务的指向对象，有关标的物的条款是买卖合同的主要条款。

当事人之间没有书面合同，一方以送货单、收货单、结算单、发票等主张存在买卖合同关系的，人民法院应当结合当事人之间的交易方式、交易习惯以及其他相关证据，对买卖合同是否成立作出认定。

对账确认函、债权确认书等函件、凭证没有记载债权人名称，买卖合同当事人一方以此证明存在买卖合同关系的，人民法院应予支持，但有相反证据足以推翻的除外。

二、买卖合同当事人的权利义务

买卖合同双方当事人的权利义务主要是围绕标的物的交付和价款的支付而产生。其中，出卖人的主要义务是按时交付标的物并转移标的物的所有权，买受人的义务是按时支付价款。

（一）标的物交付

出卖人应当按照约定的时间交付标的物。约定交付期限的，出卖人可以在该交付期限内的任何时间交付。当事人没有约定标的物的交付期限或者约定不明确的，依照《民法典》第五百一十条的规定仍不能确定的，债务人可以随时履行，债权人也可以随时请求履行，但是应当给对方必要的准备时间。标的物在订立合同之前已为买受人占有的，合同生效的时间为交付时间。

出卖人应当按照约定的地点交付标的物。当事人没有约定交付地点或者约定不明确的，依照《民法典》第五百一十条的规定仍不能确定的，使用下列规定：

（1）标的物需要运输的，出卖人应当将标的物交付给第一承运人以运交给买受人；

（2）标的物不需要运输，出卖人和买受人订立合同时知道标的物在某一地点的，出卖人应当在该地点交付标的物；不知道标的物在某一地点的，应当在出卖人订立合同时的营业地交付标的物。

根据最高人民法院《关于审理买卖合同纠纷案件适用法律问题的解释》的规定，这里所指"标的物需要运输的"，是指标的物由出卖人负责办理托运，承运人系独立于买卖合同当事人之外的运输业者的情形。

除向买受人交付标的物或者交付提取标的物的单证外，出卖人还应当按照约定或者交易习惯向买受人交付提取标的物单证以外的有关单证和资料。此类单证包括但不限于保险单、保修单、普通发票、增值税专用发票、产品合格证、质量保证书、质量鉴定书、品质检验证书、产品进出口检疫书、原产地证明书、使用说明书、装箱单等。

(二)标的物所有权转移

出卖人应当履行向买受人交付标的物或者交付提取标的物的单证,并转移标的物所有权的义务。因出卖人未取得处分权致使标的物所有权不能转移的,买受人可以解除合同并请求出卖人承担违约责任。法律、行政法规禁止或者限制转让的标的物,依照其规定。

出卖人就交付的标的物,负有保证第三人对该标的物不享有任何权利的义务,但是买受人订立合同时知道或者应当知道第三人对买卖的标的物享有权利的,或者法律另有规定的除外。买受人有确切证据证明第三人对标的物享有权利的,可以中止支付相应的价款,但是出卖人提供适当担保的除外。

出卖具有知识产权的标的物的,除法律另有规定或者当事人另有约定外,该标的物的知识产权不属于买受人。标的物为无须以有形载体交付的电子信息产品,当事人对交付方式约定不明确,且依照《民法典》第五百一十条的规定仍不能确定的,买受人收到约定的电子信息产品或者权利凭证即为交付。

出卖人就同一普通动产订立多重买卖合同,在买卖合同均有效的情况下,买受人均要求实际履行合同的,应当按照以下情形分别处理:

(1)先行受领交付的买受人请求确认所有权已经转移的,应予支持;

(2)均未受领交付,先行支付价款的买受人请求出卖人履行交付标的物等合同义务的,应予支持;

(3)均未受领交付,也未支付价款,依法成立在先合同的买受人请求出卖人履行交付标的物等合同义务的,应予支持。

出卖人就同一船舶、航空器、机动车等特殊动产订立多重买卖合同,在买卖合同均有效的情况下,买受人均要求实际履行合同的,应当按照以下情形分别处理:

(1)先行受领交付的买受人请求出卖人履行办理所有权转移登记手续等合同义务的,应予支持;

（2）均未受领交付，先行办理所有权转移登记手续的买受人请求出卖人履行交付标的物等合同义务的，应予支持；

（3）均未受领交付，也未办理所有权转移登记手续，依法成立在先合同的买受人请求出卖人履行交付标的物和办理所有权转移登记手续等合同义务的，应予支持；

（4）出卖人将标的物交付给买受人之一，又为其他买受人办理所有权转移登记，已受领交付的买受人请求将标的物所有权登记在自己名下的，应予支持。

（三）标的物风险负担

标的物风险负担，又称标的物意外灭失风险负担，是指在发生不可归责于双方当事人的原因导致标的物发生损毁、灭失时，应当由谁负担由此导致的损失。可归责于一方当事人原因的标的物损毁、灭失，不属于风险负担，应当按照违约责任或者侵权责任处理。

标的物风险负担的规则如下。

（1）基本原则：交付转移——标的物毁损、灭失的风险，在标的物交付之前由出卖人承担，交付之后由买受人承担，但是法律另有规定或者当事人另有约定的除外。

（2）因买受人的原因致使标的物未按照约定的期限交付的，买受人应当自违反约定时起承担标的物毁损、灭失的风险。

（3）出卖人出卖交由承运人运输的在途标的物，除当事人另有约定外，毁损、灭失的风险自合同成立时起由买受人承担。但若出卖人出卖交由承运人运输的在途标的物，在合同成立时知道或者应当知道标的物已经毁损、灭失却未告知买受人的，由出卖人负担标的物毁损、灭失的风险。

（4）当事人没有约定交付地点或者约定不明确，标的物需要运输的，出卖人将标的物交付给第一承运人后，标的物毁损、灭失的风险由买受人承担。

（5）出卖人按照约定或者依据《民法典》的规定将标的物置于交付地点，买受人违反约定没有收取的，标的物毁损、灭失的风险自违反约定时起由买受人承担。

（6）出卖人按照约定未交付有关标的物的单证和资料的，不影响标的物毁损、灭失风险的转移。

（7）因标的物不符合质量要求，致使不能实现合同目的的，买受人可以拒绝接受标的物或者解除合同。买受人拒绝接受标的物或者解除合同的，标的物毁损、灭失的风险由出卖人承担。

（8）标的物毁损、灭失的风险由买受人承担的，不影响因出卖人履行义务不符合约定，买受人请求其承担违约责任的权利。

（四）标的物检验

出卖人应当按照约定的质量要求交付标的物。出卖人提供有关标的物质量说明的，交付的标的物应当符合该说明的质量要求。

当事人对标的物的质量要求没有约定或者约定不明确，依据《民法典》第五百一十条的规定仍不能确定的，按照强制性国家标准履行；没有强制性国家标准的，按照推荐性国家标准履行；没有推荐性国家标准的，按照行业标准履行；没有国家标准、行业标准的，按照通常标准或者符合合同目的的特定标准履行。

出卖人交付的标的物不符合质量要求的，买受人可以要求其承担违约责任。当事人约定减轻或者免除出卖人对标的物瑕疵承担的责任，因出卖人故意或者重大过失不告知买受人标的物瑕疵的，出卖人无权主张减轻或者免除责任。

出卖人应当按照约定的包装方式交付标的物。对包装方式没有约定或者约定不明确，依据《民法典》第五百一十条的规定仍不能确定的，应当按照通用的方式包装；没有通用方式的，应当采取足以保护标的物且有利于节约资源、保护生态环境的包装方式。

买受人收到标的物时应当在约定的检验期限内检验。没有约定检验期限的，应当及时检验。具体规则如下：

（1）当事人约定检验期限的，买受人应当在检验期限内将标的物的数量或者质量不符合约定的情形通知出卖人。买受人怠于通知的，视为标的物的数量或者质量符合约定。

（2）当事人约定的检验期限过短，根据标的物的性质和交易习惯，买受人在检验期限内难以完成全面检验的，该期限仅视为买受人对标的物的外观瑕疵提出异议的期限。

（3）约定的检验期限或者质量保证期短于法律、行政法规规定期限的，应当以法律、行政法规规定的期限为准。

（4）当事人没有约定检验期限的，买受人应当在发现或者应当发现标的物的数量或者质量不符合约定的合理期限内通知出卖人。此"合理期限"，应当综合当事人之间的交易性质、交易目的、交易方式、交易习惯、标的物的种类、数量、性质、安装和使用情况、瑕疵的性质、买受人应尽的合理注意义务、检验方法和难易程度、买受人或者检验人所处的具体环境、自身技能以及其他合理因素，依据诚实信用原则进行判断。

（5）当事人对检验期限未作约定，买受人签收的送货单、确认单等载明标的物数量、型号、规格的，推定买受人已经对数量和外观瑕疵进行检验，但是有相关证据足以推翻的除外。

（6）买受人在合理期限内未通知或者自收到标的物之日起二年内未通知出卖人的，视为标的物的数量或者质量符合约定；这里的"二年"是最长的合理期限，为不变期间，不适用诉讼时效中止、中断或者延长的规定。

（7）对标的物有质量保证期的，适用质量保证期，不适用上述"二年"的规定。

（8）出卖人知道或者应当知道提供的标的物不符合约定的，买受人不受上述规定的通知时间的限制。

（9）买受人在合理期限内提出异议，出卖人以买受人已经支付价款、确认欠款数额、使用标的物等为由，主张买受人放弃异议的，不予支持，但当事人另有约定的除外。

（10）上述检验期限、合理期限、二年期限经过后，买受人主张标的物的数量或者质量不符合约定的，不予支持。但出卖人自愿承担违约责任后，又以上述期限经过为由反悔的，也不予支持。

出卖人依照买受人的指示向第三人交付标的物，出卖人和买受人约定的检验标准与买受人和第三人约定的检验标准不一致的，以出卖人和买受人约定的检验标准为准。

（五）价款支付

买受人应当按照约定的数额和支付方式支付价款。对价款的数额和支付方式没有约定或者约定不明确的，适用《民法典》第五百一十条、第五百一十一条第二项和第五项的有关规定。

买受人应当按照约定的地点支付价款。对支付地点没有约定或者约定不明确，依据《民法典》第五百一十条的规定仍不能确定的，买受人应当在出卖人的营业地支付；但是，约定支付价款以交付标的物或者交付提取标的物单证为条件的，在交付标的物或者交付提取标的物单证的所在地支付。

买受人应当按照约定的时间支付价款。对支付时间没有约定或者约定不明确，依据《民法典》第五百一十条的规定仍不能确定的，买受人应当在收到标的物或者提取标的物单证的同时支付。

出卖人多交标的物的，买受人可以接收或者拒绝接收多交的部分。买受人接收多交部分的，按照约定的价格支付价款；买受人拒绝接收多交部分的，应当及时通知出卖人。买受人拒绝接收多交部分标的物的，可以代为保管多交部分标的物。买受人主张出卖人负担代为保管期间的合理费用的，应予支持。买受人主张出卖人承担代为保管期间非因买受人故意或者重大过失造成的损失的，应予支持。

出卖人仅以增值税专用发票及税款抵扣资料证明其已履行交付标的物义务，买受人不认可的，出卖人应当提供其他证据证明交付标的物的事实。合同约定或者当事人之间习惯以普通发票作为付款凭证，买受人以普通发票证明已经履行付款义务的，人民法院应予支持，但有相反证据足以推翻的除外。

标的物在交付之前产生的孳息，归出卖人所有；交付之后产生的孳息，归买受人所有。但是，当事人另有约定的除外。

（六）违约责任

买受人依约保留部分价款作为质量保证金，出卖人在质量保证期未及时解决质量问题而影响标的物的价值或者使用效果，出卖人主张支付该部分价款的，不予支持。

买受人在检验期限、质量保证期、合理期限内提出质量异议，出卖人未按要求予以修理或者因情况紧急，买受人自行或者通过第三人修理标的物后，主张出卖人负担因此发生的合理费用的，应予支持。

标的物质量不符合约定，买受人要求减少价款的，应予支持。当事人主张以符合约定的标的物和实际交付的标的物按交付时的市场价值计算差价的，应予支持。价款已经支付，买受人主张返还减价后多出部分价款的，应予支持。

买卖合同对付款期限作出的变更，不影响当事人关于逾期付款违约金的约定，但该违约金的起算点应当随之变更。买卖合同约定逾期付款违约金，买受人以出卖人接受价款时未主张逾期付款违约金为由拒绝支付该违约金的，不予支持。买卖合同约定逾期付款违约金，但对账单、还款协议等未涉及逾期付款责任，出卖人根据对账单、还款协议等主张欠款时请求买受人依约支付逾期付款违约金的，应予支持，但对账单、还款协议等明确载有本金及逾期付款利息数额或者已经变更买卖合同中关于本金、利息等约定内容的除外。

买卖合同没有约定逾期付款违约金或者该违约金的计算方法，出卖人以买受人违约为由主张赔偿逾期付款损失，违约行为发生在2019年8月19日之前的，可以中国人民银行同期同类人民币贷款基准利率为基础，参照逾期罚息利率标准计算；违约行为发生在2019年8月20日之后的，可以违约行为发生时中国人民银行授权全国银行间同业拆借中心公布的一年期贷款市场报价利率（LPR）标准为基础，加计百分之三十至百分之五十计算逾期付款损失。

买受人在缔约时知道或者应当知道标的物质量存在瑕疵，主张出卖人承担瑕疵担保责任的，不予支持，但买受人在缔约时不知道该瑕疵会导致标的物的基本效用显著降低的除外。

（七）买卖合同的特别解除规则

出卖人没有履行或者不当履行从给付义务，致使买受人不能实现合同目的，买受人可以主张解除合同。

因标的物的主物不符合约定而解除合同的，解除合同的效力及于从物。因标的物的从物不符合约定被解除的，解除的效力不及于主物。

标的物为数物，其中一物不符合约定的，买受人可以就该物解除。

但是，该物与他物分离使标的物的价值显受损害的，买受人可以就数物解除合同。

出卖人分批交付标的物的，出卖人对其中一批标的物不交付或者交付不符合约定，致使该批标的物不能实现合同目的的，买受人可以就该批标的物解除。

出卖人不交付其中一批标的物或者交付不符合约定，致使之后其他各批标的物的交付不能实现合同目的的，买受人可以就该批以及之后其他各批标的物解除。

买受人如果就其中一批标的物解除，该批标的物与其他各批标的物相互依存的，可以就已经交付和未交付的各批标的物解除。

买卖合同因违约而解除后，守约方可以继续适用违约金条款；但约定的违约金过分高于造成的损失的，人民法院可以根据当事人的请求予以适当减少。守约方因对方违约而获有利益，违约方主张从损失赔偿额中扣除该部分利益的，应予支持。

（八）所有权保留

当事人可以在买卖合同中约定买受人未履行支付价款或者其他义务的，标的物的所有权属于出卖人。出卖人对标的物保留的所有权，未经登记，不得对抗善意第三人。

当事人约定出卖人保留合同标的物的所有权，在标的物所有权转移前，买受人有下列情形之一，造成出卖人损害的，除当事人另有约定外，出卖人有权取回标的物：

（1）未按照约定支付价款，经催告后在合理期限内仍未支付；

（2）未按照约定完成特定条件；

（3）将标的物出卖、出质或者作出其他不当处分。

出卖人可以与买受人协商取回标的物；协商不成的，可以参照适用担保物权的实现程序。

出卖人依据上述规定取回标的物后，买受人在双方约定或者出卖人指定的合理回赎期限内，消除出卖人取回标的物的事由的，可以请求回赎标的物。买受人在回赎期限内没有回赎标的物，出卖人可以以合理价格将标的物出卖给第三人,出卖所得价款扣除买受人未支付的价款以及必要费用后仍有剩余的,应当返还买受人;不足部分由买受人清偿。

在实践中,买受人已经支付标的物总价款的百分之七十五以上,出卖人主张取回标的物的,不予支持。

三、特种买卖合同

(一)分期付款买卖合同

分期付款合同,是指买受人将应付的总价款在一定期限内至少分三次向出卖人支付的合同。

分期付款的买受人未支付到期价款的数额达到全部价款的五分之一,经催告后在合理期限内仍未支付到期价款的,出卖人可以请求买受人支付全部价款或者解除合同。

出卖人解除合同的,可以向买受人请求支付该标的物的使用费。当事人对标的物的使用费没有约定的,人民法院可以参照当地同类标的物的租金标准确定。

出卖人在解除合同时可以扣留已受领价金,出卖人扣留的金额超过标的物使用费以及标的物受损赔偿额,买受人可以要求其返还超过部分金额。

(二)凭样品买卖合同

凭样品买卖的当事人应当封存样品,并可以对样品质量予以说明。出卖人交付的标的物应当与样品及其说明的质量相同。

凭样品买卖的买受人不知道样品有隐蔽瑕疵的,即使交付的标的物与样品相同,出卖人交付的标的物的质量仍然应当符合同种物的通常标准。

合同约定的样品质量与文字说明不一致时,样品封存后外观和内在品质没有发生变化的,以样品为准;外观和内在品质发生变化,或者当事人对是否发生变化有争议而又无法查明的,以文字说明为准。

(三)试用买卖合同

试用买卖的当事人可以约定标的物的试用期限。对试用期限没有约定或者约定不明确，依据《民法典》第五百一十条的规定仍不能确定的，由出卖人确定。

试用买卖的买受人在试用期内可以购买标的物，也可以拒绝购买。试用期限届满，买受人对是否购买标的物未作表示的，视为购买。试用买卖的买受人在试用期内已经支付部分价款或者对标的物实施出卖、出租、设立担保物权等行为的，视为同意购买。

试用买卖的当事人对标的物使用费没有约定或者约定不明确的，出卖人无权请求买受人支付。

标的物在试用期内毁损、灭失的风险由出卖人承担。

买卖合同存在下列约定内容之一的，不属于试用买卖：

（1）约定标的物经过试用或者检验符合一定要求时，买受人应当购买标的物；

（2）约定第三人经试验对标的物认可时，买受人应当购买标的物；

（3）约定买受人在一定期限内可以调换标的物；

（4）约定买受人在一定期限内可以退还标的物。

（四）以招投标方式订立的买卖合同

《民法典》第六百四十四条规定："招标投标买卖的当事人的权利和义务以及招标投标程序等，依照有关法律、行政法规的规定。"在招标投标活动中，招标文件或招标公告属于要约邀请，投标人的投标文件属于要约，中标通知书属于承诺。招标人和中标人应当自中标通知书发出之日起三十日内，按照招标文件和中标人的投标文件订立书面合同。招标人和中标人不得再行订立背离合同实质性内容的其他协议。

（五）互易合同与其他合同

当事人约定易货交易，转移标的物所有权的，参照适用买卖合同的有关规定。

法律对其他有偿合同有规定的，依照其规定；没有规定的，参照适用买卖合同的有关规定。

第二节 供用电、水、气、热力合同

一、供用电合同

（一）供用电合同的概念

供用电合同是供电人向用电人供电，用电人支付电费的合同。向社会公众供电的供电人，不得拒绝用电人合理的订立合同要求。

（二）供用电合同的内容

供用电合同的内容一般包括供电的方式、质量、时间、用电容量、地址、性质、计量方式、电价、电费的结算方式、供用电设施的维护责任等条款。

（三）供用电合同的履行地点

供用电合同的履行地点，按照当事人约定；当事人没有约定或者约定不明确的，供电设施的产权分界处为履行地点。

（四）供电人的义务

（1）安全义务。供电人应当按照国家规定的供电质量标准和约定安全供电。供电人未按照国家规定的供电质量标准和约定安全供电，造成用电人损失的，应当承担赔偿责任。

（2）通知义务。供电人因供电设施计划检修、临时检修、依法限电或者用电人违法用电等原因，需要中断供电时，应当按照国家有关规定事先通知用电人；未事先通知用电人中断供电，造成用电人损失的，应当承担赔偿责任。

（3）抢修义务。因自然灾害等原因断电，供电人应当按照国家有关规定及时抢修；未及时抢修，造成用电人损失的，应当承担赔偿责任。

（五）用电人的义务

（1）交付电费义务。用电人应当按照国家有关规定和当事人的约定及时支付电费。用电人逾期不支付电费的，应当按照约定支付违约金。经催告用电人在合理期限内仍不支付电费和违约金的，供电人可以按照国家规定的程序中止供电。供电人依据前述规定中止供电的，应当事先通知用电人。

（2）安全用电义务。用电人应当按照国家有关规定和当事人的约定安全、节约和计划用电。用电人未按照国家有关规定和当事人的约定用电，造成供电人损失的，应当承担赔偿责任。

二、供用水、气、热力合同

供用水、供用气、供用热力合同，参照适用供用电合同的有关规定。

第三节　赠与合同

一、赠与合同的基本理论

赠与合同是赠与人将自己的财产无偿给予受赠人，受赠人表示接受赠与的合同。

赠与合同的基本特征包括：

（1）赠与合同是转移标的物所有权的合同；

（2）赠与合同是单务合同；

（3）赠与合同是无偿合同；

（4）赠与合同是诺成合同。

法律规定赠与的财产依法需要办理登记或者其他手续的，应当办理有关手续。

赠与可以附义务。赠与附义务的，受赠人应当按照约定履行义务。

赠与的财产有瑕疵的，赠与人不承担责任。附义务的赠与，赠与的财产有瑕疵的，赠与人在附义务的限度内承担与出卖人相同的责任。赠与人故意不告知瑕疵或者保证无瑕疵，造成受赠人损失的，应当承担赔偿责任。

赠与人的经济状况显著恶化，严重影响其生产经营或者家庭生活的，可以不再履行赠与义务。

二、赠与合同的撤销

赠与人在赠与财产的权利转移之前可以撤销赠与。经过公证的赠与合同或者依法不得撤销的具有救灾、扶贫、助残等公益、道德义务性质的赠与合同，不得撤销，赠与人不交付赠与财产的，受赠人可以请求交付。上述应当交付的赠与财产因赠与人故意或者重大过失致使毁损、灭失的，赠与人应当承担赔偿责任。

受赠人有下列情形之一的，赠与人可以撤销赠与：

（一）严重侵害赠与人或者赠与人近亲属的合法权益；

（二）对赠与人有扶养义务而不履行；

（三）不履行赠与合同约定的义务。

赠与人的撤销权，自知道或者应当知道撤销事由之日起一年内行使。

因受赠人的违法行为致使赠与人死亡或者丧失民事行为能力的，赠与人的继承人或者法定代理人可以撤销赠与。赠与人的继承人或者法定代理人的撤销权，自知道或者应当知道撤销事由之日起六个月内行使。

撤销权人撤销赠与的，可以向受赠人请求返还赠与的财产。

第四节　借款合同

一、借款合同的基本理论

借款合同是借款人向贷款人借款，到期返还借款并支付利息的合同。

借款合同的基本特征包括：

（1）借款合同的标的为货币；

（2）借款合同是转让借款所有权的合同；

（3）借款合同是双务合同；

（4）借款合同一般是有偿合同，除法律另有规定外，借款人按一定标准支付利息，但自然人之间的借款对利息没有约定或约定不明确时，

视为不支付利息;

（5）借款合同一般是诺成合同,但《民法典》规定自然人之间的借款合同,自贷款人提供借款时成立,故自然人之间的借款合同是实践合同。

（6）借款合同一般是要式合同,应当采用书面形式,但是自然人之间借款另有约定的除外。

借款合同的内容一般包括借款种类、币种、用途、数额、利率、期限和还款方式等条款。

二、借款合同各方当事人的权利义务

订立借款合同,借款人应当按照贷款人的要求提供与借款有关的业务活动和财务状况的真实情况。

贷款人未按照约定的日期、数额提供借款,造成借款人损失的,应当赔偿损失。借款人未按照约定的日期、数额收取借款的,应当按照约定的日期、数额支付利息。

贷款人按照约定可以检查、监督借款的使用情况。借款人应当按照约定向贷款人定期提供有关财务会计报表或者其他资料。借款人未按照约定的借款用途使用借款的,贷款人可以停止发放借款、提前收回借款或者解除合同。

禁止高利放贷,借款的利率不得违反国家有关规定。借款合同对支付利息没有约定的,视为没有利息。借款合同对支付利息约定不明确,当事人不能达成补充协议的,按照当地或者当事人的交易方式、交易习惯、市场利率等因素确定利息;自然人之间借款的,视为没有利息。

借款人应当按照约定的期限支付利息。对支付利息的期限没有约定或者约定不明确,依据本法第五百一十条的规定仍不能确定,借款期间不满一年的,应当在返还借款时一并支付;借款期间一年以上的,应当在每届满一年时支付,剩余期间不满一年的,应当在返还借款时一并支付。

借款人应当按照约定的期限返还借款。对借款期限没有约定或者约定不明确,依据《民法典》第五百一十条的规定仍不能确定的,借款人可以随时返还；贷款人可以催告借款人在合理期限内返还。借款人未按照约定的期限返还借款的，应当按照约定或者国家有关规定支付逾期利息。

借款人提前返还借款的，除当事人另有约定外，应当按照实际借款的期间计算利息。借款人可以在还款期限届满前向贷款人申请展期；贷款人同意的，可以展期。

三、民间借贷合同的特殊规定

（一）民间借贷的定义

民间借贷，是指自然人、法人和非法人组织之间进行资金融通的行为。经金融监管部门批准设立的从事贷款业务的金融机构及其分支机构，因发放贷款等相关金融业务引发的纠纷，不属于民间借贷纠纷。

（二）民间借贷案件的受理与管辖

民间借贷合同属于借款合同，但现实中，当事人之间往往并没有签订书面借款合同。因此，当事人持有的借据、收据、欠条等债权凭证以及其他能够证明借贷法律关系存在的证据，均可以作为民间借贷纠纷的证据使用。当事人持有的借据、收据、欠条等债权凭证没有载明债权人，持有债权凭证的当事人仍可提起民间借贷诉讼，但被告对原告的债权人资格提出有事实依据的抗辩，人民法院经审查认为原告不具有债权人资格的，裁定驳回起诉。

借贷双方就合同履行地未约定或者约定不明确，事后未达成补充协议，按照合同相关条款或者交易习惯仍不能确定的，以接受货币一方所在地为合同履行地。

保证人为借款人提供连带责任保证，出借人仅起诉借款人的，人民法院可以不追加保证人为共同被告；出借人仅起诉保证人的，人民法院可以追加借款人为共同被告。

保证人为借款人提供一般保证，出借人仅起诉保证人的，人民法院应当追加借款人为共同被告；出借人仅起诉借款人的，人民法院可以不追加保证人为共同被告。

人民法院立案后，发现民间借贷行为本身涉嫌非法集资等犯罪的，应当裁定驳回起诉,并将涉嫌非法集资等犯罪的线索、材料移送公安或者检察机关。公安或者检察机关不予立案,或者立案侦查后撤销案件,或者检察机关作出不起诉决定,或者经人民法院生效判决认定不构成非法集资等犯罪,当事人又以同一事实向人民法院提起诉讼的,人民法院应予受理。

人民法院立案后,发现与民间借贷纠纷案件虽有关联但不是同一事实的涉嫌非法集资等犯罪的线索、材料的,人民法院应当继续审理民间借贷纠纷案件,并将涉嫌非法集资等犯罪的线索、材料移送公安或者检察机关。

民间借贷纠纷的基本案件事实必须以刑事案件的审理结果为依据,而该刑事案件尚未审结的,人民法院应当裁定中止诉讼。

借款人涉嫌犯罪或者生效判决认定其有罪,出借人起诉请求担保人承担民事责任的,人民法院应予受理。

(三)民间借贷合同的效力

法人之间、非法人组织之间以及它们相互之间为生产、经营需要订立的民间借贷合同,以及法人或者非法人组织在本单位内部通过借款形式向职工筹集资金,用于本单位生产、经营的民间借贷合同,原则上有效,但违背《民法典》的相关规定或者存在以下情形的除外:

(1)套取金融机构贷款转贷的;

(2)以向其他营利法人借贷、向本单位职工集资,或者以向公众非法吸收存款等方式取得资金转贷的;

(3)未依法取得放贷资格的出借人,以营利为目的向社会不特定对象提供借款的;

(4)出借人事先知道或者应当知道借款人借款用于违法犯罪活动仍然提供借款的;

(5)违反法律、行政法规强制性规定的;

(6)违背公序良俗的。

借款人或者出借人的借贷行为涉嫌犯罪,或者已经生效的裁判认定构成犯罪,当事人提起民事诉讼的,民间借贷合同并不当然无效。担保人以借款人或者出借人的借贷行为涉嫌犯罪或者已经生效的裁判认定构成犯罪为由,主张不承担民事责任的,人民法院应当依据民间借贷合同与担保合同的效力、当事人的过错程度,依法确定担保人的民事责任。

(四)互联网借贷平台的法律责任

借贷双方通过网络贷款平台形成借贷关系,网络贷款平台的提供者仅提供媒介服务,不承担担保责任。但网络贷款平台的提供者通过网页、广告或者其他媒介明示或者有其他证据证明其为借贷提供担保的,网络贷款平台的提供者应当承担担保责任。

(五)法定代表人在民间借贷合同中的责任

法人的法定代表人或者非法人组织的负责人以单位名义与出借人签订民间借贷合同,有证据证明所借款项系法定代表人或者负责人个人使用,出借人请求将法定代表人或者负责人列为共同被告或者第三人的,人民法院应予准许。法人的法定代表人或者非法人组织的负责人以个人名义与出借人订立民间借贷合同,所借款项用于单位生产经营,出借人请求单位与个人共同承担责任的,人民法院应予支持。

(六)民间借贷与买卖合同混同时的处理规则

当事人以订立买卖合同作为民间借贷合同的担保,借款到期后借款人不能还款,出借人请求履行买卖合同的,人民法院应当按照民间借贷法律关系审理。当事人根据法庭审理情况变更诉讼请求的,人民法院应当准许。按照民间借贷法律关系审理作出的判决生效后,借款人不履行生效判决确定的金钱债务,出借人可以申请拍卖买卖合同标的物,以偿还债务。就拍卖所得的价款与应偿还借款本息之间的差额,借款人或者出借人有权主张返还或者补偿。

(七)民间借贷的利息与利率

1.民间借贷的利息

借贷双方没有约定利息,出借人主张支付利息的,人民法院不予支持。自然人之间借贷对利息约定不明,出借人主张支付利息的,人民法院不予支持。除自然人之间借贷的外,借贷双方对借贷利息约定不明,出借人主张利息的,人民法院应当结合民间借贷合同的内容,并根据当地或者当事人的交易方式、交易习惯、市场报价利率等因素确定利息。

2. 民间借贷的利率

出借人请求借款人按照合同约定利率支付利息的，人民法院应予支持，但是双方约定的利率超过合同成立时一年期贷款市场报价利率四倍的除外。所谓"一年期贷款市场报价利率"，是指中国人民银行授权全国银行间同业拆借中心自 2019 年 8 月 20 日起每月发布的一年期贷款市场报价利率。

借贷双方对前期借款本息结算后将利息计入后期借款本金并重新出具债权凭证，如果前期利率没有超过合同成立时一年期贷款市场报价利率四倍，重新出具的债权凭证载明的金额可认定为后期借款本金。超过部分的利息，不应认定为后期借款本金。

按上述方法计算，借款人在借款期间届满后应当支付的本息之和，超过以最初借款本金与以最初借款本金为基数、以合同成立时一年期贷款市场报价利率四倍计算的整个借款期间的利息之和的，人民法院不予支持。

3. 民间借贷的逾期利率

借贷双方对逾期利率有约定的，从其约定，但是以不超过合同成立时一年期贷款市场报价利率四倍为限。

未约定逾期利率或者约定不明的，人民法院可以区分不同情况处理：

（1）既未约定借期内利率，也未约定逾期利率，出借人主张借款人自逾期还款之日起承担逾期还款违约责任的，人民法院应予支持；

（2）约定了借期内利率但是未约定逾期利率，出借人主张借款人自逾期还款之日起按照借期内利率支付资金占用期间利息的，人民法院应予支持。

出借人与借款人既约定了逾期利率，又约定了违约金或者其他费用，出借人可以选择主张逾期利息、违约金或者其他费用，也可以一并主张，但是总计超过合同成立时一年期贷款市场报价利率四倍的部分，人民法院不予支持。

4. 提前还款的利息计算

借款人可以提前偿还借款，但是当事人另有约定的除外。借款人提前偿还借款并主张按照实际借款期限计算利息的，人民法院应予支持。

四、自然人借款合同的特殊规定

根据《民法典》的规定，自然人之间的借款合同为实践合同，自贷款人提供借款时成立。

自然人之间的借款合同具有下列情形之一的，可以视为合同成立：

（一）以现金支付的，自借款人收到借款时；

（二）以银行转账、网上电子汇款等形式支付的，自资金到达借款人账户时；

（三）以票据交付的，自借款人依法取得票据权利时；

（四）出借人将特定资金账户支配权授权给借款人的，自借款人取得对该账户实际支配权时；

（五）出借人以与借款人约定的其他方式提供借款并实际履行完成时。

第五节　保证合同

一、保证合同的基本理论

保证合同是为保障债权的实现，保证人和债权人约定，当债务人不履行到期债务或者发生当事人约定的情形时，保证人履行债务或者承担责任的合同。

保证合同的基本特征包括：

（1）保证合同是单务合同，只有保证人承担债务，债权人不负给付义务；

（2）保证合同是无偿合同，保证人对债权人承担保证债务，债权人对保证不提供相应对价；

（3）保证合同是诺成合同，因保证人与债权人协商一致成立，无须另外交付标的物。

从性质上说，保证合同是主债权债务合同的从合同。主债权债务合同无效的，保证合同无效，但是法律另有规定的除外。保证合同被确认无效后，债务人、保证人、债权人有过错的，应当根据其过错各自承担相应的民事责任。

从内容上说，保证合同的内容一般包括被保证的主债权的种类、数额，债务人履行债务的期限，保证的方式、范围和期间等条款。

从形式上说，保证合同可以是单独订立的书面合同，也可以是主债权债务合同中的保证条款。第三人单方以书面形式向债权人作出保证，债权人接收且未提出异议的，保证合同成立。

二、保证人

主债务人不得同时为自身保证人，必须由第三人作为保证人。

机关法人不得为保证人，但是经国务院批准为使用外国政府或者国际经济组织贷款进行转贷的除外。

以公益为目的的非营利法人、非法人组织不得为保证人。

三、保证方式

保证的方式包括一般保证和连带责任保证。当事人在保证合同中对保证方式没有约定或者约定不明确的，按照一般保证承担保证责任。

（一）一般保证

当事人在保证合同中约定，债务人不能履行债务时，由保证人承担保证责任的，为一般保证。

一般保证的保证人享有先诉抗辩权，即一般保证的保证人在主合同纠纷未经审判或者仲裁，并就债务人财产依法强制执行仍不能履行债务前，有权拒绝向债权人承担保证责任，但是有下列情形之一的除外：

（1）债务人下落不明，且无财产可供执行；

（2）人民法院已经受理债务人破产案件；

（3）债权人有证据证明债务人的财产不足以履行全部债务或者丧失履行债务能力；

（4）保证人书面表示放弃本权利。

一般保证的保证人在主债务履行期限届满后，向债权人提供债务人可供执行财产的真实情况，债权人放弃或者怠于行使权力导致该财产不能被执行的，保证人在其提供可供执行财产的价值范围内不再承担保证责任。

一般保证中，债权人以债务人为被告提起诉讼的，人民法院应予受理。债权人未就主合同纠纷提起诉讼或者申请仲裁，仅起诉一般保证人的，人民法院应当驳回起诉。

一般保证中，债权人一并起诉债务人和保证人的，人民法院可以受理，但是在作出判决时，除有《民法典》第六百八十七条第二款但书规定的情形外，应当在判决书主文中明确，保证人仅对债务人财产依法强制执行后仍不能履行的部分承担保证责任。

债权人未对债务人的财产申请保全，或者保全的债务人的财产足以清偿债务，债权人申请对一般保证人的财产进行保全的，人民法院不予准许。

一般保证的债权人取得对债务人赋予强制执行效力的公证债权文书后，在保证期间内向人民法院申请强制执行，保证人以债权人未在保证期间内对债务人提起诉讼或者申请仲裁为由主张不承担保证责任的，人民法院不予支持。

（二）连带保证

当事人在保证合同中约定保证人和债务人对债务承担连带责任的，为连带责任保证。

一般保证的保证人在主债务履行期限届满后，向债权人提供债务人可供执行财产的真实情况，债权人放弃或者怠于行使权利致使该财产不能被执行的，保证人在其提供可供执行财产的价值范围内不再承担保证责任。

（三）最高额保证

保证人与债权人可以协商订立最高额保证的合同，约定在最高债权额限度内就一定期间连续发生的债权提供保证。

四、保证责任

（一）保证责任的范围

保证的范围包括主债权及其利息、违约金、损害赔偿金和实现债权的费用。当事人另有约定的，按照其约定。当事人对保证的范围没有约定或者约定不明的，保证人应当对全部债务承担保证责任。

（二）保证期间

保证适用除斥期间，保证期间是确定保证人承担保证责任的期间，不发生中止、中断和延长。

债权人与保证人可以约定保证期间，但是约定的保证期间早于主债务履行期限或者与主债务履行期限同时届满的，视为没有约定；保证合同约定保证人承担保证责任直至主债务本息还清时为止等类似内容的，视为约定不明；没有约定或者约定不明确的，保证期间为主债务履行期限届满之日起六个月。债权人与债务人对主债务履行期限没有约定或者约定不明确的，保证期间自债权人请求债务人履行债务的宽限期届满之日起计算。

最高额保证合同对保证期间的计算方式、起算时间等有约定的，按照其约定。最高额保证合同对保证期间的计算方式、起算时间等没有约定或者约定不明，被担保债权的履行期限均已届满的，保证期间自债权确定之日起开始计算；被担保债权的履行期限尚未届满的，保证期间自最后到期债权的履行期限届满之日起开始计算。

债权人在保证期间内未依法行使权利的，保证责任消灭：一般保证的债权人未在保证期间对债务人提起诉讼或者申请仲裁的，保证人不再承担保证责任；连带责任保证的债权人未在保证期间请求保证人承担保证责任的，保证人不再承担保证责任。

一般保证的债权人在保证期间内对债务人提起诉讼或者申请仲裁后，又撤回起诉或者仲裁申请，债权人在保证期间届满前未再行提起诉讼或者申请仲裁，保证人主张不再承担保证责任的，人民法院应予支持。连带责任保证的债权人在保证期间内对保证人提起诉讼或者申请仲裁后，又撤回起诉或者仲裁申请，起诉状副本或者仲裁申请书副本已经送达保证人的，人民法院应当认定债权人已经在保证期间内向保证人行使了权利。

保证责任消灭后，债权人书面通知保证人要求承担保证责任，保证人在通知书上签字、盖章或者按指印，债权人请求保证人继续承担保证责任的，人民法院不予支持，但是债权人有证据证明成立了新的保证合同的除外。

（三）保证债务的诉讼时效

一般保证的债权人在保证期间届满前对债务人提起诉讼或者申请仲裁的，从保证人拒绝承担保证责任的权利消灭之日起，开始计算保证债务的诉讼时效。

连带责任保证的债权人在保证期间届满前请求保证人承担保证责任的，从债权人请求保证人承担保证责任之日起，开始计算保证债务的诉讼时效。

保证人知道或者应当知道主债权诉讼时效期间届满仍然提供保证或者承担保证责任，又以诉讼时效期间届满为由拒绝承担保证责任或者请求返还财产的，人民法院不予支持；保证人承担保证责任后向债务人追偿的，人民法院不予支持，但是债务人放弃诉讼时效抗辩的除外。

（四）共同保证下的保证责任

同一债务有两个以上保证人的，保证人应当按照保证合同约定的保证份额，承担保证责任；没有约定保证份额的，债权人可以请求任何一个保证人在其保证范围内承担保证责任。

同一债务有两个以上保证人，债权人以其已经在保证期间内依法向部分保证人行使权利为由，主张已经在保证期间内向其他保证人行使权利的，人民法院不予支持。

同一债务有两个以上保证人，保证人之间相互有追偿权，债权人未在保证期间内依法向部分保证人行使权利，导致其他保证人在承担保证责任后丧失追偿权，其他保证人主张在其不能追偿的范围内免除保证责任的，人民法院应予支持。

（五）主合同变更与保证责任承担

债权人和债务人未经保证人书面同意，协商变更主债权债务合同内容，减轻债务的，保证人仍对变更后的债务承担保证责任；加重债务的，保证人对加重的部分不承担保证责任。

债权人和债务人变更主债权债务合同的履行期限，未经保证人书面同意的,保证期间不受影响。

债权人转让全部或者部分债权,未通知保证人的,该转让对保证人不发生效力。保证人与债权人约定禁止债权转让,债权人未经保证人书面同意转让债权的,保证人对受让人不再承担保证责任。

债权人未经保证人书面同意,允许债务人转移全部或者部分债务,保证人对未经其同意转移的债务不再承担保证责任,但是债权人和保证人另有约定的除外。第三人加入债务的,保证人的保证责任不受影响。

(六)保证人的追偿权

保证人承担保证责任后,除当事人另有约定外,有权在其承担保证责任的范围内向债务人追偿,享有债权人对债务人的权利,但是不得损害债权人的利益。

(七)保证人的抗辩权

保证人可以主张债务人对债权人的抗辩。债务人放弃抗辩的,保证人仍有权向债权人主张抗辩。

债务人对债权人享有抵销权或者撤销权的,保证人可以在相应范围内拒绝承担保证责任。

五、保证与债务加入

第三人向债权人提供差额补足、流动性支持等类似承诺文件作为增信措施,具有提供担保的意思表示,债权人请求第三人承担保证责任的,人民法院应当依照保证的有关规定处理。

第三人向债权人提供的承诺文件,具有加入债务或者与债务人共同承担债务等意思表示的,人民法院应当认定为《民法典》第五百五十二条规定的债务加入。

第三人提供的承诺文件难以确定是保证还是债务加入的,人民法院应当将其认定为保证。

第六节　租赁合同

一、租赁合同的基本理论

租赁合同是出租人将租赁物交付承租人使用、收益，承租人支付租金的合同。

租赁合同的基本特征包括：

（1）租赁合同转让的是租赁物的使用权，租赁物一般应为特定的非消耗物；

（2）租赁合同是双务合同；

（3）租赁合同是有偿合同；

（4）租赁合同是诺成合同。

租赁合同的内容一般包括租赁物的名称、数量、用途、租赁期限、租金及其支付期限和方式、租赁物维修等条款。

租赁期限不得超过二十年。超过二十年的，超过部分无效。租赁期限届满，当事人可以续订租赁合同；但是，约定的租赁期限自续订之日起不得超过二十年。

租赁期限六个月以上的，应当采用书面形式。当事人未采用书面形式，无法确定租赁期限的，或者当事人对租赁期限没有约定或者约定不明确，依据《民法典》第五百一十条的规定仍不能确定的，视为不定期租赁；当事人可以随时解除合同，但是应当在合理期限之前通知对方。

当事人未依照法律、行政法规规定办理租赁合同登记备案手续的，不影响合同的效力。

二、租赁合同各方当事人的权利义务

（一）按约定用途出租与使用

出租人应当按照约定将租赁物交付承租人，并在租赁期限内保持租赁物符合约定的用途。

承租人应当按照约定的方法使用租赁物。对租赁物的使用方法没有

约定或者约定不明确，依据《民法典》第五百一十条的规定仍不能确定的，应当根据租赁物的性质使用。

承租人按照约定的方法或者根据租赁物的性质使用租赁物，致使租赁物受到损耗的，不承担赔偿责任。承租人未按照约定的方法或未根据租赁物的性质使用租赁物，致使租赁物受到损失的，出租人可以解除合同并请求赔偿损失。

（二）租赁物维修

出租人应当履行租赁物的维修义务，但是当事人另有约定的除外。承租人在租赁物需要维修时可以请求出租人在合理期限内维修。出租人未履行维修义务的，承租人可以自行维修，维修费用由出租人负担。因维修租赁物影响承租人使用的，应当相应减少租金或者延长租期。因承租人的过错致使租赁物需要维修的，出租人不承担前述维修义务。

（三）租赁物保管、改善与增设

承租人应当妥善保管租赁物，因保管不善造成租赁物毁损、灭失的，应当承担赔偿责任。

承租人经出租人同意，可以对租赁物进行改善或者增设他物。承租人未经出租人同意，对租赁物进行改善或者增设他物的，出租人可以请求承租人恢复原状或者赔偿损失。

（四）租赁物转租

承租人经出租人同意，可以将租赁物转租给第三人。承租人转租的，承租人与出租人之间的租赁合同继续有效；第三人造成租赁物损失的，承租人应当赔偿损失。承租人未经出租人同意转租的，出租人可以解除合同。

承租人经出租人同意将租赁物转租给第三人，转租期限超过承租人剩余租赁期限的，超过部分的约定对出租人不具有法律约束力，但是出租人与承租人另有约定的除外。

出租人知道或者应当知道承租人转租，但是在六个月内未提出异议的，视为出租人同意转租。

（五）租金支付与收取

承租人应当按照约定的期限支付租金。对支付租金的期限没有约定或者约定不明确，依据《民法典》第五百一十条的规定仍不能确定，租赁期限不满一年的，应当在租赁期限届满时支付；租赁期限一年以上的，应当在每届满一年时支付，剩余期限不满一年的，应当在租赁期限届满时支付。

承租人无正当理由未支付或者迟延支付租金的，出租人可以请求承租人在合理期限内支付；承租人逾期不支付的，出租人可以解除合同。

因第三人主张权利，致使承租人不能对租赁物使用、收益的，承租人可以请求减少租金或者不支付租金。第三人主张权利的，承租人应当及时通知出租人。

承租人拖欠租金的，次承租人可以代承租人支付其欠付的租金和违约金，但是转租合同对出租人不具有法律约束力的除外。次承租人代为支付的租金和违约金，可以充抵次承租人应当向承租人支付的租金；超出其应付的租金数额的，可以向承租人追偿。

（六）收益

在租赁期限内因占有、使用租赁物获得的收益，归承租人所有，但是当事人另有约定的除外。

（七）权利继承

承租人在房屋租赁期限内死亡的，与其生前共同居住的人或者共同经营人可以按照原租赁合同租赁该房屋。

（八）"买卖不破租赁"

租赁物在承租人按照租赁合同占有期限内发生所有权变动的，不影响租赁合同的效力。

（九）房屋租赁的优先购买权

出租人出卖租赁房屋的，应当在出卖之前的合理期限内通知承租人，承租人享有以同等条件优先购买的权利；但是，房屋按份共有人行使优先购买权或者出租人将房屋出卖给近亲属的除外。出租人履行通知义务后，承租人在十五日内未明确表示购买的，视为承租人放弃优先购买权。

出租人委托拍卖人拍卖租赁房屋的，应当在拍卖五日前通知承租人。承租人未参加拍卖的，视为放弃优先购买权。

出租人未通知承租人或者有其他妨害承租人行使优先购买权情形的，承租人可以请求出租人承担赔偿责任。但是，出租人与第三人订立的房屋买卖合同的效力不受影响。

三、租赁合同的解除与延期

有下列情形之一，非因承租人原因致使租赁物无法使用的，承租人可以解除合同：

（一）租赁物被司法机关或者行政机关依法查封、扣押；

（二）租赁物权属有争议；

（三）租赁物具有违反法律、行政法规关于使用条件的强制性规定情形。

因不可归责于承租人的事由，致使租赁物部分或者全部毁损、灭失的，承租人可以请求减少租金或者不支付租金；因租赁物部分或者全部毁损、灭失，致使不能实现合同目的的，承租人可以解除合同。

租赁物危及承租人的安全或者健康的，即使承租人订立合同时明知该租赁物质量不合格，承租人仍然可以随时解除合同。

租赁期限届满，承租人应当返还租赁物。返还的租赁物应当符合按照约定或者根据租赁物的性质使用后的状态。

租赁期限届满，承租人继续使用租赁物，出租人没有提出异议的，原租赁合同继续有效，但是租赁期限为不定期。

租赁期限届满，房屋承租人享有以同等条件优先承租的权利。

第七节　融资租赁合同

一、融资租赁合同的基本理论

融资租赁合同是出租人根据承租人对出卖人、租赁物的选择，向出卖人购买租赁物，提供给承租人使用，承租人支付租金的合同。

从内容上看，融资租赁合同的内容一般包括租赁物的名称、数量、规格、技术性能、检验方法、租赁期限、租金构成及其支付期限和方式、币种，租赁期限届满租赁物的归属等条款。

从性质上看，虽然融资租赁合同具有租赁的性质，但其根本目的是融资，租金只是融资的对价，而非标的物使用的对价。因此，相比普通租赁合同，融资租赁合同具备以下特点：

（1）融资租赁合同应当采用书面形式，这是《民法典》的强制要求；

（2）合同有效期内，无正当、充分的理由，承租人一般不得解除合同；

（3）由于租赁物是出租人根据承租人的选择而特别购入的，故租赁物不符合约定或者不符合使用目的的，出租人一般不承担责任，但承租人依赖出租人的技能确定租赁物或者出租人干预选择租赁物的除外；

（4）依照法律、行政法规的规定，对于租赁物的经营使用应当取得行政许可的，出租人未取得行政许可不影响融资租赁合同的效力。

二、融资租赁合同各方当事人的权利义务

（一）标的物交付与领受

出租人根据承租人对出卖人、租赁物的选择订立的买卖合同，出卖人应当按照约定向承租人交付标的物，承租人享有与受领标的物有关的买受人的权利。

出卖人违反向承租人交付标的物的义务，有下列情形之一的，承租人可以拒绝受领出卖人向其交付的标的物：（1）标的物严重不符合约定；（2）未按照约定交付标的物，经承租人或者出租人催告后在合理期限内仍未交付。承租人拒绝受领标的物的，应当及时通知出租人。

出租人、出卖人、承租人可以约定，出卖人不履行买卖合同义务的，由承租人行使索赔的权利。承租人行使索赔权利的，出租人应当协助。承租人对出卖人行使索赔权利，不影响其履行支付租金的义务。但是，承租人依赖出租人的技能确定租赁物或者出租人干预选择租赁物的，承租人可以请求减免相应租金。

出租人有下列情形之一，致使承租人对出卖人行使索赔权利失败的，承租人有权请求出租人承担相应的责任：（1）明知租赁物有质量瑕疵而不告知承租人；（2）承租人行使索赔权利时，未及时提供必要协

助。出租人怠于行使只能由其对出卖人行使的索赔权利，造成承租人损失的，承租人有权请求出租人承担赔偿责任。

出租人根据承租人对出卖人、租赁物的选择订立的买卖合同，未经承租人同意，出租人不得变更与承租人有关的合同内容。

出租人对租赁物享有的所有权，未经登记，不得对抗善意第三人。

（二）租赁物保管、使用与维修

出租人应当保证承租人对租赁物的占有和使用。出租人有下列情形之一的，承租人有权请求其赔偿损失：（1）无正当理由收回租赁物；（2）无正当理由妨碍、干扰承租人对租赁物的占有和使用；（3）因出租人的原因致使第三人对租赁物主张权利；（4）不当影响承租人对租赁物占有和使用的其他情形。

承租人应当妥善保管、使用租赁物。承租人应当履行占有租赁物期间的维修义务。

承租人占有租赁物期间，租赁物造成第三人人身损害或者财产损失的，出租人不承担责任。

（三）租金支付与收取

融资租赁合同的租金，除当事人另有约定外，应当根据购买租赁物的大部分或者全部成本以及出租人的合理利润确定。

承租人应当按照约定支付租金。承租人经催告后在合理期限内仍不支付租金的，出租人可以请求支付全部租金；也可以解除合同，收回租赁物。

承租人占有租赁物期间，租赁物毁损、灭失的，出租人有权请求承租人继续支付租金，但是法律另有规定或者当事人另有约定的除外。

（四）租赁物所有权归属

出租人和承租人可以约定租赁期限届满租赁物的归属；对租赁物的归属没有约定或者约定不明确，依据《民法典》第五百一十条的规定仍不能确定的，租赁物的所有权归出租人。

当事人约定租赁期限届满租赁物归承租人所有，承租人已经支付大部分租金，但是无力支付剩余租金，出租人因此解除合同收回租赁物，收回的租赁物的价值超过承租人欠付的租金以及其他费用的，承租人可以请求相应返还。当事人约定租赁期限届满租赁物归出租人所有，因租赁物毁损、灭失或者附合、混合于他物致使承租人不能返还的，出租人有权请求承租人给予合理补偿。

当事人约定租赁期限届满，承租人仅需向出租人支付象征性价款的，视为约定的租金义务履行完毕后租赁物的所有权归承租人。

融资租赁合同无效，当事人就该情形下租赁物的归属有约定的，按照其约定；没有约定或者约定不明确的，租赁物应当返还出租人。但是，因承租人原因致使合同无效，出租人不请求返还或者返还后会显著降低租赁物效用的，租赁物的所有权归承租人，由承租人给予出租人合理补偿。

三、融资租赁合同的解除

承租人未经出租人同意，将租赁物转让、抵押、质押、投资入股或者以其他方式处分的，出租人可以解除融资租赁合同。

有下列情形之一的，出租人或者承租人可以解除融资租赁合同：

（一）出租人与出卖人订立的买卖合同解除、被确认无效或者被撤销，且未能重新订立买卖合同；

（二）租赁物因不可归责于当事人的原因毁损、灭失，且不能修复或者确定替代物；

（三）因出卖人的原因致使融资租赁合同的目的不能实现。

融资租赁合同因买卖合同解除、被确认无效或者被撤销而解除，出卖人、租赁物系由承租人选择的，出租人有权请求承租人赔偿相应损失；但是，因出租人原因致使买卖合同解除、被确认无效或者被撤销的除外。出租人的损失已经在买卖合同解除、被确认无效或者被撤销时获得赔偿的，承租人不再承担相应的赔偿责任。

融资租赁合同因租赁物交付承租人后意外毁损、灭失等不可归责于当事人的原因解除的，出租人可以请求承租人按照租赁物折旧情况给予补偿。

第八节　保理合同

一、保理合同的基本理论

保理合同是应收账款债权人将现有的或者将有的应收账款转让给保理人，保理人提供资金融通、应收账款管理或者催收、应收账款债务人付款担保等服务的合同。

保理合同的内容一般包括业务类型、服务范围、服务期限、基础交易合同情况、应收账款信息、保理融资款或者服务报酬及其支付方式等条款。

保理合同应当采用书面形式。

保理人向应收账款债务人发出应收账款转让通知的，应当表明保理人身份并附有必要凭证。应收账款债务人接到应收账款转让通知后，应收账款债权人与债务人无正当理由协商变更或者终止基础交易合同，对保理人产生不利影响的，对保理人不发生效力。

保理合同的本质是债权转让，法律没有特别规定的，适用《民法典》第六章债权转让的有关规定。

二、有追索权保理与无追索权保理

当事人约定有追索权保理的，保理人可以向应收账款债权人主张返还保理融资款本息或者回购应收账款债权，也可以向应收账款债务人主张应收账款债权。保理人向应收账款债务人主张应收账款债权，在扣除保理融资款本息和相关费用后有剩余的，剩余部分应当返还给应收账款债权人。

当事人约定无追索权保理的，保理人应当向应收账款债务人主张应收账款债权，保理人取得超过保理融资款本息和相关费用的部分，无须向应收账款债权人返还。

三、多保理人的权利实现

应收账款债权人就同一应收账款订立多个保理合同,致使多个保理人主张权利的,已经登记的先于未登记的取得应收账款;均已经登记的,按照登记时间的先后顺序取得应收账款;均未登记的,由最先到达应收账款债务人的转让通知中载明的保理人取得应收账款;既未登记也未通知的,按照保理融资款或者服务报酬的比例取得应收账款。

第九节　承揽合同

一、承揽合同的基本理论

承揽合同是承揽人按照定作人的要求完成工作、交付工作成果,定作人支付报酬的合同。承揽包括加工、定作、修理、复制、测试、检验等工作。

承揽合同的内容一般包括承揽的标的、数量、质量、报酬、承揽方式、材料的提供、履行期限、验收标准和方法等条款。

承揽合同是双务、有偿、诺成的合同。

二、承揽合同各方当事人的权利义务

承揽人应当以自己的设备、技术和劳力,完成主要工作,但是当事人另有约定的除外。承揽人将其承揽的主要工作交由第三人完成的,应当就该第三人完成的工作成果向定作人负责;未经定作人同意的,定作人也可以解除合同。承揽人可以将其承揽的辅助工作交由第三人完成,并就该第三人完成的工作成果向定作人负责。

承揽人提供材料的,应当按照约定选用材料,并接受定作人检验。定作人提供材料的,应当按照约定提供材料。承揽人对定作人提供的材料应当及时检验,发现不符合约定时,应当及时通知定作人更换、补齐或者采取其他补救措施。承揽人不得擅自更换定作人提供的材料,不得更换不需要修理的零部件。

承揽人发现定作人提供的图纸或者技术要求不合理的，应当及时通知定作人。因定作人怠于答复等原因造成承揽人损失的，应当赔偿损失。定作人中途变更承揽工作的要求，造成承揽人损失的，应当赔偿损失。

承揽工作需要定作人协助的，定作人有协助的义务。定作人不履行协助义务致使承揽工作不能完成的，承揽人可以催告定作人在合理期限内履行义务，并可以顺延履行期限；定作人逾期不履行的，承揽人可以解除合同。

承揽人在工作期间，应当接受定作人必要的监督检验。定作人不得因监督检验妨碍承揽人的正常工作。

承揽人完成工作的，应当向定作人交付工作成果，并提交必要的技术资料和有关质量证明。定作人应当验收该工作成果。承揽人交付的工作成果不符合质量要求的，定作人可以合理选择请求承揽人承担修理、重作、减少报酬、赔偿损失等违约责任。

定作人应当按照约定的期限支付报酬。对支付报酬的期限没有约定或者约定不明确，依据《民法典》第五百一十条的规定仍不能确定的，定作人应当在承揽人交付工作成果时支付；工作成果部分交付的，定作人应当相应支付。定作人未向承揽人支付报酬或者材料费等价款的，承揽人对完成的工作成果享有留置权或者有权拒绝交付，但是当事人另有约定的除外。

承揽人应当妥善保管定作人提供的材料以及完成的工作成果，因保管不善造成毁损、灭失的，应当承担赔偿责任。承揽人应当按照定作人的要求保守秘密，未经定作人许可，不得留存复制品或者技术资料。

共同承揽人对定作人承担连带责任，但是当事人另有约定的除外。

由于承揽合同的特殊性，法律特别规定，定作人在承揽人完成工作前可以随时解除合同，但造成承揽人损失的，应当赔偿损失。

第十节　建设工程合同

一、建设工程合同的基本理论

（一）建设工程合同的概念

建设工程合同是承包人进行工程建设，发包人支付价款的合同。建设工程合同包括工程勘察、设计、施工合同。

勘察、设计合同的内容一般包括提交有关基础资料和概预算等文件的期限、质量要求、费用以及其他协作条件等条款。

施工合同的内容一般包括工程范围、建设工期、中间交工工程的开工和竣工时间、工程质量、工程造价、技术资料交付时间、材料和设备供应责任、拨款和结算、竣工验收、质量保修范围和质量保证期、相互协作等条款。

建设工程合同应当采用书面形式。建设工程合同采用招投标方式订立的，当事人就同一建设工程另行签订的建设工程施工合同约定的工程范围、建设工期、工程质量、工程价款等实质性内容，与中标合同不一致的，应当以备案的中标合同作为结算工程价款的依据。建设工程的招标投标活动，应当依照有关法律的规定公开、公平、公正进行。

建设工程合同本质上是承揽合同的一种，因此，对于建设工程合同，法律没有特别规定的，适用承揽合同的有关规定。

（二）建设工程合同的无效

建设工程施工合同具有下列情形之一的，属于无效合同：

（1）承包人未取得建筑业企业资质或者超越资质等级的；

（2）没有资质的实际施工人借用有资质的建筑施工企业名义的；

（3）建设工程必须进行招标而未招标或者中标无效的。

招标人和中标人在中标合同之外就明显高于市场价格购买承建房产、无偿建设住房配套设施、让利、向建设单位捐赠财物等另行签订合同，变相降低工程价款的，一方当事人可以该合同背离中标合同实质性内容为由请求确认无效。

当事人以发包人未取得建设工程规划许可证等规划审批手续为由,请求确认建设工程施工合同无效的,人民法院应予支持,但发包人在起诉前取得建设工程规划许可证等规划审批手续的除外。发包人能够办理审批手续而未办理,并以未办理审批手续为由请求确认建设工程施工合同无效的,人民法院不予支持。

承包人超越资质等级许可的业务范围签订建设工程施工合同,在建设工程竣工前取得相应资质等级,当事人请求按照无效合同处理的,人民法院不予支持。

建设工程施工合同无效,一方当事人请求对方赔偿损失的,应当就对方过错、损失大小、过错与损失之间的因果关系承担举证责任。损失大小无法确定,一方当事人请求参照合同约定的质量标准、建设工期、工程价款支付时间等内容确定损失大小的,人民法院可以结合双方过错程度、过错与损失之间的因果关系等因素作出裁判。

建设工程施工合同无效,但是建设工程经验收合格的,可以参照合同关于工程价款的约定折价补偿承包人。

建设工程施工合同无效,且建设工程经验收不合格的,按照以下情形处理:

(1)修复后的建设工程经验收合格的,发包人可以请求承包人承担修复费用;

(2)修复后的建设工程经验收不合格的,承包人无权请求参照合同关于工程价款的约定折价补偿。

发包人对因建设工程不合格造成的损失有过错的,应当承担相应的责任。

(三)建设工程合同的分包

发包人可以与总承包人订立建设工程合同,也可以分别与勘察人、设计人、施工人订立勘察、设计、施工承包合同。发包人不得将应当由一个承包人完成的建设工程支解成若干部分发包给数个承包人。

总承包人或者勘察、设计、施工承包人经发包人同意,可以将自己承包的部分工作交由第三人完成。第三人就其完成的工作成果与总承包人或者勘察、设计、施工承包人向发包人承担连带责任。承包人不得将其承包的全部建设工程转包给第三人或者将其承包的全部建设工程支解以后以分包的名义分别转包给第三人。

禁止承包人将工程分包给不具备相应资质条件的单位。禁止分包单位将其承包的工程再分包。建设工程主体结构的施工必须由承包人自行完成。

具有劳务作业法定资质的承包人与总承包人、分包人签订的劳务分包合同，当事人请求确认无效的，人民法院依法不予支持。

缺乏资质的单位或者个人借用有资质的建筑施工企业名义签订建设工程施工合同，发包人请求出借方与借用方对建设工程质量不合格等因出借资质造成的损失承担连带赔偿责任的，人民法院应予支持。

（四）建设工程合同的垫资

当事人对垫资和垫资利息有约定，承包人请求按照约定返还垫资及其利息的，人民法院应予支持，但是约定的利息计算标准高于垫资时的同类贷款利率或者同期贷款市场报价利率的部分除外。当事人对垫资没有约定的，按照工程欠款处理。

当事人对垫资利息没有约定，承包人请求支付利息的，人民法院不予支持。

（五）建设工程监理

建设工程实行监理的，发包人应当与监理人采用书面形式订立委托监理合同。发包人与监理人的权利和义务以及法律责任，应当依照《民法典》委托合同部分以及其他有关法律、行政法规的规定。

二、建设工程合同各方当事人的权利义务

发包人在不妨碍承包人正常作业的情况下，可以随时对作业进度、质量进行检查。隐蔽工程在隐蔽以前，承包人应当通知发包人检查。发包人没有及时检查的，承包人可以顺延工程日期，并有权请求赔偿停工、窝工等损失。

（一）当事人的解除权

承包人将建设工程转包、违法分包的，发包人可以解除合同。

发包人提供的主要建筑材料、建筑构配件和设备不符合强制性标准

或者不履行协助义务,致使承包人无法施工,经催告后在合理期限内仍未履行相应义务的,承包人可以解除合同。

合同解除后,已经完成的建设工程质量合格的,发包人应当按照约定支付相应的工程价款;已经完成的建设工程质量不合格的,参照《民法典》第七百九十三条的规定处理。

(二)建设工程的开工与竣工

建设工程竣工后,发包人应当根据施工图纸及说明书、国家颁发的施工验收规范和质量检验标准及时进行验收。验收合格的,发包人应当按照约定支付价款,并接收该建设工程。当事人约定,发包人收到竣工结算文件后,在约定期限内不予答复,视为认可竣工结算文件的,按照约定处理,承包人可以请求按照竣工结算文件结算工程价款。

当事人对建设工程开工日期有争议的,分别按照以下情形予以认定:(1)开工日期为发包人或者监理人发出的开工通知载明的开工日期;开工通知发出后,尚不具备开工条件的,以开工条件具备的时间为开工日期;因承包人原因导致开工时间推迟的,以开工通知载明的时间为开工日期;(2)承包人经发包人同意已经实际进场施工的,以实际进场施工时间为开工日期;(3)发包人或者监理人未发出开工通知,也无相关证据证明实际开工日期的,应当综合考虑开工报告、合同、施工许可证、竣工验收报告或者竣工验收备案表等载明的时间,并结合是否具备开工条件的事实,认定开工日期。

当事人对建设工程实际竣工日期有争议的,分别按照以下情形予以认定:(1)建设工程经竣工验收合格的,以竣工验收合格之日为竣工日期;(2)承包人已经提交竣工验收报告,发包人拖延验收的,以承包人提交验收报告之日为竣工日期;(3)建设工程未经竣工验收,发包人擅自使用的,以转移占有建设工程之日为竣工日期。

当事人约定顺延工期应当经发包人或者监理人签证等方式确认,承包人虽未取得工期顺延的确认,但能够证明在合同约定的期限内向发包人或者监理人申请过工期顺延且顺延事由符合合同约定,承包人以此为由主张工期顺延的,应予支持。当事人约定承包人未在约定期限内提出工期顺延申请视为工期不顺延的,按照约定处理,但发包人在约定期限后同意工期顺延或者承包人提出合理抗辩的除外。

建设工程竣工前，当事人对工程质量发生争议，工程质量经鉴定合格的，鉴定期间为顺延工期期间。

建设工程竣工经验收合格后，方可交付使用；未经验收或者验收不合格的，不得交付使用。建设工程未经竣工验收，发包人擅自使用后，又以使用部分质量不符合约定为由主张权利的，不予支持；但是承包人应当在建设工程的合理使用寿命内对地基基础工程和主体结构质量承担民事责任。

（三）建设工程价款的结算

当事人对建设工程的计价标准或者计价方法有约定的，按照约定结算工程价款。

因设计变更导致建设工程的工程量或者质量标准发生变化，当事人对该部分工程价款不能协商一致的，可以参照签订建设工程施工合同时当地建设行政主管部门发布的计价方法或者计价标准结算工程价款。

建设工程施工合同有效，但建设工程经竣工验收不合格的，依照《民法典》第五百七十七条规定处理。

当事人对工程量有争议的，按照施工过程中形成的签证等书面文件确认。承包人能够证明发包人同意其施工，但未能提供签证文件证明工程量发生的，可以按照当事人提供的其他证据确认实际发生的工程量。

发包人未按照约定支付价款的，承包人可以催告发包人在合理期限内支付价款。发包人逾期不支付的，除根据建设工程的性质不宜折价、拍卖外，承包人可以与发包人协议将该工程折价，也可以请求人民法院将该工程依法拍卖。建设工程的价款就该工程折价或者拍卖的价款优先受偿。

承包人根据上述规定享有的建设工程价款优先受偿权优于抵押权和其他债权。优先受偿的范围依照国务院有关行政主管部门关于建设工程价款范围的规定确定，承包人就逾期支付建设工程价款的利息、违约金、损害赔偿金等主张优先受偿的，不予支持。承包人应当在合理期限内行使建设工程价款优先受偿权，但最长不得超过十八个月，自发包人应当给付建设工程价款之日起算。发包人与承包人约定放弃或者限制建设工程价款优先受偿权，损害建筑工人利益，发包人根据该约定主张承包人不享有建设工程价款优先受偿权的，不予支持。

当事人签订的建设工程施工合同与招标文件、投标文件、中标通知书载明的工程范围、建设工期、工程质量、工程价款不一致，一方当事人请求将招标文件、投标文件、中标通知书作为结算工程价款的依据的，应予支持。

发包人将依法不属于必须招标的建设工程进行招标后，与承包人另行订立的建设工程施工合同背离中标合同的实质性内容，当事人请求以中标合同作为结算建设工程价款依据的，应予支持，但发包人与承包人因客观情况发生了在招标投标时难以预见的变化而另行订立建设工程施工合同的除外。

当事人就同一建设工程订立的数份建设工程施工合同均无效，但建设工程质量合格，一方当事人请求参照实际履行的合同关于工程价款的约定折价补偿承包人的，应予支持。实际履行的合同难以确定，当事人请求参照最后签订的合同关于工程价款的约定折价补偿承包人的，应予支持。

当事人对欠付工程价款利息计付标准有约定的，按照约定处理。没有约定的，按照同期同类贷款利率或者同期贷款市场报价利率计息。

利息从应付工程价款之日开始计付。当事人对付款时间没有约定或者约定不明的，下列时间视为应付款时间：（1）建设工程已实际交付的，为交付之日；（2）建设工程没有交付的，为提交竣工结算文件之日；（3）建设工程未交付，工程价款也未结算的，为当事人起诉之日。

（四）建设工程质量保证金

有下列情形之一，承包人请求发包人返还工程质量保证金的，人民法院应予支持：

（一）当事人约定的工程质量保证金返还期限届满；

（二）当事人未约定工程质量保证金返还期限的，自建设工程通过竣工验收之日起满二年；

（三）因发包人原因建设工程未按约定期限进行竣工验收的，自承包人提交工程竣工验收报告九十日后当事人约定的工程质量保证金返还期限届满；当事人未约定工程质量保证金返还期限的，自承包人提交工程竣工验收报告九十日后起满二年。

发包人返还工程质量保证金后，不影响承包人根据合同约定或者法律规定履行工程保修义务。

（五）建设工程的鉴定

当事人约定按照固定价结算工程价款的，不得请求对建设工程造价进行鉴定。

当事人在诉讼前已经对建设工程价款结算达成协议，诉讼中一方当事人申请对工程造价进行鉴定的，不予准许。

当事人在诉讼前共同委托有关机构、人员对建设工程造价出具咨询意见，诉讼中一方当事人不认可该咨询意见申请鉴定的，应予准许，但双方当事人明确表示受该咨询意见约束的除外。

当事人对部分案件事实有争议的，仅对有争议的事实进行鉴定，但争议事实范围不能确定，或者双方当事人请求对全部事实鉴定的除外。

当事人对工程造价、质量、修复费用等专门性问题有争议，人民法院认为需要鉴定的，应当向负有举证责任的当事人释明。当事人经释明未申请鉴定，虽申请鉴定但未支付鉴定费用或者拒不提供相关材料的，应当承担举证不能的法律后果。一审诉讼中负有举证责任的当事人未申请鉴定，虽申请鉴定但未支付鉴定费用或者拒不提供相关材料，二审诉讼中申请鉴定，人民法院认为确有必要的，应当依照《民事诉讼法》第一百七十条第一款第三项的规定处理。

人民法院准许当事人的鉴定申请后，应当根据当事人申请及查明案件事实的需要，确定委托鉴定的事项、范围、鉴定期限等，并组织当事人对争议的鉴定材料进行质证。

人民法院应当组织当事人对鉴定意见进行质证。鉴定人将当事人有争议且未经质证的材料作为鉴定依据的，人民法院应当组织当事人就该部分材料进行质证。经质证认为不能作为鉴定依据的，根据该材料作出的鉴定意见不得作为认定案件事实的依据。

（六）当事人的其他权利义务

勘察、设计的质量不符合要求或者未按照期限提交勘察、设计文件拖延工期，造成发包人损失的，勘察人、设计人应当继续完善勘察、设计，减收或者免收勘察费、设计费并赔偿损失。

因施工人的原因致使建设工程质量不符合约定的，发包人有权请求施工人在合理期限内无偿修理或者返工、改建。经过修理或者返工、改建后，造成逾期交付的，施工人应当承担违约责任。

因承包人的原因造成建设工程质量不符合约定，承包人拒绝修理、返工或者改建，发包人可以请求减少支付工程价款。

因承包人的原因致使建设工程在合理使用期限内造成人身损害和财产损失的，承包人应当承担赔偿责任。

因保修人未及时履行保修义务，导致建筑物毁损或者造成人身损害、财产损失的，保修人应当承担赔偿责任。保修人与建筑物所有人或者发包人对建筑物毁损均有过错的，各自承担相应的责任。

发包人未按照约定的时间和要求提供原材料、设备、场地、资金、技术资料的，承包人可以顺延工程日期，并有权请求赔偿停工、窝工等损失。

因发包人的原因致使工程中途停建、缓建的，发包人应当采取措施弥补或者减少损失，赔偿承包人因此造成的停工、窝工、倒运、机械设备调迁、材料和构件积压等损失和实际费用。

因发包人变更计划，提供的资料不准确，或者未按照期限提供必需的勘察、设计工作条件而造成勘察、设计的返工、停工或者修改设计，发包人应当按照勘察人、设计人实际消耗的工作量增付费用。

发包人具有下列情形之一，造成建设工程质量缺陷，应当承担过错责任：(1)提供的设计有缺陷；(2)提供或者指定购买的建筑材料、建筑构配件、设备不符合强制性标准；(3)直接指定分包人分包专业工程。承包人有过错的，也应当承担相应的过错责任。

因建设工程质量发生争议的，发包人可以以总承包人、分包人和实际施工人为共同被告提起诉讼。发包人在承包人提起的建设工程施工合同纠纷案件中，以建设工程质量不符合合同约定或者法律规定为由，就承包人支付违约金或者赔偿修理、返工、改建的合理费用等损失提出反诉的，人民法院可以合并审理。

实际施工人以转包人、违法分包人为被告起诉的,人民法院应当依法受理。实际施工人以发包人为被告主张权利的,人民法院应当追加转包人或者违法分包人为本案第三人,在查明发包人欠付转包人或者违法分包人建设工程价款的数额后,判决发包人在欠付建设工程价款范围内对实际施工人承担责任。

实际施工人依据《民法典》第五百三十五条规定,以转包人或者违法分包人怠于向发包人行使到期债权或者与该债权有关的从权利,影响其到期债权实现,提起代位权诉讼的,人民法院应予支持。

国家重大建设工程合同,应当按照国家规定的程序和国家批准的投资计划、可行性研究报告等文件订立。

第十一节 运输合同

一、运输合同的基本理论

运输合同是承运人将旅客或者货物从起运地点运输到约定地点,旅客、托运人或者收货人支付票款或者运输费用的合同。

运输合同分为客运合同、货运合同和多式联运合同。运输合同一般为格式合同。运输合同的订立具有强制性,以保障旅客、托运人的利益和社会秩序。《民法典》第八百一十条规定:"从事公共运输的承运人不得拒绝旅客、托运人通常、合理的运输要求。"

承运人应当在约定期限或者合理期限内按照约定的或者通常的运输路线将旅客、货物安全运输到约定地点。旅客、托运人或者收货人应当支付票款或者运输费用。承运人未按照约定路线或者通常路线运输增加票款或者运输费用的,旅客、托运人或者收货人可以拒绝支付增加部分的票款或者运输费用。

二、客运合同

客运合同自承运人向旅客出具客票时成立,但是当事人另有约定或者另有交易习惯的除外。

旅客应当按照有效客票记载的时间、班次和座位号乘坐。旅客无票乘坐、超程乘坐、越级乘坐或者持不符合减价条件的优惠客票乘坐的，应当补交票款，承运人可以按照规定加收票款；旅客不支付票款的，承运人可以拒绝运输。实名制客运合同的旅客丢失客票的，可以请求承运人挂失补办，承运人不得再次收取票款和其他不合理费用。

旅客因自己的原因不能按照客票记载的时间乘坐的，应当在约定的期限内办理退票或者变更手续；逾期办理的，承运人可以不退票款，并不再承担运输义务。

旅客随身携带行李应当符合约定的限量和品类要求；超过限量或者违反品类要求携带行李的，应当办理托运手续。

旅客不得随身携带或者在行李中夹带易燃、易爆、有毒、有腐蚀性、有放射性以及可能危及运输工具上人身和财产安全的危险物品或者违禁物品。旅客违反规定的，承运人可以将危险物品或者违禁物品卸下、销毁或者送交有关部门。旅客坚持携带或者夹带危险物品或者违禁物品的，承运人应当拒绝运输。

承运人应当严格履行安全运输义务，及时告知旅客安全运输应当注意的事项。旅客对承运人为安全运输所作的合理安排应当积极协助和配合。

承运人应当按照有效客票记载的时间、班次和座位号运输旅客。承运人迟延运输或者有其他不能正常运输情形的，应当及时告知和提醒旅客，采取必要的安置措施，并根据旅客的要求安排改乘其他班次或者退票；由此造成旅客损失的，承运人应当承担赔偿责任，但是不可归责于承运人的除外。

承运人擅自降低服务标准的，应当根据旅客的请求退票或者减收票款；提高服务标准的，不得加收票款。

承运人在运输过程中，应当尽力救助患有急病、分娩、遇险的旅客。

承运人应当对运输过程中旅客的伤亡承担赔偿责任；但是，伤亡是旅客自身健康原因造成的或者承运人证明伤亡是旅客故意、重大过失造成的除外。本条规定适用于按照规定免票、持优待票或者经承运人许可搭乘的无票旅客。

在运输过程中旅客随身携带物品毁损、灭失，承运人有过错的，应当承担赔偿责任。旅客托运的行李毁损、灭失的，适用货物运输的有关规定。

三、货运合同

托运人办理货物运输，应当向承运人准确表明收货人的姓名、名称或者凭指示的收货人，货物的名称、性质、重量、数量，收货地点等有关货物运输的必要情况。因托运人申报不实或者遗漏重要情况，造成承运人损失的，托运人应当承担赔偿责任。货物运输需要办理审批、检验等手续的，托运人应当将办理完有关手续的文件提交承运人。

托运人应当按照约定的方式包装货物。对包装方式没有约定或者约定不明确的，适用《民法典》第六百一十九条的规定。托运人违反前款规定的，承运人可以拒绝运输。

托运人托运易燃、易爆、有毒、有腐蚀性、有放射性等危险物品的，应当按照国家有关危险物品运输的规定对危险物品妥善包装，作出危险物品标志和标签，并将有关危险物品的名称、性质和防范措施的书面材料提交承运人。托运人违反规定的，承运人可以拒绝运输，也可以采取相应措施以避免损失的发生，因此产生的费用由托运人负担。

在承运人将货物交付收货人之前，托运人可以要求承运人中止运输、返还货物、变更到达地或者将货物交给其他收货人，但是应当赔偿承运人因此受到的损失。

货物运输到达后，承运人知道收货人的，应当及时通知收货人，收货人应当及时提货。收货人逾期提货的，应当向承运人支付保管费等费用。

收货人提货时应当按照约定的期限检验货物。对检验货物的期限没有约定或者约定不明确，依据《民法典》第五百一十条的规定仍不能确定的，应当在合理期限内检验货物。收货人在约定的期限或者合理期限内对货物的数量、毁损等未提出异议的，视为承运人已经按照运输单证的记载交付的初步证据。

承运人对运输过程中货物的毁损、灭失承担赔偿责任。但是，承运人证明货物的毁损、灭失是因不可抗力、货物本身的自然性质或者合理损耗以及托运人、收货人的过错造成的，不承担赔偿责任。

货物的毁损、灭失的赔偿额，当事人有约定的，按照其约定；没有约定或者约定不明确，依据《民法典》第五百一十条的规定仍不能确定的，按照交付或者应当交付时货物到达地的市场价格计算。法律、行政法规对赔偿额的计算方法和赔偿限额另有规定的，依照其规定。

两个以上承运人以同一运输方式联运的，与托运人订立合同的承运人应当对全程运输承担责任；损失发生在某一运输区段的，与托运人订立合同的承运人和该区段的承运人承担连带责任。

货物在运输过程中因不可抗力灭失，未收取运费的，承运人不得请求支付运费；已经收取运费的，托运人可以请求返还。法律另有规定的，依照其规定。

托运人或者收货人不支付运费、保管费或者其他费用的，承运人对相应的运输货物享有留置权，但是当事人另有约定的除外。

收货人不明或者收货人无正当理由拒绝受领货物的，承运人依法可以提存货物。

四、多式联运合同

多式联运经营人负责履行或者组织履行多式联运合同，对全程运输享有承运人的权利，承担承运人的义务。

多式联运经营人可以与参加多式联运的各区段承运人就多式联运合同的各区段运输约定相互之间的责任；但是，该约定不影响多式联运经营人对全程运输承担的义务。

多式联运经营人收到托运人交付的货物时，应当签发多式联运单据。按照托运人的要求，多式联运单据可以是可转让单据，也可以是不可转让单据。

因托运人托运货物时的过错造成多式联运经营人损失的，即使托运人已经转让多式联运单据，托运人仍然应当承担赔偿责任。

货物的毁损、灭失发生于多式联运的某一运输区段的，多式联运经营人的赔偿责任和责任限额,适用调整该区段运输方式的有关法律规定;货物毁损、灭失发生的运输区段不能确定的,依照《民法典》第十九章运输合同的相关规定承担赔偿责任。

第十二节　保管合同

一、保管合同的基本理论

保管合同是保管人保管寄存人交付的保管物,并返还该物的合同。寄存人到保管人处从事购物、就餐、住宿等活动,将物品存放在指定场所的,视为保管,但是当事人另有约定或者另有交易习惯的除外。

保管合同自保管物交付时成立,但是当事人另有约定的除外。

二、保管合同各方当事人的权利义务

寄存人应当按照约定向保管人支付保管费。当事人对保管费没有约定或者约定不明确,依据《民法典》第五百一十条的规定仍不能确定的,视为无偿保管。

寄存人向保管人交付保管物的,保管人应当出具保管凭证,但是另有交易习惯的除外。

保管人应当妥善保管保管物。当事人可以约定保管场所或者方法。除紧急情况或者为维护寄存人利益外,不得擅自改变保管场所或者方法。

寄存人交付的保管物有瑕疵或者根据保管物的性质需要采取特殊保管措施的,寄存人应当将有关情况告知保管人。寄存人未告知,致使保管物受损失的,保管人不承担赔偿责任;保管人因此受损失的,除保管人知道或者应当知道且未采取补救措施外,寄存人应当承担赔偿责任。

保管人不得将保管物转交第三人保管,但是当事人另有约定的除外。保管人违反规定,将保管物转交第三人保管,造成保管物损失的,应当承担赔偿责任。

保管人不得使用或者许可第三人使用保管物,但是当事人另有约定

的除外。

第三人对保管物主张权利的,除依法对保管物采取保全或者执行措施外,保管人应当履行向寄存人返还保管物的义务。第三人对保管人提起诉讼或者对保管物申请扣押的,保管人应当及时通知寄存人。

保管期内,因保管人保管不善造成保管物毁损、灭失的,保管人应当承担赔偿责任。但是,无偿保管人证明自己没有故意或者重大过失的,不承担赔偿责任。

寄存人寄存货币、有价证券或者其他贵重物品的,应当向保管人声明,由保管人验收或者封存;寄存人未声明的,该物品毁损、灭失后,保管人可以按照一般物品予以赔偿。

寄存人可以随时领取保管物。当事人对保管期限没有约定或者约定不明确的,保管人可以随时请求寄存人领取保管物;约定保管期限的,保管人无特别事由,不得请求寄存人提前领取保管物。

保管期限届满或者寄存人提前领取保管物的,保管人应当将原物及其孳息归还寄存人。

保管人保管货币的,可以返还相同种类、数量的货币;保管其他可替代物的,可以按照约定返还相同种类、品质、数量的物品。

有偿的保管合同,寄存人应当按照约定的期限向保管人支付保管费。当事人对支付期限没有约定或者约定不明确,依据《民法典》第五百一十条的规定仍不能确定的,应当在领取保管物的同时支付。

寄存人未按照约定支付保管费或者其他费用的,保管人对保管物享有留置权,但是当事人另有约定的除外。

第十三节　仓储合同

一、仓储合同的基本理论

仓储合同是保管人储存存货人交付的仓储物,存货人支付仓储费的合同。

仓储合同自保管人和存货人意思表示一致时成立。

储存易燃、易爆、有毒、有腐蚀性、有放射性等危险物品或者易变质物品的，存货人应当说明该物品的性质，提供有关资料。存货人违反规定的，保管人可以拒收仓储物，也可以采取相应措施以避免损失的发生，因此产生的费用由存货人负担。保管人储存易燃、易爆、有毒、有腐蚀性、有放射性等危险物品的，应当具备相应的保管条件。

仓储合同本质上是保管合同的一种，法律没有特别规定的，适用保管合同的有关规定。

二、仓储合同各方当事人的权利义务

保管人应当按照约定对入库仓储物进行验收。保管人验收时发现入库仓储物与约定不符合的，应当及时通知存货人。保管人验收后，发生仓储物的品种、数量、质量不符合约定的，保管人应当承担赔偿责任。

存货人交付仓储物的，保管人应当出具仓单、入库单等凭证。

保管人应当在仓单上签名或者盖章。仓单包括下列事项：（1）存货人的姓名或者名称和住所；（2）仓储物的品种、数量、质量、包装及其件数和标记；（3）仓储物的损耗标准；（4）储存场所；（5）储存期限；（6）仓储费；（7）仓储物已经办理保险的，其保险金额、期间以及保险人的名称；（8）填发人、填发地和填发日期。

仓单是提取仓储物的凭证。存货人或者仓单持有人在仓单上背书并经保管人签名或者盖章的，可以转让提取仓储物的权利。保管人根据存货人或者仓单持有人的要求，应当同意其检查仓储物或者提取样品。

保管人发现入库仓储物有变质或者其他损坏的，应当及时通知存货人或者仓单持有人。保管人发现入库仓储物有变质或者其他损坏，危及其他仓储物的安全和正常保管的，应当催告存货人或者仓单持有人作出必要的处置。因情况紧急，保管人可以作出必要的处置；但是，事后应当将该情况及时通知存货人或者仓单持有人。

当事人对储存期限没有约定或者约定不明确的，存货人或者仓单持有人可以随时提取仓储物，保管人也可以随时请求存货人或者仓单持有人提取仓储物，但是应当给予必要的准备时间。

储存期限届满，存货人或者仓单持有人应当凭仓单、入库单等提取仓储物。存货人或者仓单持有人逾期提取的，应当加收仓储费；提前提取的，不减收仓储费。储存期限届满，存货人或者仓单持有人不提取仓储物的，保管人可以催告其在合理期限内提取；逾期不提取的，保管人可以提存仓储物。

储存期内，因保管不善造成仓储物毁损、灭失的，保管人应当承担赔偿责任。因仓储物本身的自然性质、包装不符合约定或者超过有效储存期造成仓储物变质、损坏的，保管人不承担赔偿责任。

第十四节　委托合同

一、委托合同的基本概念

委托合同是委托人和受托人约定，由受托人处理委托人事务的合同。委托人可以特别委托受托人处理一项或者数项事务，也可以概括委托受托人处理一切事务。

二、委托合同各方当事人的权利义务

（一）委托事务处理

受托人应当按照委托人的指示处理委托事务。需要变更委托人指示的，应当经委托人同意；因情况紧急，难以和委托人取得联系的，受托人应当妥善处理委托事务，但是事后应当将该情况及时报告委托人。

受托人应当亲自处理委托事务。经委托人同意，受托人可以转委托。转委托经同意或者追认的，委托人可以就委托事务直接指示转委托的第三人，受托人仅就第三人的选任及其对第三人的指示承担责任。转委托未经同意或者追认的，受托人应当对转委托的第三人的行为承担责任；但是，在紧急情况下受托人为了维护委托人的利益需要转委托第三人的除外。

受托人应当按照委托人的要求，报告委托事务的处理情况。委托合同终止时，受托人应当报告委托事务的结果。受托人处理委托事务取得的财产，应当转交给委托人。

(二)隐名代理的有关规定

受托人以自己的名义,在委托人的授权范围内与第三人订立的合同,第三人在订立合同时知道受托人与委托人之间的代理关系的,该合同直接约束委托人和第三人;但是,有确切证据证明该合同只约束受托人和第三人的除外。

受托人以自己的名义与第三人订立合同时,第三人不知道受托人与委托人之间的代理关系的,受托人因第三人的原因对委托人不履行义务,受托人应当向委托人披露第三人,委托人因此可以行使受托人对第三人的权利。但是,第三人与受托人订立合同时如果知道该委托人就不会订立合同的除外。

受托人因委托人的原因对第三人不履行义务,受托人应当向第三人披露委托人,第三人因此可以选择受托人或者委托人作为相对人主张其权利,但是第三人不得变更选定的相对人。委托人行使受托人对第三人的权利的,第三人可以向委托人主张其对受托人的抗辩。第三人选定委托人作为其相对人的,委托人可以向第三人主张其对受托人的抗辩以及受托人对第三人的抗辩。

(三)支付费用与报酬

委托人应当预付处理委托事务的费用。受托人为处理委托事务垫付的必要费用,委托人应当偿还该费用并支付利息。

受托人完成委托事务的,委托人应当按照约定向其支付报酬。因不可归责于受托人的事由,委托合同解除或者委托事务不能完成的,委托人应当向受托人支付相应的报酬。当事人另有约定的,按照其约定。

(四)损害赔偿

有偿的委托合同,因受托人的过错造成委托人损失的,委托人可以请求赔偿损失。无偿的委托合同,因受托人的故意或者重大过失造成委托人损失的,委托人可以请求赔偿损失。受托人超越权限造成委托人损失的,应当赔偿损失。

受托人处理委托事务时,因不可归责于自己的事由受到损失的,可以向委托人请求赔偿损失。委托人经受托人同意,可以在受托人之外委托第三人处理委托事务。因此造成受托人损失的,受托人可以向委托人请求赔偿损失。

两个以上的受托人共同处理委托事务的，对委托人承担连带责任。

（五）委托合同的解除与终止

委托人或者受托人可以随时解除委托合同。因解除合同造成对方损失的，除不可归责于该当事人的事由外，无偿委托合同的解除方应当赔偿因解除时间不当造成的直接损失，有偿委托合同的解除方应当赔偿对方的直接损失和合同履行后可以获得的利益。

委托人死亡、终止或者受托人死亡、丧失民事行为能力、终止的，委托合同终止；但是，当事人另有约定或者根据委托事务的性质不宜终止的除外。

因委托人死亡或者被宣告破产、解散，致使委托合同终止将损害委托人利益的，在委托人的继承人、遗产管理人或者清算人承受委托事务之前，受托人应当继续处理委托事务。

因受托人死亡、丧失民事行为能力或者被宣告破产、解散，致使委托合同终止的，受托人的继承人、遗产管理人、法定代理人或者清算人应当及时通知委托人。因委托合同终止将损害委托人利益的，在委托人作出善后处理之前，受托人的继承人、遗产管理人、法定代理人或者清算人应当采取必要措施。

第十五节　物业服务合同

一、物业服务合同的基本理论

物业服务合同是物业服务人在物业服务区域内，为业主提供建筑物及其附属设施的维修养护、环境卫生和相关秩序的管理维护等物业服务，业主支付物业费的合同。物业服务人包括物业服务企业和其他管理人。

物业服务合同的内容一般包括服务事项、服务质量、服务费用的标准和收取办法、维修资金的使用、服务用房的管理和使用、服务期限、服务交接等条款。物业服务人公开作出的有利于业主的服务承诺，为物业服务合同的组成部分。

物业服务合同应当采用书面形式。

二、物业服务合同的效力

建设单位依法与物业服务人订立的前期物业服务合同，以及业主委员会与业主大会依法选聘的物业服务人订立的物业服务合同，对业主具有法律约束力。

建设单位依法与物业服务人订立的前期物业服务合同约定的服务期限届满前，业主委员会或者业主与新物业服务人订立的物业服务合同生效的，前期物业服务合同终止。

物业服务人将物业服务区域内的部分专项服务事项委托给专业性服务组织或者其他第三人的，应当就该部分专项服务事项向业主负责。物业服务人不得将其应当提供的全部物业服务转委托给第三人，或者将全部物业服务支解后分别转委托给第三人。

三、物业服务合同各方当事人的权利义务

物业服务人应当按照约定和物业的使用性质，妥善维修、养护、清洁、绿化和经营管理物业服务区域内的业主共有部分，维护物业服务区域内的基本秩序，采取合理措施保护业主的人身、财产安全。对物业服务区域内违反有关治安、环保、消防等法律法规的行为，物业服务人应当及时采取合理措施制止、向有关行政主管部门报告并协助处理。

物业服务人应当定期将服务的事项、负责人员、质量要求、收费项目、收费标准、履行情况，以及维修资金使用情况、业主共有部分的经营与收益情况等以合理方式向业主公开并向业主大会、业主委员会报告。

业主应当按照约定向物业服务人支付物业费。物业服务人已经按照约定和有关规定提供服务的，业主不得以未接受或者无须接受相关物业服务为由拒绝支付物业费。业主违反约定逾期不支付物业费的，物业服务人可以催告其在合理期限内支付；合理期限届满仍不支付的，物业服务人可以提起诉讼或者申请仲裁。物业服务人不得采取停止供电、供

水、供热、供燃气等方式催交物业费。

业主装饰装修房屋的，应当事先告知物业服务人，遵守物业服务人提示的合理注意事项，并配合其进行必要的现场检查。业主转让、出租物业专有部分、设立居住权或者依法改变共有部分用途的，应当及时将相关情况告知物业服务人。

四、物业服务合同的解除、续订与终止

业主依照法定程序共同决定解聘物业服务人的，可以解除物业服务合同。决定解聘的，应当提前六十日书面通知物业服务人，但是合同对通知期限另有约定的除外。解除合同造成物业服务人损失的，除不可归责于业主的事由外，业主应当赔偿损失。

物业服务期限届满前，业主依法共同决定续聘的，应当与原物业服务人在合同期限届满前续订物业服务合同。物业服务期限届满前，物业服务人不同意续聘的，应当在合同期限届满前九十日书面通知业主或者业主委员会，但是合同对通知期限另有约定的除外。

物业服务期限届满后，业主没有依法作出续聘或者另聘物业服务人的决定，物业服务人继续提供物业服务的，原物业服务合同继续有效，但是服务期限为不定期。当事人可以随时解除不定期物业服务合同，但是应当提前六十日书面通知对方。

物业服务合同终止的，原物业服务人应当在约定期限或者合理期限内退出物业服务区域，将物业服务用房、相关设施、物业服务所必需的相关资料等交还给业主委员会、决定自行管理的业主或者其指定的人，配合新物业服务人做好交接工作，并如实告知物业的使用和管理状况。原物业服务人违反规定的，不得请求业主支付物业服务合同终止后的物业费；造成业主损失的，应当赔偿损失。

物业服务合同终止后，在业主或者业主大会选聘的新物业服务人或者决定自行管理的业主接管之前，原物业服务人应当继续处理物业服务事项，并可以请求业主支付该期间的物业费。

第十六节 行纪合同

一、行纪合同的基本理论

行纪合同是行纪人以自己的名义为委托人从事贸易活动,委托人支付报酬的合同。

行纪合同本质上是委托合同的一种特殊类型,法律没有特别规定的,适用委托合同的有关规定。

行纪合同与委托合同的主要区别有:(1)行纪人以自己的名义与第三人订立合同,委托合同的受托人原则上是以委托人的名义订立合同;(2)行纪合同为有偿合同,委托合同可以是有偿合同,也可以是无偿合同;(3)行纪人处理委托事务支出的费用,除当事人另有约定外,应自行承担,委托合同的受托人支出的费用由委托人承担。

二、行纪合同各方当事人的权利义务

行纪人处理委托事务支出的费用,由行纪人负担,但是当事人另有约定的除外。

行纪人占有委托物的,应当妥善保管委托物。

委托物交付给行纪人时有瑕疵或者容易腐烂、变质的,经委托人同意,行纪人可以处分该物;不能与委托人及时取得联系的,行纪人可以合理处分。

行纪人低于委托人指定的价格卖出或者高于委托人指定的价格买入的,应当经委托人同意;未经委托人同意,行纪人补偿其差额的,该买卖对委托人发生效力。行纪人高于委托人指定的价格卖出或者低于委托人指定的价格买入的,可以按照约定增加报酬;没有约定或者约定不明确,依据《民法典》第五百一十条的规定仍不能确定的,该利益属于委托人。委托人对价格有特别指示的,行纪人不得违背该指示卖出或者买入。

行纪人卖出或者买入具有市场定价的商品,除委托人有相反的意思

表示外，行纪人自己可以作为买受人或者出卖人，并且仍然可以请求委托人支付报酬。

行纪人按照约定买入委托物，委托人应当及时受领。经行纪人催告，委托人无正当理由拒绝受领的，行纪人依法可以提存委托物。委托物不能卖出或者委托人撤回出卖，经行纪人催告，委托人不取回或者不处分该物的，行纪人依法可以提存委托物。

行纪人与第三人订立合同的，行纪人对该合同直接享有权利、承担义务。第三人不履行义务致使委托人受到损害的，行纪人应当承担赔偿责任，但是行纪人与委托人另有约定的除外。

行纪人完成或者部分完成委托事务的，委托人应当向其支付相应的报酬。委托人逾期不支付报酬的，行纪人对委托物享有留置权，但是当事人另有约定的除外。

第十七节　中介合同

一、中介合同的基本理论

中介合同是中介人向委托人报告订立合同的机会或者提供订立合同的媒介服务，委托人支付报酬的合同。

中介合同本质上是委托合同的一种特殊类型，法律没有特别规定的，适用委托合同的有关规定。

二、中介合同各方当事人的权利义务

中介人应当就有关订立合同的事项向委托人如实报告。中介人故意隐瞒与订立合同有关的重要事实或者提供虚假情况，损害委托人利益的，不得请求支付报酬并应当承担赔偿责任。

中介人促成合同成立的，委托人应当按照约定支付报酬。对中介人的报酬没有约定或者约定不明确，依据本法第五百一十条的规定仍不能确定，根据中介人的劳务合理确定。因中介人提供订立合同的媒介服务而促成合同成立的，由该合同的当事人平均负担中介人的报酬。中介

人促成合同成立的,中介活动的费用,由中介人负担。

中介人未促成合同成立的,不得请求支付报酬;但是,可以按照约定请求委托人支付从事中介活动支出的必要费用。

委托人在接受中介人的服务后,利用中介人提供的交易机会或者媒介服务,绕开中介人直接订立合同的,应当向中介人支付报酬。

第十八节　合伙合同

一、合伙合同的基本理论

合伙合同是两个以上合伙人为了共同的事业目的,订立的共享利益、共担风险的协议。

合伙人的出资、因合伙事务依法取得的收益和其他财产,属于合伙财产。

二、合伙合同各方当事人的权利义务

合伙人应当按照约定的出资方式、数额和缴付期限,履行出资义务。

合伙合同终止前,合伙人不得请求分割合伙财产。

合伙人就合伙事务作出决定的,除合伙合同另有约定外,应当经全体合伙人一致同意。合伙事务由全体合伙人共同执行。按照合伙合同的约定或者全体合伙人的决定,可以委托一个或者数个合伙人执行合伙事务;其他合伙人不再执行合伙事务,但是有权监督执行情况。合伙人分别执行合伙事务的,执行事务合伙人可以对其他合伙人执行的事务提出异议;提出异议后,其他合伙人应当暂停该项事务的执行。

合伙人不得因执行合伙事务而请求支付报酬,但是合伙合同另有约定的除外。

合伙的利润分配和亏损分担,按照合伙合同的约定办理;合伙合同没有约定或者约定不明确的,由合伙人协商决定;协商不成的,由合伙人按照实缴出资比例分配、分担;无法确定出资比例的,由合伙人平均

分配、分担。

合伙人对合伙债务承担连带责任。清偿合伙债务超过自己应当承担份额的合伙人，有权向其他合伙人追偿。

除合伙合同另有约定外，合伙人向合伙人以外的人转让其全部或者部分财产份额的，必须经其他合伙人一致同意。

合伙人的债权人不得代位行使合伙人依照本章规定和合伙合同享有的权利，但是合伙人享有的利益分配请求权除外。

合伙人对合伙期限没有约定或者约定不明确，依据《民法典》第五百一十条的规定仍不能确定的，视为不定期合伙。

合伙期限届满，合伙人继续执行合伙事务，其他合伙人没有提出异议的，原合伙合同继续有效，但是合伙期限为不定期。

合伙人可以随时解除不定期合伙合同，但是应当在合理期限之前通知其他合伙人。

合伙人死亡、丧失民事行为能力或者终止的，合伙合同终止；但是，合伙合同另有约定或者根据合伙事务的性质不宜终止的除外。

合伙合同终止后，合伙财产在支付因终止而产生的费用以及清偿合伙债务后有剩余的，依据《民法典》第九百七十二条的规定进行分配。

第五章　技术合同

第一节　技术合同基本理论

一、技术合同的概念

技术合同是当事人就技术开发、转让、许可、咨询或者服务订立的确立相互之间权利和义务的合同。

技术合同的基本特征包括：

（1）技术合同的标的是提供技术的行为，包括技术开发行为、技术转让行为、技术许可行为、技术咨询行为和技术服务行为等；

（2）技术合同是双务合同；

（3）技术合同是有偿合同；

（4）技术合同是诺成合同，当事人达成合议时合同即告成立。

技术合同中约定的技术，可以是现有技术，也可以是待开发的技术。订立技术合同，应当有利于知识产权的保护和科学技术的进步，促进科学技术成果的研发、转化、应用和推广。

二、技术合同的内容

技术合同的内容一般包括项目的名称，标的的内容、范围和要求，履行的计划、地点和方式，技术信息和资料的保密，技术成果的归属和收益的分配办法，验收标准和方法，名词和术语的解释等条款。

与履行合同有关的技术背景资料、可行性论证和技术评价报告、项目任务书和计划书、技术标准、技术规范、原始设计和工艺文件，以及其他技术文档，按照当事人的约定可以作为合同的组成部分。

技术合同涉及专利的，应当注明发明创造的名称、专利申请人和专利权人、申请日期、申请号、专利号以及专利权的有效期限。

三、技术合同的报酬

技术合同价款、报酬或者使用费的支付方式由当事人约定，可以采取一次总算、一次总付或者一次总算、分期支付，也可以采取提成支付或者提成支付附加预付入门费的方式。

约定提成支付的，可以按照产品价格、实施专利和使用技术秘密后新增的产值、利润或者产品销售额的一定比例提成，也可以按照约定的其他方式计算。提成支付的比例可以采取固定比例、逐年递增比例或者逐年递减比例。

约定提成支付的，当事人可以约定查阅有关会计账目的办法。

四、技术成果的权属

技术合同中的技术成果分为职务技术成果与非职务技术成果。其中，职务技术成果是执行法人或者非法人组织的工作任务，或者主要是利用法人或者非法人组织的物质技术条件所完成的技术成果。

职务技术成果的使用权、转让权属于法人或者非法人组织的，法人或者非法人组织可以就该项职务技术成果订立技术合同。法人或者非法人组织订立技术合同转让职务技术成果时，职务技术成果的完成人享有以同等条件优先受让的权利。

非职务技术成果的使用权、转让权属于完成技术成果的个人，完成技术成果的个人可以就该项非职务技术成果订立技术合同。

完成技术成果的个人享有在有关技术成果文件上写明自己是技术成果完成者的权利和取得荣誉证书、奖励的权利。

非法垄断技术或者侵害他人技术成果的技术合同无效。

第二节 技术开发合同

一、技术开发合同的概念

技术开发合同是当事人之间就新技术、新产品、新工艺、新品种或者新材料及其系统的研究开发所订立的合同。当事人之间就具有实用价值的科技成果实施转化订立的合同，参照适用技术开发合同的有关规定。

技术开发合同的基本特征包括：

（1）技术开发合同的标的是开发具有新颖性、创造性的技术成果的行为；

（2）研究开发人需要具有技术研究开发能力，其开发研究行为针对的是尚未面世的技术，而非现有技术的提供；

（3）技术开发合同是要式合同，《民法典》第八百五十一条第三款规定："技术开发合同应当采用书面形式。"

技术开发合同包括委托开发合同和合作开发合同。

二、委托技术开发合同

委托技术开发合同是当事人一方委托另一方进行技术研究开发所订立的合同。其中，进行研究开发的人称作研究开发人，进行委托的人是委托人。

（一）委托人的义务

委托开发合同的委托人应当按照约定支付研究开发经费和报酬，提供技术资料，提出研究开发要求，完成协作事项，接受研究开发成果。

（二）研究开发人的义务

委托开发合同的研究开发人应当按照约定制订和实施研究开发计划，合理使用研究开发经费，按期完成研究开发工作，交付研究开发成果，提供有关的技术资料和必要的技术指导，帮助委托人掌握研究开发成果。

非经委托人同意，研究开发人不得将技术开发工作的主要部分交由第三人完成。

除当事人另有约定或者法律另有规定外，研究开发人不得向第三人泄露所开发的技术秘密，也不得向第三人提供该技术成果。

（三）开发成果的权属

委托开发完成的发明创造，除法律另有规定或者当事人另有约定外，申请专利的权利属于研究开发人。研究开发人取得专利权的，委托人可以依法实施该专利。研究开发人转让专利申请权的，委托人享有以同等条件优先受让的权利。

委托开发完成的技术秘密成果的使用权、转让权以及收益的分配办法，由当事人约定；没有约定或者约定不明确，依据《民法典》第五百一十条的规定仍不能确定的，在没有相同技术方案被授予专利权前，当事人均有使用和转让的权利。但是，委托开发的研究开发人不得在向委托人交付研究开发成果之前，将研究开发成果转让给第三人。

（四）违约责任

委托开发合同的当事人违反约定造成研究开发工作停滞、延误或者失败的，应当承担违约责任。

三、合作技术开发合同

合作技术开发合同是当事人各方共同进行技术研究开发所订立的合同。

（一）合作技术开发合同当事人的权利义务

合作开发合同的当事人应当按照约定进行投资，包括以技术进行投资，分工参与研究开发工作，协作配合研究开发工作。

除当事人另有约定或者法律另有规定外，各方当事人不得向第三人泄露所开发的技术秘密，也不得向第三人提供该技术成果。

（二）开发技术的权属

合作开发完成的发明创造，申请专利的权利属于合作开发的当事人共有；当事人一方转让其共有的专利申请权的，其他各方享有以同等条件优先受让的权利。但是，当事人另有约定的除外。

合作开发的当事人一方声明放弃其共有的专利申请权的,除当事人另有约定外,可以由另一方单独申请或者由其他各方共同申请。申请人取得专利权的,放弃专利申请权的一方可以免费实施该专利。

合作开发的当事人一方不同意申请专利的,另一方或者其他各方不得申请专利。

合作开发完成的技术秘密成果的使用权、转让权以及收益的分配办法,由当事人约定;没有约定或者约定不明确,依据《民法典》第五百一十条的规定仍不能确定的,在没有相同技术方案被授予专利权前,当事人均有使用和转让的权利。

(三)违约责任

合作开发合同的当事人违反约定造成研究开发工作停滞、延误或者失败的,应当承担违约责任。

四、合同解除与风险承担

作为技术开发合同标的的技术已经由他人公开,致使技术开发合同的履行没有意义的,当事人可以解除合同。

在技术开发合同履行过程中,因出现无法克服的技术困难,致使研究开发失败或者部分失败的,该风险由当事人约定;没有约定或者约定不明确,依据《民法典》第五百一十条的规定仍不能确定的,风险由当事人合理分担。

当事人一方发现上述的可能致使研究开发失败或者部分失败的情形时,应当及时通知另一方并采取适当措施减少损失;没有及时通知并采取适当措施,致使损失扩大的,应当就扩大的损失承担责任。

第三节 技术转让合同

一、技术转让合同的概念

技术转让合同是合法拥有技术的权利人,将现有特定的专利、专利申请、技术秘密的相关权利让与他人所订立的合同。技术转让合同中关于提供实施技术的专用设备、原材料或者提供有关的技术咨询、技术服务的约定，属于合同的组成部分。

技术转让合同的基本特征包括：

（1）技术转让合同的标的物是现有的技术成果，尚待研究开发或正在研究开发中的技术不能作为技术转让合同的标的物；

（2）技术转让合同可以约定实施专利或者使用技术秘密的范围，但是不得限制技术竞争和技术发展；

（3）技术转让合同是要式合同，应当采取书面形式。

技术转让合同包括专利权转让、专利申请权转让、技术秘密转让等合同。

二、技术转让合同各方当事人的权利义务

（一）技术让与人的权利义务

技术转让合同的让与人应当保证自己是所提供的技术的合法拥有者，并保证所提供的技术完整、无误、有效，能够达到约定的目标。

技术秘密转让合同的让与人应当按照约定提供技术资料，进行技术指导，保证技术的实用性、可靠性，承担保密义务。

让与人未按照约定转让技术的，应当返还部分或者全部使用费，并应当承担违约责任；违反约定的保密义务的，应当承担违约责任。

（二）技术受让人的权利义务

技术转让合同的受让人应当按照约定的范围和期限，对让与人提供的技术中尚未公开的秘密部分，承担保密义务。

技术秘密转让合同的受让人应当按照约定使用技术，支付转让费、使用费，承担保密义务。

受让人未按照约定支付使用费的，应当补交转让费并按照约定支付违约金；不补交转让费或者支付违约金的，专利、专利申请或者技术秘密的相关权利转让不生效，受让人需停止使用并交还技术资料，承担违约责任；违反约定的保密义务的，应当承担违约责任。

受让人按照约定实施专利、使用技术秘密侵害他人合法权益的，由让与人承担责任，但是当事人另有约定的除外。

三、其他规定

当事人可以按照互利的原则，在合同中约定实施专利、使用技术秘密后续改进的技术成果的分享办法；没有约定或者约定不明确，依据《民法典》第五百一十条的规定仍不能确定的，一方后续改进的技术成果，其他各方无权分享。

集成电路布图设计专有权、植物新品种权、计算机软件著作权等其他知识产权的转让，参照适用本节的有关规定。

法律、行政法规对技术进出口合同或者专利、专利申请合同另有规定的，依照其规定。

第四节　技术许可合同

一、技术许可合同的概念

技术许可合同是合法拥有技术的权利人，将现有特定的专利、技术秘密的相关权利许可他人实施、使用所订立的合同。技术许可合同中关于提供实施技术的专用设备、原材料或者提供有关的技术咨询、技术服务的约定，属于合同的组成部分。

技术许可合同的基本特征包括：

（1）技术许可合同的标的物是现有的技术成果，尚待研究开发或正在研究开发中的技术不能作为技术许可合同的标的物；

（2）技术许可合同可以约定实施专利或者使用技术秘密的范围，但是不得限制技术竞争和技术发展；

（3）技术许可合同是要式合同，应当采取书面形式。

技术许可合同包括专利实施许可、技术秘密使用许可等合同。

二、技术许可合同各方当事人的权利义务

（一）许可人的权利义务

专利实施许可合同仅在该专利权的存续期限内有效。专利权有效期

限届满或者专利权被宣告无效的,专利权人不得就该专利与他人订立专利实施许可合同。

专利实施许可合同的许可人应当按照约定许可被许可人实施专利,交付实施专利有关的技术资料,提供必要的技术指导。

技术秘密使用许可合同的许可人应当按照约定提供技术资料,进行技术指导,保证技术的实用性、可靠性,承担保密义务。前述保密义务,不限制许可人申请专利,但是当事人另有约定的除外。

技术许可合同的许可人应当保证自己是所提供的技术的合法拥有者,并保证所提供的技术完整、无误、有效,能够达到约定的目标。

许可人未按照约定许可技术的,应当返还部分或者全部使用费,并应当承担违约责任;实施专利或者使用技术秘密超越约定的范围的,违反约定擅自许可第三人实施该项专利或者使用该项技术秘密的,应当停止违约行为,承担违约责任;违反约定的保密义务的,应当承担违约责任。

(二)技术受让人的权利义务

专利实施许可合同的被许可人应当按照约定实施专利,不得许可约定以外的第三人实施该专利,并按照约定支付使用费。

技术秘密使用许可合同的被许可人应当按照约定使用技术,支付转让费、使用费,承担保密义务。

技术许可合同的被许可人应当按照约定的范围和期限,对许可人提供的技术中尚未公开的秘密部分,承担保密义务。

被许可人未按照约定支付使用费的,应当补交使用费并按照约定支付违约金;不补交使用费或者支付违约金的,应当停止实施专利或者使用技术秘密,交还技术资料,承担违约责任;实施专利或者使用技术秘密超越约定的范围的,未经许可人同意擅自许可第三人实施该专利或者使用该技术秘密的,应当停止违约行为,承担违约责任;违反约定的保密义务的,应当承担违约责任。

被许可人按照约定实施专利、使用技术秘密侵害他人合法权益的,由许可人承担责任,但是当事人另有约定的除外。

三、其他规定

当事人可以按照互利的原则,在合同中约定实施专利、使用技术秘密后续改进的技术成果的分享办法;没有约定或者约定不明确,依据《民法典》第五百一十条的规定仍不能确定的,一方后续改进的技术成果,其他各方无权分享。

集成电路布图设计专有权、植物新品种权、计算机软件著作权等其他知识产权的许可,参照适用本节的有关规定。

法律、行政法规对技术进出口合同或者专利、专利申请合同另有规定的,依照其规定。

第五节 技术咨询合同

一、技术咨询合同的概念

技术咨询合同是当事人一方以技术知识为对方就特定技术项目提供可行性论证、技术预测、专题技术调查、分析评价报告等所订立的合同。

技术咨询合同的基本特征包括:

(1)技术咨询合同的标的为特定的技术咨询行为,如可行性论证、技术预测、技术调查等;

(2)合同的目的在于为委托人提供可供选择的咨询报告;

(3)受托人是具有专门技术能力的机构或专业人才;

(4)技术咨询合同是双务合同;

(5)技术咨询合同是有偿合同;

(6)技术咨询合同是诺成合同;

(7)技术咨询合同一般是不要式合同。

二、技术咨询合同各方当事人的权利义务

(一)委托人的权利义务

技术咨询合同的委托人应当按照约定阐明咨询的问题,提供技术背

景材料及有关技术资料，接受受托人的工作成果，支付报酬。

技术咨询合同的委托人未按照约定提供必要的资料，影响工作进度和质量，不接受或者逾期接受工作成果的，支付的报酬不得追回，未支付的报酬应当支付。

技术咨询合同的委托人按照受托人符合约定要求的咨询报告和意见作出决策所造成的损失，由委托人承担，但是当事人另有约定的除外。

（二）受托人的权利义务

技术咨询合同的受托人应当按照约定的期限完成咨询报告或者解答问题，提出的咨询报告应当达到约定的要求。

技术咨询合同的受托人未按期提出咨询报告或者提出的咨询报告不符合约定的，应当承担减收或者免收报酬等违约责任。

技术咨询合同对受托人正常开展工作所需费用的负担没有约定或者约定不明确的，由受托人负担。

三、其他规定

在技术咨询合同履行过程中，受托人利用委托人提供的技术资料和工作条件完成的新的技术成果，属于受托人。

委托人利用受托人的工作成果完成的新的技术成果，属于委托人。

当事人另有约定的，按照其约定。

法律、行政法规对技术中介合同另有规定的，依照其规定。

第六节　技术服务合同

一、技术服务合同的概念

技术服务合同是当事人一方以技术知识为对方解决特定技术问题所订立的合同，不包括承揽合同和建设工程合同。

技术服务合同的基本特征包括：

（1）技术服务合同的标的为日常专业技术工作中反复运用的现有知识和经验，不包括专利技术或技术秘密；

（2）合同的目的在于帮助委托人解决特定技术问题；
（3）受托人是具有专门技术能力的机构或专业人才；
（4）技术服务合同是双务合同；
（5）技术服务合同是有偿合同；
（6）技术服务合同是诺成合同；
（7）技术服务合同一般是不要式合同。

二、技术服务合同各方当事人的权利义务

（一）委托人的权利义务

技术服务合同的委托人应当按照约定提供工作条件，完成配合事项，接受工作成果并支付报酬。

技术服务合同的委托人不履行合同义务或者履行合同义务不符合约定，影响工作进度和质量，不接受或者逾期接受工作成果的，支付的报酬不得追回，未支付的报酬应当支付。

（二）受托人的权利义务

技术服务合同的受托人应当按照约定完成服务项目，解决技术问题，保证工作质量，并传授解决技术问题的知识。

技术服务合同的受托人未按照约定完成服务工作的，应当承担免收报酬等违约责任。

技术服务合同对受托人正常开展工作所需费用的负担没有约定或者约定不明确的，由受托人负担。

三、其他规定

技术服务合同履行过程中，受托人利用委托人提供的技术资料和工作条件完成的新的技术成果，属于受托人。

委托人利用受托人的工作成果完成的新的技术成果，属于委托人。

当事人另有约定的，按照其约定。

法律、行政法规对技术培训合同另有规定的，依照其规定。

第六章 准合同

第一节 无因管理

一、无因管理的基本理论

无因管理，是指没有法定或者约定义务的人，为了他人的利益免受损失而自愿为他人管理合法、必要、适当事务的行为。其中，管理他人事务的人称为管理人，接受管理事务的人称为受益人，或称本人。

无因管理的基本特征包括：

（1）无因管理的管理人没有法定的或者约定的义务；

（2）无因管理的目的为避免他人利益受损失；

（3）管理人事实上从事了管理他人事务的行为；

（4）无因管理的事务是合法、必要的，其管理行为是正当、适当的。

二、无因管理当事人的权利义务

管理人没有法定的或者约定的义务，为避免他人利益受损失而管理他人事务的，可以请求受益人偿还因管理事务而支出的必要费用；管理人因管理事务受到损失的，可以请求受益人给予适当补偿。管理事务不符合受益人真实意思的，管理人不享有前述权利；但是，受益人的真实意思违反法律或者违背公序良俗的除外。

管理人管理事务不属于上述规定的情形，但是受益人享有管理利益的，受益人应当在其获得的利益范围内向管理人承担上述规定的义务。

管理人管理他人事务,应当采取有利于受益人的方法。中断管理对受益人不利的,无正当理由不得中断。

管理人管理他人事务,能够通知受益人的,应当及时通知受益人。管理的事务不需要紧急处理的,应当等待受益人的指示。

管理结束后,管理人应当向受益人报告管理事务的情况。管理人管理事务取得的财产,应当及时转交给受益人。

管理人管理事务经受益人事后追认的,从管理事务开始时起,适用委托合同的有关规定,但是管理人另有意思表示的除外。

第二节 不当得利

一、不当得利的基本理论

不当得利,是指一方没有法律上的原因受到利益,而使他方遭受损害的事实。其中,受到利益的一方称为得利人,遭受损失的一方称为受损失的人,或称受损人。

不当得利的基本特征包括:

(1)得利人受有财产上的利益;
(2)得利人之外的他人的利益遭受损失;
(3)得利人的得利与受损人的受损具有因果关系;
(4)该事实没有法律上的原因,即没有合法根据。

二、不当得利当事人的权利义务

得利人没有法律根据取得不当利益的,受损失的人可以请求得利人返还取得的利益,但是有下列情形之一的除外:

(一)为履行道德义务进行的给付;
(二)债务到期之前的清偿;
(三)明知无给付义务而进行的债务清偿。

得利人不知道且不应当知道取得的利益没有法律根据,取得的利益已经不存在的,不承担返还该利益的义务。

得利人知道或者应当知道取得的利益没有法律根据的,受损失的人可以请求得利人返还其取得的利益并依法赔偿损失。

得利人已经将取得的利益无偿转让给第三人的,受损失的人可以请求第三人在相应范围内承担返还义务。

第四编 商事法律制度

第七章　公司与公司法

第一节　公司与公司法概述

一、公司的概念与特征

"公司"这一术语为西方舶来概念。在当代经济社会生活中，公司已成为最为主要的经济商事主体，也是我国最为主要的企业形式。鉴于"公司"概念术语的舶来品属性，关于其理解可以从不同法系视角来进行阐释。在大陆法系中，公司是指依法设立的以营利为目的的企业法人。例如，在日本"商法"中，"公司是指以经营商业行为为目的而设立的社团"，"依本法规定设立的以营利为目的的社团，虽不以经营商业行为为业者，也视为公司"。[①] 在英美法系中，关于公司则缺乏明确严格的概念界定。例如，英国称公司为"一定数量的自然人为了共同目的，往往以营利为目的进行经营，而结成的社团，是一种因规模太大以致无法以合伙运作的组织形式。"美国所称公司为依据法律授权而注册的具有法定组织结构和法人资格的法律实体。

在我国，关于公司也未有概括统一的概念界定。《中华人民共和国公司法》（以下简称《公司法》）中的相关条款构成了对公司的基本的阐释性规定。《公司法》第二条规定"本法所称公司是指依照本法在中国境内设立的有限责任公司和股份有限公司"；第三条规定"公司是企业法人，有独立的法人财产，享有法人财产权。公司以其全部财产对公司

[①] 参见王书江、殷建平译：《日本商法典》，中国法制出版社2000年版，第12页。

的债务承担责任。有限责任公司的股东以其认缴的出资额为限对公司承担责任;股份有限公司的股东以其认购的股份为限对公司承担责任。"根据上述法律规定,可以将公司概括阐释为股东依照公司法的规定设立的,享有独立财产并承担独立责任的企业法人。

综合上述不同法系(国家)关于公司的阐释,以及我国《公司法》的相关规定,可以从四个方面厘定公司的基本特征。

(一)法定性

公司的法定性是指公司的设立、公司的类型、公司的内容、公司的公示等皆由法律明确规定。这是现代公司法律规章制度的基础。

其一,公司设立的法定性,是指公司必须依照《公司法》规定的条件、程序设立。目前,我国《公司法》秉承准则主义和核准主义相结合的原则,即一方面明确规定公司设立的条件和程序等准则,并要求设立人必须遵循。只要设立人严格遵循上述公司设立的准则,则公司就可设立成功;另一方面则规定在公司设立的过程中增加审核审批环节,要求在公司登记前依法办理完成审核审批程序。但需要指出的是,审批环节只针对"法律、行政法规对设立公司规定必须报经审批的"公司设立,并非适用于所有的公司设立。

其二,公司类型的法定性,是指《公司法》明确规定公司的类型,要求公司的创设、变更须严格依照《公司法》规定的主体类型和标准实施,即公司类型只能在法定类型范围内进行选择。例如,在我国,除《公司法》所明确规定的有限责任公司和股份有限公司这两种公司类型外,其他类经济组织皆不能成为公司。这在我国《公司法》第六条第一款中表述为"设立公司,应当依法向公司登记机关申请设立登记。符合本法规定的设立条件的,由公司登记机关分别登记为有限责任公司或股份有限公司。"

其三,公司内容的法定性,是指公司所能实施的经营活动的财产关系与组织关系由法律明确规定,不得创设或经变更形成具有非规范性财产关系和组织关系的公司。具体而言,公司设立后在财产归属关系、利润分配关系、财产责任、注册资本、商业税收标准以及内部组织结构等方面均由法律明确规定。这确保了同类型公司在法律性质上的同一性。

例如，有限责任公司和股份有限公司在公司的财产关系和组织关系上存在重大差异，而这是因为法律对不同类型公司的上述关系进行了不同的规定。这导致两个必然结果：(1) 合法存在的公司必须在构成要件内容上符合法律的特殊规定；(2) 法律上对公司内容的不同规定，是形成不同类型公司的关键。[①]

其四，公司公示法定，是指公司设立必须按照法定程序予以公示，以便交易第三人知情知晓；未经法定公示，不得对抗善意第三人。公司公示法定是与公司登记制度密切相关的，前者通过后者得以实现。我国《公司法》对此明确要求，公司依法登记注册事项及其文件不仅应设置于登记机关，还应设置于其注册营业所，并赋予公众、交易相对人查询查阅的权利，同时要求公司登记机关应当提供查询服务。

(二) 法人性

公司的法人性是指公司具有独立的法人人格。我国《公司法》第三条规定"公司是企业法人，有独立的法人财产，享有法人财产权。公司以其全部财产对公司债务承担责任。"公司的法人人格意味着公司具有独立的主体地位，享有与自然人一样的独立人格。也就是说，公司是具有民事权利能力和民事行为能力、依法独立享有民事权利、承担民事义务的组织。其典型特征表现为独立的民事主体人格、独立的组织机构、独立的财产和独立承担民事责任。

(三) 营利性

公司的营利性是指股东设立公司的目的在于从公司经营中获得利润。营利是公司设立、存在及活动的基本动机和目的，也是其经营活动的最终归宿。公司的营利性直接来源于其股东，是股东追求经济利益目的及诉求在公司组织上的映射和体现。《中华人民共和国民法典》以下简称《民法典》第七十六条规定："以取得利润并分配给股东等出资人为目的成立的法人，为营利法人。营利法人包括有限责任公司、股份有限公司和其他企业法人等。"由此可见，公司的营利性主要包含两个方面：其一，公司自身通过经营活动而实现营利目的；其二，公司在盈利

[①] 参见范健、王建文著：《商法学》，法律出版社 2007 年版，第 7 页。

情况下应当分配给股东，使股东实现其获得利润的目的。与此同时，公司的营利性还表现在其营利活动要具备连续性，将人力、物力、财力、智力、资源等各因素结合起来，通过有效的管理进行产品生产或提供商业服务。公司的营利性是市场经济的必然要求，在市场经济竞争中，公司要实现生存与发展，必须要有营利。这是公司的内在"基因"。

（四）社团性

公司的社团性是指公司是社团法人。在大陆法系传统民商法上，法人有两种类型：社团法人和财团法人。其中，社团法人是指为一定目的（谋求全体成员的经济利益、谋求成员的非经济利益）由二人以上集合组成的法人。财团法人则是指以一定的目的设定财产，使其独立享有权利、承担义务而组成的法人。其也可被称为"一定目的财产的集合体"。社团法人与财团法人的区别在于前者是以人的集合为成立基础，后者以财产的集合为成立基础。据此，公司作为社团法人，客观上要求其成立必须由若干成员（股东）发起，并由多个成员（股东）组成。但是，根据公司性质的不同，法律对股东成员人数的要求是有所不同的。根据我国《公司法》的规定，有限责任公司的股东人数要求为50人以下，股份有限公司的股东人数要求则只设置了下限（两人），而没有上限要求。在此需要特别指出的是，我国《公司法》实质上已经突破了公司的社团性特征，具体则表现为对一人公司的承认和规定方面。但这并不意味着对公司社团性的否定。一人公司只是公司形式的例外，现代公司法的基本制度都是基于公司的社团性结构设计的。也正因如此，我国《公司法》针对一人公司作了专门性规定。因此，社团性仍然是公司的基本特点之一。

（五）责任有限性

责任有限性是指公司股东责任的有限性，简称股东有限责任。股东有限责任是公司的重要特征，关于其理解应当结合公司的独立责任来展开，具体则是指股东作为公司投资者只在其投资限度内对公司承担出资责任，公司则以自身全部资产对公司债务承担责任。这在我国《公司法》第三条中被明确表述为"公司是企业法人，有独立的法人财产，享有法人财产权。公司以其全部财产对公司的债务承担责任。有限责任公司的股东以其认缴的出资额为限对公司承担责任;股份有限公司的股东以其认购的股份为限对公司承担责任"。责任的有限性明确区分了公司责任和股东责任,在公司人格与股东人格之间划出了明显的界限,使二者之间相分离。股东有限责任的确立具有重大意义,其有利于降低监控代理人成本、降低监控其他股东的成本、刺激管理层进行更为有效的管理、激励公众多元化投资、使市场价格更能反映出企业价值的附加信息、有利于股东作出最优化投资决策等。但同时,股东有限责任也有其内在缺陷,即股东滥用有限责任,不遵守公司独立人格规则,侵害公司债权人利益。

二、公司法的概念与特征

关于公司法的概念并未有明确统一的界定,但却可以从相关规定中进行法理上的提炼总结:公司法是指国家制定或认可的,规范调整公司在设立、组织、存续、运营、管理、变更、终止、解散等过程中的对内对外法律关系的法律规范的总称。其中,对内法律关系是指公司、股东、管理层之间的权利义务关系,主要表现为组织法规范;对外法律关系是指公司与其交易相对人之间的权利义务关系,主要表现为行为法规范。通过对学理上公司法概念内涵的分析,其特征可以被提炼总结为以下几点。

(一)公司法兼具公法与私法属性

公法与私法的二元划分是现代法治的基本格局。涉及公共利益、公共关系、公权力、管理关系、强制关系的法,皆属公法;涉及个人利益、个人权利、平权关系、自由选择的法,则属私法。[①] 在传统意义上,公司法属于私法,意思自治、权利本位等私法原则皆适用于公司法。但随着现代经济的不断演化发展,现代整体论思想勃兴,放任的自由主义理念受到批判遏制。这反映在私法关系上,则表现为"私法公法化"现象。这其中,公司法表现得尤为明显,在公司法条款中出现了大量的属于公法性质的条款。也就是说,公司法在仍以私法规范为主体的同时,

---

① 参见张文显主编:《法理学》,法律出版社 1997 年版,第 89 页。

为保障私法规范的实现,创设了大量的公法性质的规范。为行政监管、公权力的介入干预提供了法律依据。例如,在公司设立、证券发行、财务会计、公司合并分立、终止解散等方面,都有大量的行政监管的公法规范内容。虽然,公司法中有一定数量的公法规范,但这些公法属性的规范始终处于为私法交易服务并提供积极保障的地位。故此,公司法的底色仍然是私法属性,其公法属性条款的目的与功能依然是为了确保私法规范的实现。总体而言,公司法以私法属性为根本底色,并兼具有一定的公法属性的色彩。

(二)公司法兼具商事行为法内容和商事组织法内容

商事行为法是指调整因商事行为而产生的商事法律关系的法律规范的总称;商事组织法则是指调整因商事组织的设立、变更和解散、内部组织机构、内部成员的权利义务等法律关系的法律规范的总称。公司法属于兼具商事行为法内容的商主体法。首先,公司法规定了公司的设立、变更、解散、组织机构、治理结构等内部关系,从而呈现出明显的商事组织法的特性。其次,公司作为商主体的一种重要类型,其核心价值追求和目的功能就是从事交易、实现价值交换。在这一过程中,公司法也调整与公司直接相关的部分商事交易行为。例如,股票债券的发行、对外投资等。但在此需要指出,公司通常的商事行为并不由公司法调整,例如公司的正常营业活动(买卖、租赁、运输、代理、信托等)行为,是由《民法典》所调整。由此可见,公司法仍然是以商事组织法为主体,兼有商事行为法特征。也就是说,公司法的底色仍然以商事组织法为主体,而兼具商事行为法的色彩。

(三)公司法兼具实体法内容和程序法内容

实体法与程序法的划分是对法律规范在内容上的基本分类。实体法是指以规定和确认权利、义务、责任为主体内容的法律;程序法是指以确保权利、义务、责任得以履行实施的有关程序为主的法律规范。但这种分类并不是绝对的。实体法中可能会包含一些程序性规范,程序法中同样也可能涉及一些实体法上的权利、义务、责任等规范内容。实体法与程序法的交叉现象也存在于公司法中。《公司法》关于公司设立的条件、公司资本制度、公司组织机构及其职权、股东权利义务、法律责任等规定属于实体规范；而关于公司设立的程序、公司组织机构行使职权的方式以及公司变更、清算、解散的程序等规则属于程序规范。《公司法》中的程序规范是实体规范得以履行实现的重要支撑和有力保障，二者相互依存，不可或缺。因此，公司法是兼具程序法内容的实体法。

（四）公司法具有明显的国际趋同性

根据法律规范的适用地域为标准，可以分为国际法与国内法。公司法属于国内法，但其具有明显的国际趋同性。公司法的国际趋同性源于经济全球化。经济全球化、国际贸易日趋紧密的合作要求统一的法律规范以提供共同遵守的行为准则。从而降低交易成本，建立国际经济合作的信用基础。在此背景下，各国公司法的趋同化就日趋明显。各国公司法相互渗透和吸收，相互协调衔接，甚至趋于一致。各国的公司法，无论是在内容上，还是在形式上都日益趋同。

（五）公司法具有明显的发展性和变动性

公司法的发展性与变动性源于其调整对象的发展性和变动性。公司法调整的对象是市场交易关系，而市场交易关系会随着市场经济的发展变化而发生不断变化。在市场经济社会，社会市场经济实践始终都不是一成不变的，而是不断发展变化的，新的市场交易方式、内容不断涌现。与此相应的，公司法在立法上要适时变化，针对发展变化了的市场经济活动进行相应修改、修订，以适应社会经济形势的发展变化。否则，公司法将滞后于市场经济生活实践，从而丧失其存在的基础，甚至阻碍束缚市场经济生活实践。因此，公司法需要根据社会经济形势的发展变化而不断发展变化。这构成了公司法十分凸显的发展性和变动性。我国《公司法》自1993年颁布以来，分别于1999年、2004年做了两次修订，2005年、2013年实施了两次修正。其目的皆在于实现公司法与我国市场经济发展之间的协调契合。目前，《公司法》的修订又提上了日程。

第二节　公司的主要类型

伴随着人类社会经济生活的不断发展，公司从无到有，类型也日趋丰富多样。根据不同标准，公司有诸多不同的类型划分，既有学理上的分类，也有规范上的分类。而根据我国《公司法》的规定，对于公司主要有以下分类。

一、有限责任公司与股份有限公司

根据我国《公司法》第二条规定，"本法所称公司是指依照本法在中国境内设立的有限责任公司和股份有限公司。"据此，有限责任公司和股份有限责任公司是我国法定的公司类型。有限责任公司具体是指股东以其认缴的出资额为限对公司承担责任，公司以其全部财产对公司的债务承担责任的公司。股份有限公司则又称股份公司，具体是指在公司全部资产划分为等额股份的基础上，股东以其认购的股份为限对公司承担责任，公司则以其全部财产对公司债务承担责任的公司。

二、一人有限责任公司

一人有限责任公司也被称为一人公司。一人有限责任公司在本质上仍然属于有限责任公司，但却又是一种独立形态的有限责任公司。这种独立性主要表现在其设立条件、治理结构等与一般意义上的有限责任公司有着明显的区别。也正因如此，《公司法》对一人有限责任公司进行了专门规定。《公司法》第五十七条至第六十三条就是对一人有限责任公司的专门规定。

第一，根据《公司法》第五十七条第二款规定，一人有限责任公司是指只有一个自然人股东或者一个法人股东的有限责任公司。通过对该条款的分析可以发现，《公司法》并不承认一人股份有限公司。就出资人而言，一人有限责任公司的股东既可以是自然人，也可以是法人。

第二，根据《公司法》第五十八条规定，一人有限责任公司的设立受到一定的限制，即针对一个自然人设立的一人有限责任公司设置了"繁殖"限制。具体而言，一个自然人只能投资设立一个一人有限责任公司，即不能有"二胎"。与此同时，该一人有限责任公司不能再投资设立新的一人有限公司，即只能生育"一代"。之所以对自然人设立一人有限责任公司有上述限制主要是为了控制自然人一人有限责任公司的风险，避免自然人滥用公司独立地位，从而损害债权人合法权益，以确保市场中与自然人一人有限责任公司进行交易的其他主体的交易安全。

第三，根据《公司法》第六十条规定，一人有限责任公司的公司章程由股东制定。这与一般的有限责任公司的公司章程制定规则是一致的。

第四，关于一人有限责任公司的公司治理结构，《公司法》规定一人有限责任公司不设立股东会。该股东行使股东会的职权，包括制定公司章程，以及自主决定是否设立董事会、监事会、经理。

第五，在公司法人独立性的维护方面，《公司法》针对一人有限责任公司做出了一些专门的制度设计。为有效区分一人股东自己的意思和公司的意思，要求股东在作出理应属于股东会职权范围内的决定事项时应采用书面形式，并由股东签字后置备于公司。在公司法人格否认制度上也进行了特殊设计，相较普通有限责任公司，一人有限责任公司股东更易滥用公司独立人格和股东有限责任，损害债权人利益。故此，《公司法》第六十三条规定"一人有限责任公司的股东不能证明公司财产独立于股东自己的财产的，应当对公司债务承担连带责任。"也就是说，当发生一人有限责任公司不能清偿债务的情形下，若股东想免责，必须对公司的财产独立于自己的财产这一主张进行证明，即举证责任倒置。这实质上加重了股东免责的证明负担。

第六，在财务会计制度方面，《公司法》第六十二条规定了外部审计制度，即一人有限责任公司应当在每一会计年度终了时编制财务会计报告，并经会计事务所审计。据此以确保一人有限责任公司的透明度，防范公司与股东发生财产混同。

此外，为进一步维护交易安全，防范与一人有限责任公司进行交易的风险，《公司法》第五十八条还规定了一人有限责任公司性质公示制度，即要求一人有限责任公司应当在公司登记中注明自然人独资或者法人独资，并在公司营业执照上载明。

综上所述，一人有限责任公司虽然属于有限责任公司这一公司类型，但有其特殊性。一人有限责任公司更容易发生滥用公司独立人格和股东有限责任，为市场交易活动带来安全风险，为债权人利益维护带来损害风险。因此，在针对一人有限责任公司的各种制度设计方面，更侧重于对一人有限责任公司独立性的维护，限制股东的权利，增加股东的相应义务。

三、国有独资公司

国有独资公司是有限责任公司中的另一种较为独特的类型。《公司法》第六十四条第二款规定，国有独资公司"是指国家单独出资、由国务院或者地方人民政府授权本级人民政府国有资产监督管理机构履行出资人职责的有限责任公司。"国有独资公司是为了适应我国国情而创设的一种特殊形态的有限责任公司类型。与一般意义上的有限责任公司相比较，国有独资公司的特殊性主要表现在如下方面。

（一）投资主体的特定性和单一性

国有独资公司是由国家单独出资、由国务院或者地方人民政府授权本级人民政府国有资产监督管理机构履行出资人职责的有限责任公司。投资主体是国家。也就意味着普通公民和法人不能投资设立国有独资公司。因此，国有独资公司的投资主体具有特定性和单一性。

（二）国有独资公司的设立和治理结构具有特殊性

国有独资公司设立与普通有限责任公司设立一样需制定公司章程。国有独资公司的公司章程由国有资产监督管理机构制定，或者由董事会制订报国有资产监督管理机构批准。国有独资公司不设股东会，国有资产监督管理机构行使股东会的职权。国有资产监督管理机构也可授权公司董事会行使股东会的部分职权，但涉及公司合并、分立、解散、增减注册资本和发行公司债券，必须由国有资产监督管理机构决定。重要的国有独资公司合并、分立、解散、申请破产的，应当由国有资产监督管理机构审核后，报本级人民政府批准。国有独资公司设立董事会。

四、上市公司

根据《公司法》第一百二十条规定，上市公司是指其股票在证券交易所上市交易的股份有限公司。因此，上市公司的性质在本质上属于股份有限公司。因此，股份有限公司也可进一步类型化为上市的股份有限公司和非上市的股份有限公司。上市公司作为股份公司的一种，其相较于非上市的公司而言具有一些自身独特的性质。

（一）上市公司的股票应当是公开发行的，并且其股票交易必须是在证券交易所中集中交易

具体而言，上市公司之所以能够上市的前提条件即是经证监会核准后向社会公开发行股票；上市后，上市公司的股票进入证券交易所中集中交易。

（二）上市公司具有最为凸显的开放性和资合性

鉴于上市公司股票的发行具有公开性、股票交易具有集中性，且高度依赖证券市场。因此，任何一个人都可以通过在证券交易所中购买某一个上市公司的股票而成为其股东；任何人也都可以通过在证券交易所中卖出其所拥有的某一个上市公司的股票而丧失其股东资格。由此可见，上市公司的股东构成具有十分凸显的开放性，其对股东资格的确认只以是否购买（拥有）其股票为判断依据，从而呈现出最为典型的资合性（简称"认钱不认人"）。

（三）针对上市公司的规范更为严格

鉴于上市公司具有最为凸显的开放性和资合性，其关涉的投资者众多、波及的利益十分广泛，易影响经济社会的稳定。因此，针对上市公司的规范也就更为严格。例如，上市公司不仅受《公司法》的规范，还要受《证券法》的规范，必须接受证券监督管理机构更为全面、严格的监管。

第三节　公司法人格否认制度

公司法人格否认，又称为"揭开公司面纱"或"刺破公司面纱"。根据公司法人格理论，公司人格与股东人格是相互独立的，公司享有与自然人一样的人格，是独立的法律实体。公司人格的独立性主要呈现为其享有独立的财产、具有独立的权利能力和行为能力、独立承担责任。上述公司人格理论是现代公司制度设计的基石。然而，在特殊情况下，公司的独立人格可能会被股东滥用，致使公司人格与股东人格发生混同。此时，有必要对公司独立人格进行否认，要求躲在"公司面纱"背后的股东直接对公司债务承担责任。

《公司法》第二十条对公司法人格否认制度进行了具体规定，公司股东不得滥用公司法人独立地位和股东有限责任损害公司债权人利益。公司股东滥用公司法人独立地位和股东有限责任，逃避债务，严重损害公司债权人利益的，应当对公司债务承担连带责任。据此可知，公司法人格否认制度适用的情形必须是公司股东滥用了公司法人独立地位和股东有限责任，逃避债务，严重损害公司债权人利益。这种情形最终损害的是交易安全、商业信用和市场秩序；公司法人格否认的后果则是对股东有限责任的突破，即股东责任不再是有限的，而是应当对公司债务承担连带责任。

在此需要指出的是，公司法人格否认制度并没有动摇公司的独立人格。反之，该制度是捍卫公司独立人格的重要制度之一，其通过"刺破公司面纱"有效规制股东滥用公司独立地位和股东有限责任，维护了公司的独立人格。

第八章　有限责任公司

根据《公司法》的相关规定，有限责任公司是指由五十个以下股东共同出资设立，公司股东以其认缴的出资额为限对公司承担有限责任，公司以全部财产对公司债务承担责任的企业法人。与股份有限公司相比较，有限责任公司具有以下特征。

（一）股东责任具有有限性

有限责任公司的各个股东仅对公司承担的责任，且以其设立时认缴的出资额为限，对公司的债权人不承担直接的法律责任。因此，有限责任公司所称的"有限责任"是对公司的股东而言。对于公司而言，对其债务不是承担有限责任，而是以公司的全部财产承担无限责任。当公司的全部财产不足以清偿全部债务时，公司股东没有以个人财产偿还公司债务的义务，公司债权人也不能向公司股东主张权利，更不能要求公司股东以个人财产清偿债务。

（二）资本具有封闭性

有限责任公司的资本实行认缴制，只能由公司全部股东认缴，不能向社会公开募集资本，也不能向社会公开发行股票。公司股东的出资证明是一种权利凭证，其出资不能在证券市场上自由转让，我国《公司法》对股东转让出资作出了一定限制。由于有限责任公司股东人数有限且相对稳定，公司也不向社会公开募资，因此公司的经营状况与财务会计等信息无须对外公开。

（三）设立程序与组织结构具有简便性

有限责任公司只有发起设立，而无募集设立，其设立程序相对于其他公司类型而言较为简化。同时，有限责任公司的组织结构具有灵活

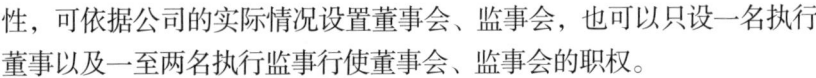民商事法律基础知识

性，可依据公司的实际情况设置董事会、监事会，也可以只设一名执行董事以及一至两名执行监事行使董事会、监事会的职权。

（四）兼具资合性与人合性

其资合性表现在：公司的资本是全体股东认缴的出资额的总和，公司股东以出资为限对公司债务承担"有限责任"。从某种意义上来说，注册资本越高，公司对外信用就越高。其人合性表现在：公司是基于股东间的信任而设立，股东关系紧密。同时有限责任公司强调公司自治与股东自治，国家干预较少。

第一节 有限责任公司的设立

有限责任公司的设立，是指具备法律规定的设立条件的发起人按照法律规定的设立程序，为组织公司并取得公司法人资格而实施的一系列法律行为的总称。若要厘清有限责任公司的设立制度，势必要明晰其设立方式、设立条件、设立程序以及设立登记的要求。

一、设立方式

有限责任公司是《公司法》所确立的两种公司形态之一。《公司法》第七十七条规定了股份有限公司的两种设立方式，即发起设立和募集设立。虽然《公司法》未明文规定有限责任公司的设立方式，但由于有限责任公司规模较小、人数较少，资本封闭性、人合性较强，因而有限责任公司只能采取发起设立的方式。

有限责任公司的发起设立，是指由发起人共同出资认购发行的全部股份而建立有限责任公司的方式。有限责任公司的人数较少，公司较为稳定，这对于公司的经营管理和股东利益的保护十分有利，发起设立方式是最适合于有限责任公司的设立方式。有限责任公司的全部股份由发起人自行认足，不需要复杂的对外募集资本的程序，设立程序简单，成本较低，时间快、效率高，因而有限责任公司能迅速成立。当然，这也要求有限责任公司各个股东之间建立深厚的信任关系。

二、设立条件

有限责任公司的设立条件,是使公司承担有限责任必备的法定条件。《公司法》第二十三条对有限责任公司的设立条件作出了明确规定,具体包括以下五个条件。

(一)人的条件("股东符合法定人数")

人的条件,是指有限责任公司的设立必须具备符合法律规定的股东人数与股东资格等方面的要求。对于有限责任公司的股东人数,《公司法》第二十四条规定,有限责任公司由五十个以下股东出资设立。由此可见,我国现行公司法并未对有限责任公司的股东人数设定下限,承认了一人有限责任公司的存在。由于有限责任公司具有封闭性与人合性的特点,现行公司法限制了公司股东的人数,设置了最高限额。就有限责任公司设立的资格要求而言,我国现行公司法并未对其作出限制性规定。但是设立公司的行为属于法律行为,对公司利益、股东的权利义务会产生影响,因此,有限责任公司的发起人必须符合法定条件,具备法定资格,有限责任公司的发起人可以是自然人,也可以是法人,那么,法律法规所禁止设立公司的自然人与法人不得成为有限责任公司的发起人。从各国公司法来看,对公司的发起人资格要求较严格,主要表现为:作为发起人的自然人应当具备完全民事行为能力;作为发起人的法人应当不为法律法规所限制。

(二)物质条件("有符合公司章程规定的全体股东认缴的出资额")

物质条件,又称资本条件,是指设立有限责任公司必须具备符合法律规定的物质要求。公司的资产是公司开展经营管理活动的重要物质基础,公司以其全部资产对公司债务承担法律责任。有限责任公司的注册资本来源于发起人认缴的出资额。现行公司法废除了最低注册资本限额的规定,这充分体现了公司自治与股东自治的精神,一定程度上降低了市场准入门槛,从《公司法》第二十五条的规定来看,其中提到有限责任公司的章程应当载明公司的注册资本以及股东的出资额,这表明有限责任公司的设立仍需具备一定出资条件,只是法律不对出资额作强制性规定。尽管现行公司法未设置有限责任公司的最低注册资本限额，但并不能代表所有公司的设立都没有最低注册资本的要求。依据《公司法》第二十六条的但书规定，法律、行政法规以及国务院决定对有限责任公司注册资本最低限额另有规定的，从其规定。

（三）章程条件（"股东共同制定公司章程"）

章程条件，是指有限责任公司的设立必须具备符合法律规定的公司章程。公司章程是在公司股东相互充分协商的基础上，记载有关公司组织与行为，以书面形式反映公司全体股东共同意思表示的基本法律文件。公司章程是公司成立和存续的全体，既是成立的基础，又是公司组织管理的准则，从性质上看，公司章程是对内约束公司事务、股东以及有关人员的重要文件，同时是对外表达公司意思的重要途径。依据《公司法》第二十三条，有限责任公司的章程由股东共同制定。一方面，公司章程是规定公司组织与活动的重要自治规则，应当由公司股东共同制定，使公司章程体现全体股东意志；另一方面，因有限责任公司股东人数有限且稳定，一同制定章程具有可行性。

（四）组织条件（"有公司名称，建立符合有限责任公司要求的组织机构"）

组织条件，是指有限责任公司必须具备符合法律规定的名称以及组织机构。公司名称是一公司区别于其他公司的重要标志，是表示公司营业性质与组织形式等重要信息的符号。与自然人一样，作为企业法人，有限责任公司的公司名称应当符合法律规定的要求，并在其名称中标明"有限责任公司"的字样，然后在公司登记机关进行设立登记。公司是通过组织机构来进行经营管理活动的，因此，有限责任公司必须建立符合要求和能够执行公司意思的组织机构即股东会、董事会、监事会等，以此维持有限责任公司的正常运营。在有限责任公司规模较小、股东人数较少的情况下，法律规定可不设立董事会或者监事会，只需设立一名执行董事或一至两名监事。

（五）经营条件（"有公司住所"）

经营条件，是指有限责任公司设立时必须具备符合法律规定的经营场所和经营条件。住所是设立有限责任公司的条件之一，依据《公司法》第十条，有限责任公司以公司主要办事机构的所在地为住所。公司住所不仅是公司章程应当载明的事项，而且是公司开展经营管理活动的重要场所。

三、设立程序

有限责任公司具有封闭性，其设立方式只能是发起设立。有限责任公司的设立程序是指有限责任公司的设立不仅要具备上述设立条件，而且要按照法律规定的步骤与流程来进行。根据《公司法》的规定，有限责任公司的设立程序包括以下几个步骤。

（一）订立发起人协议

发起人协议是指在公司设立过程中，发起人之间关于设立公司事项所达成的权利义务关系的书面协议。发起人协议主要作用在于确定公司的基本结构与公司性质，协调发起人间的权利义务关系。发起人协议是不要式文件与任意性文件，在大陆法系与英美法系国家，发起人协议通常是依据当事人有关公司设立事项表达的意思表示而达成的协议，其内容主要体现发起人之间的意志与要求，对公司发起人有约束力。在实践中发起人通常会制定此协议，但各国公司法并未对发起人协议作出明文规定，从这个意义上来说，发起人协议不是公司设立必须要遵循的法定程序。换句话说，订立发起人协议不是有限责任公司设立必经的法定流程。

（二）制定公司章程

公司章程是公司的"根本大法"，将公司章程纳入法律，赋予了公司章程法律效力，其本质上是全体股东共同意志的体现，对公司的运行和存续尤为重要。公司章程既是设立公司的必要条件，也是公司法明文规定设立公司的第一道必经法定程序。公司章程的制定必须根据公司法来进行，即公司章程上除了必须按照公司法要求记载的事项除外，还应当在不违反法律法规的情况下，记载公司法未明文规定的股东之间约定的事项。那么公司章程如何制定？依《公司法》第二十三条，有限责任公司的章程由股东共同制定。股东共同制定章程并不一定是股东亲自制作，也不等于股东共同起草，在实务中通常由他人代为起草。为保证公司章程的有效性,《公司法》第二十五条规定,股东应当在公司章程上签名、盖章。股东签名盖章就表示其同意所签字盖章的文本,承认章程表达的真实意思。

因有限责任公司的规模不大,股东较为稳定,因此有限责任公司制定公司章程的流程相较于股份有限公司而言简单便捷。现行《公司法》第二十五条规定了有限责任公司章程应当载明的事项:(1)公司名称和住所;(2)公司经营范围;(3)公司注册资本;(4)股东的姓名或者名称;(5)股东的出资方式、出资额和出资时间;(6)公司的机构及其产生办法、职权、议事规则;(7)公司法定代表人;(8)股东会会议认为需要规定的其他事项。从学理上来说,前七项属于绝对必要记载事项,是有限责任公司在制定公司章程过程中必须记载的事项,当事人没有自由选择的空间。第八项"股东会会议认为需要规定的其他事项"则属于公司章程的任意记载事项,即在不违反法律强制性规定与公序良俗的前提下,经股东会会议同意,记载于公司章程上的其他事项。换言之,有限责任公司的章程的绝对记载事项必不可少,但不限于绝对记载事项,其内容完全可多于法律规定应当记载的事项。

(三)股东认缴出资

出资是指股东为设立公司,基于股东资格对公司所进行的一定给付。公司资本来源于股东出资,公司全体股东的出资总和就是公司的资本总额。全体股东出资的公司资本是公司正常运行的物质基础,同时也是公司获得独立人格并独立承担法律责任的重要条件,股东认缴出资是股东应尽的义务,在公司章程中有明确记载。因此,按公司章程约定股东认缴出资额是有限责任公司设立的必经法定程序。在公司章程制定后,有限责任公司股东必须按照公司章程的规定履行出资义务。公司资本有几种表达,其一认为是注册资本,也称为股权资本;其二认为是股权资本与借贷资本;其三认为是股权资本,借贷资本以及收益。公司法上通常认为公司资本是注册资本。所谓注册资本,是指公司成立时由公司章程所确定并在公司登记机关登记的资本总额。根据《公司法》第二十六条第一款规定,有限责任公司的注册资本为在公司登记机关登记的全体股东认缴的出资额。关于注册资本的额度,现行公司法虽取消了最低注册资本限制，但也有例外，即法律法规另有规定从其规定。确定有限责任公司的注册资本的目的在于使社会公众更好地了解公司目前状况以及未来预期发展状况，同时便于有关部门登记造册。

有限责任公司的出资缴付实行认缴制。在制定公司章程时，公司股东应当将出资方式、出资额以及出资期限载明于公司章程。然后股东根据公司章程确定的出资总额在规定期限内自行认缴自己的出资份额，对于其认缴的出资总额，只需按公司章程的规定期限和形式缴纳。若章程规定股东必须一次性足额缴纳，那么股东必须在规定期限内缴纳完毕；若章程规定分期缴纳，股东则按章程在一定期限分次缴纳一定数额直至全部缴纳完毕。有限责任公司的股东则以其认缴的出资额对公司承担法律责任。

法律规定的有限责任公司的出资形式无疑是最为典型的股东的出资方式。《公司法》规定的有限责任公司股东出资方式主要有两类：货币出资和非货币出资。以货币出资是有限责任公司资本的最基本构成形式，股东以货币出资的，应当将货币出资足额存入有限责任公司在银行开设的账户；若不按照规定缴纳出资的，除应当向公司足额缴纳外，股东应当向已按期足额缴纳出资的股东承担违约责任。公司法对非货币出资采取了列举与概括相结合的方式，即以实物、知识产权、土地使用权等可以用货币估价并可以依法转让的非货币财产出资。换句话说，除法律、行政法规规定不得作为出资的财产外，一切能用货币估价且可依法转让的财产都可成为出资财产。当然，对非货币的出资财产的估价不是主观臆断的，而应当由法律规定的专门机构对财产进行评估，核查财产，不得随意高估或者低估作价。有限责任公司股东以非货币财产出资的，在公司成立后，若发现股东为设立公司出资的非货币财产的实际价额明显低于公司章程所确定的价额，该股东应当承担相应的法律责任，并且在规定期限内补足差额，同时公司设立时的其他股东要对该股东的补足差额承担连带责任。

（四）确定组织机构

公司的组织机构是在公司设立阶段予以确定的。公司组织机构是指按照法律规定代表公司作出意思表示，执行以及监督执行这些意思决定的自然人或由自然人组成的会议组织。确定一公司的组织机构，一方面便于公司内部管理，另一方面有利于公司科学高效运转。有限责任公司的组织机构通常由股东和发起人确立，通常包括股东会、董事会或执行董事、经理、监事会或监事。

（五）设立登记

1. 设立登记的概述

公司设立登记是指公司登记申请人按照法律法规向公司登记机关提出设立申请，并提交法定申请材料，由公司登记机关予以核查并记载登记事项的法律行为。公司设立登记是公司设立并取得法人资格的必要环节，依《公司法》和《市场主体登记管理条例》的规定，有限责任公司的设立登记程序，是指由全体股东指定的代表或者共同委托的代理人向公司登记机关报送公司登记申请书、公司章程等文件，申请设立登记。对于符合法定条件的有限责任公司设立申请，公司登记机关予以核准登记，公司依法成立；对于不符合法定条件的设立登记申请，公司登记机关不予核准登记。有限责任公司登记的事项包括：（1）名称；（2）主体类型；（3）经营范围；（4）住所或者主要经营场所；（5）注册资本或者出资额；（6）法定代表人、执行事务合伙人或者负责人姓名；（7）有限责任公司股东姓名或者名称。

2. 设立登记的程序

有限责任公司的登记程序是公司设立的核心内容。在我国，根据《市场主体登记管理条例》，有限责任公司的登记程序大致包括登记、申请、审查、签发营业执照四个阶段。有限责任公司的设立登记实行实名登记，有限责任公司的申请人或申请人委托代办的其他自然人或者中介机构应当提供《市场主体登记管理条例》规定的申请材料，并且申请人应当对提交材料的真实性、合法性和有效性负责。设立登记申请提交到公司登记机关，便进入设立登记审查阶段。公司登记机关对申请材料进行形式审查，申请材料齐全，确认符合法定形式的，予以当场登记；不能当场登记的，应当告知其补正材料。对于登记申请违反法律、行政法规规定，或者可能危害国家安全、社会公共利益的，登记机关在作出不予登记的决定的同时要说明理由。在我国，由于公司在申请登记时已提交相关材料,因此公司登记机关在审查完毕后,直接作出是否登记的决定。登记机关依法予以登记的,直接签发营业执照并办理相关备案手续。

3. 设立登记的效力

有限责任公司登记作为一项法律行为,会产生相应的法律效果。有限责任公司设立登记成功会产生该有限责任公司成立的法律后果。《公司法》第七条规定,依法设立的公司,由公司登记机关发给公司营业执照。公司营业执照签发日期为公司成立日期。有限责任公司获得登记后,表明有限责任公司有效成立,有限责任公司的成立时间就是营业执照签发之日。有限责任公司成立代表了公司取得了法人资格,获得经营资格,具有了权利能力与行为能力,可依法行使权利和履行义务。在有限责任公司成立后,公司应当向股东签发出资证明书。出资证明书应当依法载明相关事项,并且出资证明书由公司盖章。除此之外,有限责任公司还应当置备股东名册,股东名册是股东维护自身权利的重要凭证,在权利受侵害时,记载于股东名册的股东可依据股东名册主张自身权利。若公司登记事项发生变更的,应当办理变更登记,此变更事项一经登记则产生对抗效力,具有宣示权利的效果,反之,未经登记或者变更登记的,则不得对抗第三人。

第二节　有限责任公司股东的权利与义务

一、有限责任公司股东概述

公司股东是指基于对公司认缴的出资而持有公司一定数额的股份,对公司以持有的股份为限依法享有股东权利和承担股东义务的自然人或法人。简言之,公司股东实质上是公司的出资人。具体而言,有限责任公司的股东就是公司股权持有人,即在公司设立阶段向公司投入一定数额的资本或在公司存续期间通过继受取得股东资格而享有权利和承担义务的人。从取得股东资格的时间来看,有限责任公司股东资格的取得包括原始取得与继受取得。股东的原始取得是指在有限责任公司设立阶段因创办公司而出资的创办人或发起人。继受取得是指在有限责任公司存续期间因受让、受赠、继承或因公司合并等合法原因成为股东的情形。无论以何种方式取得股东资格，所有股东必然受到公司章程的约束。在公司法实务中，股东资格的认定是一个值得探讨的问题。股东资格认定是解决股权纠纷的前提条件，其通常发生于有限责任公司。股份有限公司的股东资格认定可依是否持有公司发行的股票为标准，一般不存在疑问。从公司法来看，有限责任公司取得股东资格应当具备以下特征：（1）认缴出资；（2）公司章程记载或变更记载；（3）公司登记机关登记或变更登记；（4）股东名册记载；（5）依法继受取得；（6）实际享有股东权利。当然，在实践中有很多不完全具备上述特征而成为有限责任公司股东的情况，主要是不出资股东、出资瑕疵股东、隐名股东等资格认定。为弥补《公司法》的不足，《公司法司法解释（三）》完善了有限责任公司的股东资格认定的标准。在不同情形下适用不同的判断标准。实践中公司股东资格会因各种原因而丧失，主要包括：一是公司解散或公司破产，二是股东资格的受让，从而使股东变为非股东。

二、有限责任公司股东的权利

有限责任公司股东权利是指有限责任公司股东基于股东资格对有限责任公司享有的各种权利总称。《公司法》第四条概括性规定了公司股东的基本权利，即资产收益权、参与重大决策权以及选择管理权。根据公司法规定，有限责任公司股东具有以下权利。

（一）利润分配请求权

利润分配请求权是有限责任公司股东基于股东资格与地位而享有的请求公司向自己分配红利的权利。公司红利是股东投资的主要目的，从其本质上来说，利润分配请求权是一种期待权，是股东对投资预期利益的期待。《公司法》第三十四条规定，有限责任公司股东按照实缴的出资比例分取红利，但全体股东约定不按照出资比例分取红利除外。公司有盈利才有利润分配，而且即使有限责任公司有盈利，也应当在依法弥补公司亏损，提取公积金后按照实际认缴的出资比例或按照全体股东约定的方式分配利润。

（二）新增资本优先认购请求权

新增资本优先认购请求权是有限责任公司股东基于股东资格与地位而享有按出资比例优先于普通投资人认购公司新增资本的权利。在有限责任公司新增资本时，依《公司法》第三十四条规定，股东有权优先按照实缴的出资比例认缴出资。但是，全体股东不按照出资比例优先认缴出资的除外。只有当有限责任公司新增资本时，股东才享有该权利，因此该权利也是一项期待权。设置新增资本优先认购请求权也体现了对公司现有权利和正常运营的维护。

（三）剩余财产分配请求权

剩余财产分配请求权是有限责任公司股东在公司清算时，就公司的剩余财产而享有的请求分配的权利。剩余财产分配请求权的行使有条件限制，即股东只能对有限责任公司在支付清算费用、职工的工资、社会保险费用和法定补偿金，缴纳所欠税款以及清偿公司债务完毕后的剩余财产进行分配。依《公司法》第一百八十六条有限责任公司股东依据出资比例分配剩余财产。

（四）表决权

表决权是有限责任公司股东就股东会的议案而作出一定意思表示的权利。表决权是股东固有的权利，任何人无法剥夺。有限责任公司股东依《公司法》第四十二条按照出资比例对股东会决议事项行使表决权，但公司章程另有规定的除外。股东可以对公司的经营方针和投资计划；董事会、监事会或者监事的报告；公司的利润分配方案和弥补亏损方案或公司合并、分立、解散、清算、变更公司等事项作出决议，行使表决权。

（五）知情权

知情权是有限责任公司股东掌握公司经营状况，充分了解公司信息的一项重要权利。知情权不仅是股东了解公司经营状况的手段，更是监督公司的重要方式。《公司法》第三十三条规定，股东有权查阅、复制公司章程、股东会会议记录、董事会会议决议、监事会会议决议和财务会计报告。股东可以要求查阅公司会计账簿。股东要求查阅公司会计账簿的，应当向公司提出书面请求，说明目的。公司有合理根据认为股东查阅会计账簿有不正当目的,可能损害公司合法利益的,可以拒绝提供查阅,并应当自股东提出书面请求之日起十五日内书面答复股东并说明理由。公司拒绝提供查阅的,股东可以请求人民法院要求公司提供查阅。由此可见,公司法不仅赋予了有限责任公司股东能够自由查阅除了公司会计账簿外文件的权利,而且赋予股东复制权。公司股东仅在有正当目的与正当理由的情况下经书面申请可查阅公司的会计账簿。

(六)股东优先购买权

股东优先购买权是指有限责任公司股东在向公司股东以外转让全部或部分股权时,公司其他股东在同等条件下对所转让的股权享有优先购买的权利。《公司法》第七十一条规定了对外转让股权时股东的优先购买权,第七十二条规定了法院强制执行股权时股东的优先购买权。从表面上看,股东优先购买权是限制有限责任公司股权自由转让的措施,实际上是维持公司控制权平衡的重要手段。对有限责任公司的股东优先购买权的具体规则,将在讨论股权转让时详细阐述。

(七)诉讼权

诉讼权是股东基于股东权受侵害而享有的权利。诉讼权是股东维护自身股东权的有效手段。根据诉讼性质的不同,可分为股东直接诉讼与股东代表诉讼。股东直接诉讼是有限责任公司股东为维护自身合法权益在自身股东权受侵害时而享有的诉讼的权利。股东直接诉讼主要适用于股东表决权、知情权、股权优先认购、利润分配、股权回购等方面的案件。例如,《公司法》第二十条、二十一条规定了因滥用股东权利给公司利益造成损失的损害赔偿之诉。第二十二条规定了决议无效与决议撤销之诉。第三十三条规定了股东的查阅请求之诉,在公司拒绝提供查阅公司章程,会计报告股东会会议记录等信息资料时,有限责任公司股东可以请求人民法院要求公司提供查阅。第七十四条规定了异议股东回购请求权之诉,是对股东会决议投反对票的股东享有的请求公司按照合理的价格收购其股权的权利,当股东与公司不能达成协议时,股东可在规定期限内向人民法院提起诉讼。股东代表诉讼,又称为股东派生诉讼,是指基于对公司合法权益的侵害,而公司无正当理由拒绝或怠于行使权利由符合法定条件的股东代表公司提起诉讼的权利。股东代表诉讼大多涉及公司资产、公司管理层重大过失、关联交易、自我交易等案件。其主要适用于违法注意义务与忠实义务，并对公司利益造成损失的情形。

三、有限责任公司股东的义务

有限责任公司股东义务是指有限责任公司股东基于股东资格必须对有限责任公司履行各种义务的总称。根据公司法规定，有限责任公司股东具有以下义务。

（一）遵守公司章程的义务

公司章程既是股东间的"契约"，又是股东间的自治规则。公司章程是有限责任公司全体股东意志的体现，对公司全体股东具有约束力，有限责任公司股东必须按公司章程行使股东权利与履行股东义务。遵守公司章程是有限责任公司承担的最基本的股东义务。

（二）认缴出资的义务

出资义务是有限责任公司股东履行的最主要的义务。有限责任公司股东按照公司章程的规定及时履行出资义务，该义务也是发起人取得股东资格的前提条件。若有限责任公司股东未按公司章程履行出资义务，则应当对公司承担补足出资额的责任，对其他股东承担违约责任。如果因出资不足给公司造成重大损失，该股东应当对公司负赔偿责任。在公司设立时，股东以实物、知识产权、土地使用权等非货币财产出资的，若在评估作价后发现其实际价额显著低于公司章程中评定的价额，则交付该出资的股东应当履行补交出资差额的义务。

（三）对公司负有限责任的义务

股东应当对公司债务负有义务。有限责任公司的股东对于公司的债务只能以其出资额为限负有限责任，不负其他财产责任，且股东不必以自己个人的财产对公司债务承担责任。

（四）不得抽回出资的义务

《公司法》第三十五条规定，在有限责任公司在公司存续期间，股东不得擅自抽回出资。公司成立后便具备独立的法人人格，独立享有财产权利。公司财产和股东财产是截然分开的，股东出资后就丧失对自身财产的所有权从而对公司享有股权。如若在公司成立后不对股东肆意抽逃出资加以限制，就势必侵犯公司存在的物质基础甚至损害公司其他股东和债权人的利益，因此公司法明确规定，在公司存续期间股东不得擅自抽回出资。虽然法律禁止股东不得擅自抽回出资，但这并不代表股东不能退出公司，股东可依法进行股权转让，股权转让是股东退出公司的最主要方式，再者，股东可通过注销股份或以清算的方式收回出资。

第三节 有限责任公司的治理结构

通说认为，公司治理结构是由股东会、董事会、监事会以及经理组成的一种组织结构。依据《公司法》，有限责任公司的治理结构则由股东会、董事会、监事会以及经理构成，是一种规范公司股东，董事会或执行董事、监事会或监事、经理职权分配、选任，监督管理的制度安排。有限责任公司的治理结构实际上是关于有限责任公司的制度运行体系和解决各方利益冲突的纠纷平衡机制。

一、股东会

（一）股东会的组成与性质

股东会是依据公司法和公司章程，由有限责任公司全体股东组成，对公司的组织管理与股东利益作出决定的机构。股东会还是公司的最高权力机构和决策机构。股东会依公司法和公司章程决定公司的重大事项，对重大事项形成的决议对公司、董事会、监事会以及经理均具有约束力。因股东会职权的行使必须通过召开会议的方式展开，所以股东会是根据法律法规设立的非常设机构。股东会是非执行机构，股东会只对法定事项形成决议，对内不执行公司具体业务，对外不代表公司。

（二）股东会的职权

股东会职权是指依法应当由股东会决定的事项。从理论上，股东会对有限责任公司的全部事项都有决定权，但在公司事务中，股东会职权会受公司规模大小、股权结构、股东偏好等影响而有所差异。在我国，有限责任公司股东会与股份有限责任公司股东大会的职权完全一致。根据《公司法》第三十七条，有限责任公司股东会可对以下事项作出决定:(1)决定公司的经营方针和投资计划;(2)选举和更换非由职工代表担任的董事、监事,决定有关董事、监事的报酬事项;(3)审议批准董事会的报告;(4)审议批准监事会或者监事的报告;(5)审议批准公司的年度财务预算方案、决算方案;(6)审议批准公司的利润分配方案和弥补亏损方案;(7)对公司增加或者减少注册资本作出决议;(8)对发行公司债券作出决议;(9)对公司合并、分立、解散、清算或者变更公司形式作出决议;(10)修改公司章程;(11)公司章程规定的其他职权。

(三)股东会的运行程序

股东会的运行主要通过召开股东会会议来开展。股东会会议是公司股东行使股东会职权,并对股东会职权范围内事项形成决议的组织形式。依据《公司法》第三十九条,有限责任公司股东会会议可分为定期会议和临时会议两种。法律并未对有限责任公司定期股东会会议作出直接规定,而是授权于公司章程。有限责任公司将其制定在公司章程中,按照公司章程规定的时间召开。临时股东会会议通常是在特殊情况下召开的全体股东会议。依据《公司法》,有限责任公司召开临时股东会会议的法定事由如下:代表十分之一以上表决权的股东提议;三分之一以上的董事提议;监事会或者不设监事会的公司的监事提议。只要符合上述条件,符合法定程序,临时会议即可召开。依据《公司法》第三十七条,有限责任公司股东在对股东会可决定的事项以书面形式一致表示同意的情况下,可以不召开股东会会议,直接作出决定。全体股东应当在决定文件上签名、盖章。

关于有限责任公司股东会会议召集与主持,依据《公司法》第三十八条,有限责任公司首次股东会会议由出资最多的股东召集和主持。依据《公司法》第四十条,有限责任公司设立董事会的,股东会会议由董事会召集,董事长主持;董事长不能履行职务或者不履行职务的,由副董事长主持;副董事长不能履行职务或者不履行职务的,由半数以上董事共同推举一名董事主持。有限责任公司不设董事会的,股东会会议由执行董事召集主持。董事会或者执行董事不能履行或者不履行召集股东会会议职责的,由监事会或者不设监事会的公司的监事召集和主持；监事会或者监事不召集和主持的，代表十分之一以上表决权的股东可以自行召集和主持。有限责任公司在召开股东会会议时，应当提前通知有表决权的股东。依据《公司法》第四十一条，有限责任公司应当于会议召开十五日前通知全体股东，但公司章程有规定或者全体股东另有约定的从其规定或约定。

关于有限责任公司股东会会议的决议，股东会对公司所有重大事项的决定都是以决议的方式作出。股东会是公司最高的决策机构，股东会的决议是股东行使表决权的载体，是股东会行使职权的重要方式。有限责任公司股东会决议涉及股东的表决权，其在原则上按出资比例享有表决权，但是，公司章程另有规定从其规定。对于有限责任公司决议的形成，分为普通决议和特殊决议。股东会普通决议由公司章程规定，依据《公司法》第四十三条第一款，股东会的议事方式和表决程序，除本法有规定的外，由公司章程规定。法律对决议事项作了特殊规定的属于特殊决议，主要包括有关修改公司章程、增加或者减少注册资本，以及公司合并、分立、解散或者变更公司形式的决议。依据《公司法》第四十三条第二款，股东会会议作出修改公司章程、增加或者减少注册资本的决议，以及公司合并、分立、解散或者变更公司形式的决议，必须经代表三分之二以上表决权的股东通过。

二、董事会或执行董事

（一）董事会或执行董事的组成与性质

董事会是依据公司法或公司章程由有限责任公司股东会选举产生的公司业务执行机构与经营决策机构。董事会作为有限责任公司的经营决策者与执行者，决定着有限责任公司的发展状况与总体规划，董事会是由有限责任公司股东会选举产生，对股东会负责，执行股东会的各项决议。董事会是公司的执行机构，董事会只能通过召开董事会会议形成的决议表达董事会意思，董事不能以个人名义行使董事会权利。董事会是公司法定常设机构，通常有限责任公司都必须设置董事会，但有例外情况，股东人数较少或规模较小的有限责任公司，可以设一名执行董事，不设董事会。

关于有限责任公司董事会成员的选任，董事会成员由股东会选任，董事会成员为三人至十三人，董事会设董事长一人，可以设副董事长。关于董事长、副董事长的产生办法，由公司章程规定，这充分体现有限责任公司人合性与公司自治的特点。关于董事会成员的构成，一般的有限责任公司董事会成员可以有公司职工代表，其职工代表由公司职工通过职工代表大会、职工大会或者其他形式民主选举产生。特殊的有限责任公司董事会成员中必须有公司职工代表，即由两个以上的国有企业或者两个以上的其他国有投资主体投资设立的有限责任公司，董事会成员中应当有公司职工代表。关于董事会全的董事的任期，其任期由公司章程规定，但董事的每届任期最长不得超过三年。董事任期届满，连选可以连任。如果董事任职期限届满没有按时改选的或者董事在任期内辞职致使董事会成员人员不足的，那么在新董事尚未就任前，原董事仍需依法律、行政法规和公司章程的规定履行董事职务。

（二）董事会或执行董事的职权

尽管董事会必须对股东会负责，其成员也由股东会选举产生，但董事会的职权并不是由股东会授权的，而是由法律直接规定。因此，董事会的职权具有法定性，董事会依法行使公司权力和依法管理公司事务。依据《公司法》第四十六条，董事会行使下列职权：（1）召集股东会会议，并向股东会报告工作；（2）执行股东会的决议；（3）决定公司的经营计划和投资方案；（4）制订公司的年度财务预算方案、决算方案；（5）制订公司的利润分配方案和弥补亏损方案（6）制订公司增加或者减少注册资本以及发行公司债券的方案；（7）制订公司合并、分立、解散或者变更公司形式的方案；（8）决定公司内部管理机构的设置；（9）决定聘任或者解聘公司经理及其报酬事项，并根据经理的提名决定聘任或者解聘公司副经理、财务负责人及其报酬事项；（10）制定公司的基本管理制度；（11）公司章程规定的其他职权。关于股东人数较少或规模较小的有限责任公司的执行董事的职权，依《公司法》第五十条，执行董事的职权由公司章程规定。

（三）董事会的运行程序

董事会的运行主要通过召开董事会会议来开展。董事会会议是董事会在法定范围内行使职权，对有限责任公司的重大事项形成决议的组织形式。与股份有限公司相比较，《公司法》对有限责任公司董事会的召集与主持、议事方式以及议事程序的规定比较简单。关于有限责任公司董事会会议召开次数，依据《公司法》规定，有限责任公司召开董事会会议的次数由公司章程决定。法律并未对有限责任公司董事会会议的召开次数做强制性规定，由公司根据自身实际情况在章程中确定。可见，法律赋予了有限责任公司足够的自治空间。关于有限责任公司董事会会议的召集与主持，依据《公司法》第四十七条，董事会会议由董事长召集和主持；董事长不能履行职务或者不履行职务的，由副董事长召集和主持；副董事长不能履行职务或者不履行职务的，由半数以上董事共同推举一名董事召集和主持。当然，董事会会议的举行应当提前通知全体董事、经理、监事，告知其会议地点、会议日期、会议事由等。关于董事会会议的出席，《公司法》没有直接规定有限责任公司董事会会议出席人数，但在原则上董事应当出席董事会会议，因为这既是董事的权利，也是法定义务与职责。《公司法》第四十九条，第五十四条也规定了经理和监事可以列席董事会会议。关于有限责任公司董事会的议事方式和表决程序，依据《公司法》第四十八条，其议事方式和表决程序由公司章程规定，但法律另有规定除外。关于有限责任公司董事会会议的决议，董事会会议所作出的决议属于公司的意思表示，对公司当然发生效力。董事会议的决议应当符合法律、行政法规、公司章程的规定，并遵循股东会会议的决议。董事会决议不同于股东会决议，其表决实行一人一票制，即公司的每个董事对董事会决议的事项均享有一个表决权。董事会对所议事项的决定应当作成会议记录，出席会议的董事应当在会议记录上签名。

三、监事会或监事

（一）监事会或监事的组成与性质

监事会是由股东会和职工代表大会选举的监事组成，对公司的经营与管理独立行使监督权的机构。监事会或监事通常是有限责任公司法定常设机构，公司法明确指出有限责任公司要设置监事会或监事。监事会或监事也是独立行使监督权的机构，负责监督公司的经营管理活动。而且监事会或监事与董事会是独立并行的机构，共同对股东会负责。

关于有限责任公司监事会的选任，股东人数较少或者规模较小的有限责任公司，可以设一至二名监事，不设监事会。一般情况下有限责任公司设置监事会的，监事会的成员主要由股东会和职工代表大会选举构成。依据《公司法》第五十一条，有限责任公司设监事会，其成员不得少于三人。监事会应当包括股东代表和适当比例的公司职工代表，其中职工代表的比例不得低于三分之一，具体比例由公司章程规定。监事会中的职工代表由公司职工通过职工代表大会、职工大会或者其他形式民主选举产生。关于有限责任公司监事会的构成，监事会主席设置一人，由全体监事过半数选举产生。由于监事会或监事具备特殊的监督职能，因此有限责任公司的董事、高级管理人员不得兼任监事。关于有限责任公司监事会的监事的任期，依据《公司法》第五十二条，监事的任期每届为三年。监事任期届满，连选可以连任。监事任期届满未及时改选，或者监事在任期内辞职导致监事会成员低于法定人数的，在改选出的监事就任前，原监事仍应当依照法律、行政法规和公司章程的规定，履行监事职务。

（二）监事会或监事的职权

基于监事会和监事的性质，合理规范其职权显得尤为重要。《公司法》对此作了列举式集中规定，其第五十三条规定，监事会、不设监事会的公司的监事行使下列职权：(1) 检查公司财务；(2) 对董事、高级管理人员执行公司职务的行为进行监督，对违反法律、行政法规、公司章程或者股东会决议的董事、高级管理人员提出罢免的建议；(3) 当董事、高级管理人员的行为损害公司的利益时，要求董事、高级管理人员予以纠正；(4) 提议召开临时股东会会议，在董事会不履行本法规定的召集和主持股东会会议职责时召集和主持股东会会议；(5) 向股东会会议提出提案；(6) 依照本法第一百五十一条的规定，对董事、高级管理人员提起诉讼；(7) 公司章程规定的其他职权。从列举的事项可以看出，监事会或监事享有的监督权涉及公司运行的方方面面，并且对公司的经营管理有极强的效力。

（三）监事会的运行程序

监事会的运行主要通过召开监事会会议来开展。全面有效的程序规则是保证实体权利有效行使的关键环节。鉴于有限责任公司封闭性、人合性等特点，为适应市场经济发展需要，《公司法》对监事会的运行只作了简单规定，更多的规则设置赋予了公司章程。关于监事会会议的召集与主持，依据《公司法》第五十一条，监事会主席召集和主持监事会会议；监事会主席不能履行职务或者不履行职务的，由半数以上监事共同推举一名监事召集和主持监事会会议。关于监事会召开会议的召开与次数，其召开可分为定期会议与临时会议，依据《公司法》第五十五条，监事会每年度至少召开一次会议，监事可以提议召开临时监事会会议。关于监事会的议事方式和表决程序，其由公司章程决定。关于监事会的决议，应当经半数以上监事通过才可成立。并且监事会应当对所议事项的决定作成会议记录，出席会议的监事应当在会议记录上签名。

四、经理

经理由有限责任公司董事会选任，对董事会负责，协助董事会主持公司日常经营管理。关于经理的选任，依据《公司法》第四十九条，有限责任公司可以设经理，由董事会决定聘任或者解聘。可见，有限责任公司的经理可设置，也可不设置，不是公司的法定必设机构，这全凭董事会根据公司的实际发展需要自主决定。若有限责任公司设置了经理，按《公司法》规定，经理可以行使下列职权：（1）主持公司的生产经营管理工作，组织实施董事会决议；（2）组织实施公司年度经营计划和投资方案；（3）拟订公司内部管理机构设置方案；（4）拟订公司的基本管理制度；（5）制定公司的具体规章；（6）提请聘任或者解聘公司副经理、财务负责人；（7）决定聘任或者解聘除应由董事会决定聘任或者解聘以外的负责管理人员；（8）董事会授予的其他职权。同时《公司法》也规定公司章程对经理职权另有规定的，从其规定。法律授予了公司经理广泛的职权，但有限责任公司经理的职权主要由公司章程决定，上述具体规定是为了弥补章程的不足而设置的任意性规定。

第四节 有限责任公司的股权转让

有限责任公司的股权转让，也可称为有限责任公司的出资转让，是指有限责任公司股东将所有的公司股权转移给受让人，受让人通过支付对价的方式取得股权的法律行为。股权转让是一种引起权利发生变动的行为，同时也是股东退出公司的主要方式。对股东而言，股权转让经当事人双方同意后即为有效，原股东的权利、义务则为受让人所继受。对公司而言，按法定程序办理股权转让后，受让人获得股权、取得股东资格，公司应当对新股东负责。对公司以外第三人的效力，股权一经转让则具有对抗第三人的效力。《公司法》根据有限责任公司的性质，对有限责任公司的股权转让方式、转让限制、股东优先购买权、异议股东股权回购等作出了相应的规定。

一、股权转让方式

对于有限责任公司股东的股权转让方式，按照转让的对象不同，一般可分为内部转让方式和外部转让方式两种，内部转让方式是指有限责任公司股东间的股权转让；外部转让方式是公司股东向股东以外的人的股权转让，另外还有因强制执行程序和因继承进行股权转让两种特殊方式。

（一）公司股东间的股权转让

有限责任公司股东间的转让属于公司内部的股权转让，仅对公司内部的股权结构产生影响。《公司法》第七十一条规定，有限责任公司的股东之间可以相互转让全部或者部分股权。对有限责任公司内部转让采取了自由主义原则，未对股东间的转让作出特别限制。依此，有限责任公司的股东在公司内部自由转让全部股权或部分股权。

（二）公司股东向股东以外的人的股权转让

有限责任公司股东可以将股权向公司股东外的第三人转让，这种转让不会使公司股权结构发生变化，但会使股东间和谐稳定的关系和相互间信任受到破坏。因此，《公司法》对此种股权转让方式作出了严格的规定，明确了向股东以外的人转让股权的法定要件，只有符合该法定要件，才能将股权转让给非股东。《公司法》第七十一条规定，股东向股东以外的人转让股权，应当经其他股东过半数同意。股东应就其股权转让事项书面通知其他股东征求同意，其他股东自接到书面通知之日起满三十日未答复的，视为同意转让。理解这一条款要注意"其他股东过半数同意"和"视为同意转让"这两个点，首先是对"其他股东过半数同意"的理解，究竟是股东人数过半数同意还是股东表决权过半数同意？我国法学界普遍认为是"其他股东过半数同意"是指股东人数过半数同意，采取一人一票的方式。笔者也认为这里表达的是股东人数过半数同意，因为法条中明确使用"其他股东过半数"的术语，紧随其后作了"书面通知其他股东"的规定，二者应当是同一意思。其次要关注到"视为同意转让"。拟转让股权的股东应当以书面通知的方式征求其他股东的意见，否则该转让是有瑕疵的。法律对其他股东"视为同意转让"的期限作了明确要求，该期限为其他股东接到书面通知之日起满三十日。其他股东在此期限内未答复的，视为同意转让。不仅如此，法律也规定了不同意转让股权的股东负有购买该股权的义务。若不同意转让股权的股东不购买的，视为同意转让。

（三）因强制执行程序进行股权转让

上述两种转让方式是基于股东的自愿转让，《公司法》还规定了因履行强制程序股东必须转让股权的情形。《公司法》第七十二条规定，人民法院依照法律规定的强制执行程序转让股东的股权时，应当通知公司及全体股东，其他股东在同等条件下有优先购买权。其他股东自人民法院通知之日起满二十日不行使优先购买权的，视为放弃优先购买权。这种方式是司法机关基于司法权进行的强制股东转让，只需人民法院履行通知义务，不需要征得该股东和其他人的同意。

（四）因继承进行股权转让

有限责任公司股东的股权转让可能会因继承而发生。一般股权转让是基于当事人的共同意思表示而发生，与一般转让不同，因继承进行股权转让是基于身份关系而发生。《公司法》第七十五条对此作出了明确规定，自然人股东死亡后，其合法继承人可以继承股东资格；但是，公司章程另有规定的除外。这表明只要公司章程未作规定,作为自然人股东的合法继承人在其死亡无须经过其他股东的同意自然股东资格,并且其他股东也没有优先购买权。

二、股权转让的章程限制

《公司法》第三章阐述了有限责任公司的股权转让的规则,使公司实务中的股权转让问题有明确的法律依据。从第七十一条至第七十五条,除规定股权自由转让外,还明确公司章程对股权转让的限制。若公司章程对股权转让作出规定,股东应当依照公司章程进行股权转让。《公司法》第七十一条第四款,公司章程对股权转让另有规定的,从其规定。第七十五条但书规定,公司章程另有规定的除外。由此可见,公司章程可作出不同于《公司法》的特别规定。即公司章程可以超越《公司法》第七十一条前三款和第七十五条作出不同规定。这种不同规定表现如下:(1)附加特殊条件限制有限责任公司股权的内部转让或禁止内部股权转让;(2)改变股东向股东以外的人转让股权的限制,可取消其他股东过半数同意,也可增加更严格的外部转让条件;(3)改变或取消公司股东优先购买权的规定;(4)自然人股东死亡后的股东资格其合法继承人不可继承或按股权转让的一般规定处理。

《公司法》赋予了有限责任公司较大的自治空间,《公司法》未作规定的事项以及实务存在的某些问题仍需公司章程的各项条款来解决。

因此,要非常重视有限责任公司的章程制定,其不得与《公司法》基本精神、基本原则、强制性规定相抵触。

三、股权转让的变动

股权转让势必使有限责任公司股权结构发生变动。就实质要件而言,股权转让后,出让人便丧失股东资格,受让人即可取得股东资格,享有股东权利和履行股东义务。就形式要件而言,转让股权后首先要注销原股东出资证明书,向新股东签发出资证明书。其次应当及时办理修改记载与变更登记手续,及时修改公司章程和股东名册。依据《公司法》第七十三条规定,依照本法第七十一条、第七十二条转让股权后,公司应当注销原股东的出资证明书,向新股东签发出资证明书,并相应修改公司章程和股东名册中有关股东及其出资额的记载。对公司章程的该项修改不需再由股东会表决。

四、股东优先购买权

(一)股东优先购买权概述

前述有限责任公司股东的权利与义务章节中已阐释了股东优先购买权的概念,有限责任公司股东优先购买权制度实际上是一种限制股权自由转让的措施,主要是为维护有限责任公司人合性和公司的内部信用关系以及平衡公司控制权。《公司法》第七十一条规定了对外转让股权时股东优先购买权,即经股东同意转让的股权,在同等条件下,其他股东有优先购买权。两个以上股东主张行使优先购买权的,协商确定各自的购买比例;协商不成的,按照转让时各自的出资比例行使优先购买权。第七十二条规定了法院强制执行股权时股东优先购买权,即人民法院依照法律规定的强制执行程序转让股东的股权时,应当通知公司及全体股东,其他股东在同等条件下有优先购买权。其他股东自人民法院通知之日起满二十日不行使优先购买权的,视为放弃优先购买权。

(二)股东优先购买权的行使

有限责任公司股东优先购买权的行使必须关注以下两个问题:首先股东优先购买权仅在公司股东向股东外的第三人时产生,强制执行中优先购买权的对象也是其他第三人。如果仅在公司内部进行股权转让,则不存在优先购买权的问题。而且要注意到股东优先购买权是一种选择权,股东可行使,也可放弃。其次股东优先购买权仅在同等条件下发生,那么何为同等条件?这并没有明确的标准。一般认为,股权转让包括同等的价格条件、支付方式,也包括价格以外的其他对价。比照《合同法》第十二条的规定:"合同的内容由当事人约定,一般包括以下条款:(1)当事人的名称或者姓名和住所;(2)标的;(3)数量;(4)质量;(5)价款或者报酬;(6)履行期限、地点和方式;(7)违约责任;(8)解决争议的方法。"股权转让还应当涉及转让方式,支付期限以及当事人约定的其他条件。总而言之,认定同等条件必须综合考虑转让股权的价格、数量、方式、期限等多种因素的价值。最后是行使优先购买权的合理期间。为防止权利人滥用权利，股东优先购买权应在合理的期限内行使。目前《公司法》并未对此作出明确的规定。学界一种观点主张，将股权转让时书面通知其他股东的三十日的期限作为优先购买权的行使期限；另一种观点主张，将强制执行程序中的其他股东优先购买权的二十日的期限作为股东优先购买权的行使期限。笔者认为，在法律没有明确规定的情况下，股东合理行使优先购买权的期限应根据股权转让各方的具体情况来进行确定。

五、异议股东的股权回购

（一）异议股东的股权回购概述

异议股东的股权回购有广义与狭义之分，狭义上的概念仅指股份有限公司中异议股东的股份回购请求权，而广义上的概念则还包括有限责任公司异议股东的股份回购请求权。《公司法》坚持了广义说，以立法的形式认可了有限责任公司异议股东的权利。《公司法》第七十四条规定了有限责任公司异议股东的股份回购请求权，有限责任公司异议股东的股权回购则指在特定情形下，对有限责任公司股东会会议决议持反对意见的股东所享有的请求公司以合理公平的价格收购自己股份。就其性质而言，异议股东的股权回购是法律规定的股东的权利，任何人以及公司章程均不能剥夺。

在法律中确立有限责任公司异议股东的股权回购，究竟有什么样的价值？其一，保护少数股东的利益。有限责任公司的股东是按照出资比例对股东会决议事项行使表决权，采取的是"资本多数决"规则，公司股东持股数量的不同会导致股东利益的实现存在差异。大股东持股数额大，享有的表决权多，其权利一般能够获得充分保障；而持反对意见的股东则是少数股东，其在公司召开股东会会议时所持表决权的比例较小，其利益更容易被忽视。此时，异议股东的股权回购制度可有效地矫正其间失衡的利益关系。其二，是改善公司经营管理、提高企业决策的科学性与合理性。异议股东的股权回购在一定程度上能适当约束大股东的恣意行为，会使公司尽可能多地考虑中小股东的利益。

（二）异议股东的股权回购的主体与适用情形

有限责任公司异议股东的股权回购有其特定的主体与适用情形。就其主体而言，异议股东的股权回购请求权行使的是反对股东，即对有限责任公司股东会作出的决议表示反对的股东。公司股东在以下三种情形下才能进行股权回购：（1）公司连续五年不向股东分配利润，而公司该五年连续盈利，并且符合本法规定的分配利润条件的；（2）公司合并、分立、转让主要财产的；（3）公司章程规定的营业期限届满或者章程规定的其他解散事由出现，股东会会议通过决议修改章程使公司存续的。

在实践中，易对上述三种情形中的"转让主要财产"的认定产生争议，一般情况下，先依据公司章程的约定，章程有约定从约定；未约定或者无约定时，法院综合考虑财产占公司资产的比重、转让财产对公司正常经营的影响等因素。

（三）异议股东的股权回购的行使

异议股东应当请求公司回购其股权，并与公司充分交换意见，协商一致并达成股权收购协议。异议股东与公司交换回购意见有一定期限限制，依据《公司法》规定，股东会会议决议通过之日起六十日内股东与公司可达成股权收购协议。这里主要是对股权的"合理的价格"的交换意见。对股权"合理的价格"的认定主要依赖于双方协商，协商一致则可回购。若在此期限内异议股东与公司意见不能达成一致的，异议股东则必须寻求公力救济，即股东可向人民法院提起诉讼，起诉期限为自股东会会议决议通过之日起九十日内。

第九章 股份有限公司

第一节 股份有限公司设立

股份有限公司,简称股份公司,是指公司全部资本分为等额股份,股东以其所持股份为限对公司承担责任,公司以其全部资产对公司债务承担责任的企业法人。

一、股份有限公司的设立方式

(一)股份有限公司的两种设立方式

根据《公司法》第七十七条规定,股份有限公司的设立,可以采取发起设立或者募集设立的方式。发起设立,是指由发起人认购公司应发行的全部股份而设立公司。募集设立,是指由发起人认购公司应发行股份的一部分,其余股份向社会公开募集或者向特定对象募集而设立公司。

(二)发起人的限制及性质

《公司法》没有明确限制发起人的国籍,但对发起人的住所作出了限制性规定,从而间接地对发起人的国籍作出了某种限制。《公司法》第七十八条规定,需有过半数的发起人在中国境内有住所。所谓在中国境内有住所,就自然人而言,是指其户籍所在地、身份登记记载的居所或者其经常居所在中国境内;就法人而言,是指其主要办事机构所在地在中国境内,这样规定便于国家对其进行监督管理,以防在股份有限公司设立过程中产生问题。而发起人就其性质来说,是设立中公司的机关,他们对外代表设立中的公司,对内履行公司设立行为,依发起人协议和法律确定其各自及相互的权利与义务。依照《公司法》，发起人既可以是自然人，也可以是法人，作为自然人的发起人，必须具有完全民事行为能力。

二、股份有限公司的设立条件

与有限责任公司相比较，股份有限公司的设立条件更为严格，《公司法》第七十六条规定：（1）发起人符合法定人数；（2）有符合公司章程规定的全体发起人认购的股本总额或者募集的实收股本总额；（3）股份发行、筹办事项符合法律规定；（4）发起人制订公司章程，采用募集方式设立的经创立大会通过；（5）有公司名称，建立符合股份有限公司要求的组织机构；（6）有公司住所。

根据这一法条规定，设立股份有限公司应当具备以下六个具体条件。

（一）发起人必须符合法定人数

《公司法》第七十八条规定，设立股份有限公司，应当有二人以上二百人以下为发起人，股份有限公司的筹资和经营具有开放性和流动性，股东人数较多，流动大，不利于国家对其进行监督管理和承担责任，故以二百人作为分界线，二百人以下推定为发起设立，二百人以上推定为募集设立。运行中的股份有限公司股东人数巨大，法律允许在公司设立时一部分股东代表公司行为并承担公司设立责任，这也有利于维护公共利益和潜在股东的合法权益。

（二）有符合公司章程规定的全体发起人认购的股本总额或者募集的实收股本总额

大陆法系的国家对股份有限公司的资本一般都规定了最低限额，我国2013年修改的《公司法》则均取消了对有限责任公司和股份有限公司注册资本最低限额的要求，但是法律、行政法规及国务院对股份有限公司注册资本最低限额另有规定的，仍需从其特别规定。《公司法》第八十条规定："股份有限公司采取发起设立方式设立的，注册资本为在公司登记机关登记的全体发起人认购的股本总额。在发起人认购的股份缴足前，不得向他人募集股份。股份有限公司采取募集方式设立的，注册资本为在公司登记机关登记的实收股本总额。法律、行政法规以及国务院决定对股份有限公司注册资本实缴、注册资本最低限额另有规定的，从其规定。"由此可以看出，发起设立的股份有限公司，只要全体发起人认足章程规定的股本总额即可成立；募集设立的股份有限公司，发起人及全体认股人应当缴付全部注册资本后才能成立。

（三）股份发行、筹办事项符合法律规定

这是指发起人在设立股份有限公司时，必须严格遵守法律对股份发行规定的条件和程序，且发起人必须按照法律规定发行股份并进行其他筹办事项。

（四）发起人制订公司章程，采用募集方式设立的经创立大会通过

公司章程是公司内部的自治性法规，一旦形成，不管在设立中，还是存续中都是公司的行为准则。在一般情况下，股份有限公司是发起设立的，全体发起人就是公司成立之初的全体股东，所以，在设立阶段由发起人共同制订的公司章程，就被认为是成立后公司的全体股东共同制订的。但是，股份有限公司是在募集设立时，特别是向社会不特定人公开募集时，由于认股者人数众多，章程不可能由成千上万个认股者一起来起草制订，而只能由承担设立责任的发起人来制订。但发起人只占全体认股人中的很少一部分，他们的意思并不能当然地被推定为全体认股人的意思，所以根据《公司法》第九十条的规定，由发起人制订的公司章程，应在公司创立大会上讨论通过，通过的持股比例，要求经出席创立大会的认股人所持表决权的过半数同意，才能被认为是由全体股东共同制订的。而只有股东共同制订的章程，才能对公司、股东、董事、监事、高级管人员具有约束力，才能成为真正的公司章程。

（五）有公司名称，建立符合股份有限公司要求的组织机构

这要求一是公司的名称应当符合法律、行政法规的规定，根据《公司登记管理条例》第十七条规定："设立公司应当申请名称预先核准。法律、行政法规或者国务院决定规定设立公司必须报经批准，或者公司经营范围中属于法律、行政法规或者国务院决定规定在登记前须经批准的项目的，应当在报送批准前办理公司名称预先核准，并以公司登记机关核准的公司名称报送批准。"二是依照《公司法》和公司章程的规定

设立、运作公司的组织机构,如股东大会、董事会、经理及监事会。

(六)有公司住所

公司主要办事机构所在地是公司的住所。

股份有限公司只有依法具备了上述六个条件,才能获准成立,取得法人资格。

三、股份有限公司的设立程序

正如前文所述,股份有限公司的设立方式有两种:发起设立和募集设立,发起人可根据法律、法规对所设公司在资本上的要求及发起人自身的出资条件和意愿,选择确定公司的设立方式,这两种设立方式在程序上也存在着区别,具体如下。

(一)发起设立的程序

发起设立是指由发起人认购公司发行的全部股份、无须向社会募集股份而设立公司的方式。《公司法》第八十三条规定:"以发起设立方式设立股份有限公司的,发起人应当书面认足公司章程规定其认购的股份,并按照公司章程规定缴纳出资。以非货币财产出资的,应当依法办理其财产权的转移手续。发起人不依照前款规定缴纳出资的,应当按照发起人协议承担违约责任。发起人认足公司章程规定的出资后,应当选举董事会和监事会,由董事会向公司登记机关报送公司章程以及法律、行政法规规定的其他文件,申请设立登记。"发起设立的程序较为简单,基本程序是:(1)发起人签订发起人协议;(2)发起人制定公司章程;(3)发起人以书面认足章程规定其认购的股份并缴纳股款和办理财产权转移手续;(4)发起人认足章程规定的出资后,选举公司董事会和监事会;分期出资的发起人,在首次出资后应当选举董事会和监事会;(5)办理公司注册登记。

(二)募集设立的程序

募集设立,是指由发起人认购公司应发行股份的一部分,其余股份向社会公开募集或发行,或者向特定对象募集而设立公司。募集设立股份有限公司需要向社会发行股份,所以相对发起设立要复杂得多。采用募集方式在申请公司设立登记之前,除了同发起设立股份公司一样,需要经过订立发起人协议、发起人共同制定公司章程的程序，还需履行或经过以下程序。

1. 发起人认购股份

《公司法》第八十四条规定，以募集设立方式设立股份有限公司的，发起人认购的股份不得少于公司股份总数的百分之三十五；但是，法律、行政法规另有规定的，从其规定。

2. 公告招股说明书，并制作认股书

依据《公司法》第八十五条规定："发起人向社会公开募集股份，必须公告招股说明书，并制作认股书。认股书应当载明本法第八十六条所列事项，由认股人填写认购股数、金额、住所，并签名、盖章。认股人按照所认购股数缴纳股款。"而招股说明书，又称募股章程，是公司发起人制订的，向社会公开的，旨在使社会公众了解公司基本情况和认股具体办法的、便于公众认购公司股份的书面文件。《公司法》第八十六条详细规定了招股说明书的载明事项：（1）发起人认购的股份数；（2）每股的票面金额和发行价格；（3）无记名股票的发行总数；（4）募集资金的用途；（5）认股人的权利、义务；（6）本次募股的起止期限及逾期未募足时认股人可以撤回所认股份的说明。

3. 签订承销协议和代收股款协议

《公司法》第八十七条规定，发起人向社会公开募集股份，应当由依法设立的证券公司承销，签订承销协议。第八十八条规定，发起人向社会公开募集股份，应当同银行签订代收股款协议。代收股款的银行应当按照协议代收和保存股款，向缴纳股款的认股人出具收款单据，并负有向有关部门出具收款证明的义务。由此起到一种第三方监管的作用。

4. 缴纳股款

《公司法》第八十九条第一款规定，发行股份的股款缴足后，必须经依法设立的验资机构验资并出具证明。

5. 召开创立大会

创立大会相当于拟设公司的临时性议事机构，召开在公司成立前，由发起人、认股人参加。《公司法》第八十九条规定，发起人应当自股款缴足之日起三十日内主持召开公司创立大会。创立大会由发起人、认股人组成。发行的股份超过招股说明书规定的截止期限尚未募足的,或者发行股份的股款缴足后,发起人在三十日内未召开创立大会的,认股人可以按照所缴股款并加算银行同期存款利息,要求发起人返还。

创立大会的任务是在公司成立之前,讨论决定公司设立过程中的重大事项,公司一旦成立,创立大会就被股东大会取代,相当于公司成立前的第一次"股东大会"。依据《公司法》第九十条规定,发起人应当在创立大会召开十五日前将会议日期通知各认股人或者予以公告。创立大会应有代表股份总数过半数的发起人、认股人出席,方可举行。

创立大会行使下列职权:(1)审议发起人关于公司筹办情况的报告;(2)通过公司章程;(3)选举董事会成员;(4)选举监事会成员;(5)对公司的设立费用进行审核;(6)对发起人用于抵作股款的财产的作价进行审核;(7)发生不可抗力或者经营条件发生重大变化直接影响公司设立的,可以作出不设立公司的决议。

创立大会对前款所列事项作出决议,必须经出席会议的认股人所持表决权过半数通过。

6. 申请设立登记并公告

《公司法》第九十二条规定:"董事会应于创立大会结束后三十日内,向公司登记机关报送下列文件,申请设立登记:(1)公司登记申请书;(2)创立大会的会议记录;(3)公司章程;(4)验资证明;(5)法定代表人、董事、监事的任职文件及其身份证明;(6)发起人的法人资格证明或者自然人身份证明;(7)公司住所证明。

以募集方式设立股份有限公司公开发行股票的,还应当向公司登记机关报送国务院证券监督管理机构的核准文件。"创立大会召开之日起的三十日内,由董事会向公司登记机关申请设立登记。公司登记机关自接到申请书之日起三十日内作出是否予以登记的决定,决定登记的,发给营业执照,营业执照签发之日即公司成立之日,公司成立后向社会发布公告。

四、股份有限公司发起人的设立责任

股份有限公司发起人的设立责任,既包括公司不能成立时,发起人的责任，又包括公司设立过程中及公司成立后，发起人的责任。《公司法》对这三种情形下的责任都作了详细规定。

（一）公司不能成立时，发起人的责任

导致公司不能成立的原因有很多，比如不满足《公司法》第七十六条中公司成立的条件；以募集设立方式设立股份有限公司的，发起人认购的股份，少于第八十四条规定的公司股份总数的百分之三十五；亦或是发生不可抗力或者经营条件发生重大变化直接影响公司设立，创立大会作出不设立公司的决议。当公司不能成立时，发起人对外需要承担连带责任，发起人之间按照协议或者按照出资比例按份承担责任。根据《公司法》第九十四条的规定，股份有限公司的发起人应当承担下列责任。

一是对设立行为所产生的债务和费用负连带责任。债务包括实施设立公司行为时产生的合同之债和侵权之债，费用指实施设立公司行为时，产生的各种各样的费用，包括租赁办公场所产生的费用、购买办公物资产生的费用、召开前期会议产生的费用等。

二是对认股人已缴纳的股款，负返还股款并加算银行同期存款利息的连带责任。当公司不能成立时，募集认股人即转化为发起人的债权人，发起人需要返还认股人已经缴纳的股款，并加算银行同期存款利息。

（二）公司成立后，发起人的责任

当出现出资不足的情况时，发起人需要承担的责任。《公司法》第九十三条规定："股份有限公司成立后，发起人未按照公司章程的规定缴足出资的，应当补缴；其他发起人承担连带责任。股份有限公司成立后，发现作为设立公司出资的非货币财产的实际价额显著低于公司章程所定价额的，应当由交付该出资的发起人补足其差额；其他发起人承担连带责任。"

公司设立过程中，发起人对公司的损害赔偿责任。根据《公司法》第九十四条第三款规定，在公司设立过程中，由于发起人的过失致使公司利益受到损害的，应当对公司承担赔偿责任。这种赔偿责任是在公司成立的过程中，由于发起人的过失产生的，所以承担的前提是公司已经

成立,由有过失的发起人承担由于其过错给公司造成的损害赔偿。

第二节 股份有限公司的股份或股票发行与转让

一、股份和股票的概念与分类

(一)股份的概念

根据《公司法》第一百二十五条第一款的规定,股份有限公司的资本划分为股份,每一股的金额相等。由此可以看出,股份是股份有限公司基本的构成单位,每股金额乘以公司股份总数即是公司股本总额。

(二)股票的概念

《公司法》第一百二十五条第二款规定:"公司的股份采取股票的形式。股票是公司签发的证明股东所持股份的凭证。"股票是股份的外在表现形式,是资本有价证券。股票既是一种流通证券,可以流通和转让,又是一种要式证券,其形式、记载事项等,都必须符合法律的规定,如《公司法》第一百二十八条规定,股票采用纸面形式或者国务院证券监督管理机构规定的其他形式。股票应当载明下列主要事项:(1)公司名称;(2)公司成立日期;(3)股票种类、票面金额及代表的股份数;(4)股票的编号。股票由法定代表人签名,公司盖章。发起人的股票,应当标明发起人股票字样。

(三)股份和股票的分类

由于股票是股份的外在表现形式,所以股份的类型和股票的类型是一致的,依照不同的标准,可以将股份和股票划分为以下不同类型。

1. 记名股和不记名股

顾名思义,记名股即股票所记载的内容中包含股东姓名或名称,不记名股即股票所记载的内容中不包含股东姓名或名称。公司可以发行记名股,也可以发行不记名股,《公司法》第一百二十九和第一百三十条规定了公司发行记名股和不记名股的具体要求,公司向发起人、法人发行的股票,应当为记名股票,并应当记载该发起人、法人的名称或者姓名,不得另立户名或者以代表人姓名记名。其中,公司发行记名股票的,应当置备股东名册,记载下列事项:(1)股东的姓名或者名称及住所;(2)各股东所持股份数;(3)各股东所持股票的编号;(4)各股东取得股份的日期。公司发行无记名股票的,应当记载其股票数量、编号及发行日期。

2. 有票面值股票和无票面值股票

根据股票是否记明每股金额来划分,股票可以分为有票面值股票和无票面值股票。有票面值股票,是在股票上记载每股的金额。无票面值股票,只是记明股票和公司资本总额,或每股占公司资本总额的比例。《公司法》第一百二十九条规定:"股票发行价格可以按票面金额,也可以超过票面金额,但不得低于票面金额。"根据《公司法》第一百二十八条,将票面金额作为股票上应当载明清楚的主要事项,推定我国实际上禁止发行无票面值股票。

3. 普通股与特别股

根据股票所代表的权利大小来划分,股票可以分为普通股票和特别股票。普通股是股份有限公司发行的标准股份或股票。持有普通股的股东,根据法律或章程的规定享有权利或承担义务,不享有或不承担特别的权利或义务。

特别股是其所代表的权利与义务大于或小于普通股的股份或股票,包括后配股与优先股。后配股股东只能后于普通股股东参与公司利润或剩余财产的分配。优先股是股东在分配股利或公司剩余财产时享有优先权的股份或股票。

4. 新股与旧股

根据股份发行先后顺序,分为旧股与新股。旧股是指在股份有限公司发行前就存在的股份,发起设立的公司第一次发行的股份为旧股,募集设立的公司,发起人所购买与招募的股份为旧股。

新股是指在股份有限公司存续中新发行的股份,与原有股份没有关系。《公司法》第一百三十三条至第一百三十六条,对公司发行新股作了详细要求,公司发行新股,股东大会应当对下列事项作出决议:新股种类及数额;新股发行价格;新股发行的起止日期;向原有股东发行新股的种类及数额。公司经国务院证券监督管理机构核准公开发行新时,必须公告新股招股说明书和财务会计报告,并制作认股书。公司发行新股,可以根据公司经营情况和财务状况,确定其作价方案。公司发行新股募足股款后,必须向公司登记机关办理变更登记,并公告。

二、股份或股票发行

(一)股份或股票发行的含义

发行股份或股票有两种情况:一是股份有限公司还未成立,经批准拟成立新公司,为筹集资本而进行的出售和分配股份的法律行为;二是已成立的公司为了增资发行新股票。股票发行是公司新股票的出售过程,新股票一经发行,经中间人或直接进入认股人之手,认股人认购,持有股票,即成为股东。《公司法》第一百三十二条规定:"股份有限公司成立后,即向股东正式交付股票。公司成立前不得向股东交付股票。"

(二)股份或股票发行的原则和价格

股份有限公司的股票,作为流通证券和股东出资凭证,其发行必须遵循一定的原则,以此来保护投资者的信赖利益,维护经济社会秩序。《公司法》第一百二十六条第一款规定:"股份的发行,实行公平、公正的原则,同种类的每一股份应当具有同等权利。"具体要求体现在《公司法》第一百二十六条第二款,即同次发行的同种类股票,每股的发行条件和价格应当相同;任何单位或者个人所认购的股份,每股应当支付相同价额。同次发行的同种股份,股东所享有的权利利益应当是相同的,这有利于保护每位股东的合法权益。

《公司法》第一百二十七条规定:"股票发行价格可以按票面金额,也可以超过票面金额,但不得低于票面金额。"基于此,我国股票发行采用平价发行或者溢价发行的方式,溢价发行反映了在社会市场经济体制下,价格由市场这只无形的手调节的客观规律。

(三)股份或股票发行的方式

根据股票发行是否向社会公开和是否由证券公司作为中间承销机构发行,股票的发行方式可分为如下两类。

1. 公开间接发行

指通过中介机构，公开向社会公众发行股票。我国股份有限公司采用募集设立方式向社会公开发行新股时，需由证券经营机构承销的做法，就属于股票的公开间接发行。这种发行方式的发行范围广、发行对象多，易于足额募集资本；股票的变现性强，流通性好；股票的公开发行还有助于提高发行公司的知名度和扩大其影响力。但这种发行方式也有不足，主要是手续繁杂，发行成本高。

2. 不公开直接发行

指不公开对外发行股票，只向少数特定的对象直接发行，因而不需经中介机构承销。我国股份有限公司采用发起设立方式和以不向社会公开募集的方式发行新股的做法，即属于股票的不公开直接发行。这种发行方式弹性较大，发行成本低；但发行范围小，股票变现性差。

（四）新股发行的条件和程序

1. 新股公开发行的条件

《证券法》第十三条规定："公司公开发行新股，应当符合下列条件：（1）具备健全且运行良好的组织机构；（2）具有持续盈利能力，财务状况良好；（3）最近三年财务会计文件无虚假记载，无其他重大违法行为；（4）经国务院批准的国务院证券监督管理机构规定的其他条件。

上市公司非公开发行新股，应当符合经国务院批准的国务院证券监督管理机构规定的条件，并报国务院证券监督管理机构核准。"

2. 新股公开发行的程序

《公司法》第一百三十三条至第一百三十六条，对公司发行新股作了详细要求。首先，公司发行新股，股东大会应当对下列事项作出决议：新股种类及数额；新股发行价格；新股发行的起止日期；向原有股东发行新股的种类及数额。其次，公司经国务院证券监督管理机构核准公开发行新股时，必须公告新股招股说明书和财务会计报告，并制作认股书。再次，公司发行新股，可以根据公司经营情况和财务状况，确定其作价方案。最后，公司发行新股募足股款后，必须向公司登记机关办理变更登记，并公告。

三、股份或股票转让

（一）股份或股票转让的含义

股份转让是指股份的持有人和受让人之间达成协议，持有人自愿将自己所持有的股份以一定的价格转让给受让人，受让人支付价金的行为。《公司法》第一百三十七条规定，股东持有的股份可以依法转让，由此可以看出，我国股份转让或买卖，在法律允许的范围内，一般不受限制，比较自由，这是由股份有限公司作为资合性公司和开放性公司的特点决定的。

（二）股份或股票转让的限制

上文所述股份转让可以依法进行，一般不受限制，但自由是相对的，在其他方面仍然要受到限制，具体有如下限制。

1. 对转让场所的限制

根据《公司法》第一百三十八条规定，股东转让其股份，应当在依法设立的证券交易场所进行或者按照国务院规定的其他方式进行。

2. 对转让时间的限制

《公司法》第一百四十一条第一款规定，发起人持有的本公司股份，自公司成立之日起一年内不得转让。公司公开发行股份前已发行的股份，自公司股票在证券交易所上市交易之日起一年内不得转让。

3. 对公司高级管理人员转让股份的限制

具体参见《公司法》第一百四十一条第二款规定："公司董事、监事、高级管理人员应当向公司申报所持有的本公司的股份及其变动情况，在任职期间每年转让的股份不得超过其所持有本公司股份总数的百分之二十五；所持本公司股份自公司股票上市交易之日起一年内不得转让。上述人员离职后半年内，不得转让其所持有的本公司股份。公司章程可以对公司董事、监事、高级管理人员转让其所持有的本公司股份作出其他限制性规定。"

4. 对记名股票和不记名股票转让的限制

记名股票，由股东以背书方式或者法律、行政法规规定的其他方式转让；转让后由公司将受让人的姓名或者名称及住所记载于股东名册。

股东大会召开前二十日内或者公司决定分配股利的基准日前五日内,不得进行前款规定的股东名册的变更登记。但是,法律对上市公司股东名册变更登记另有规定的,从其规定。

无记名股票的转让,由股东将该股票交付给受让人后即发生转让的效力。

5. 对公司股份收购的限制

公司原则上不得收购本公司股份,特殊情况下除外,《公司法》第一百四十二条规定,公司依法不得收购本公司的股票,但有下列四种情形之一的除外:(1)经股东大会决议通过收购股票的方式减少公司注册资本,但收购的股份在十日内必须注销;(2)与持有本公司股份的其他公司合并,以这种方式收购的必须在六个月内转让或者注销;(3)经股东大会决议将股份转让给本公司职工的可以收购,以此种方式收购的股份的数额不得超过公司依发行股份总数的百分之五,用于收购的资金来源应当从公司的税后利润中指出,并且所收购的股份必须在一年内转让给职工;(4)股东因对股东大会作出的公司合并、分立决议有异议而要求公司收购股份,以这种方式收购的,自收购之日起的六个月内转让或者注销。

6. 对质押标的物的限制

《公司法》第一百四十二条规定,公司不得接受以本公司股票作为质押权的标的。股票作为一种流通证券是可以质押的,但是质押权设立的前提是债权人可以取得质押标的物,如果允许债务人用持有的本公司股票作为质押,就相当于公司用自己的资金为债务人做担保,不利于扩大公司资本,所以公司不得接受以本公司股票作为质押权的标的物。

7. 对证券服务机构和有关人员所持股票转让的限制

《证券法》第四十五条规定,为股票发行出具审计报告、资产评估报告或者法律意见书等文件的证券服务机构和人员,在该股票承销期内和期满后六个月内,不得买卖该种股票。除前款规定外,为上市公司出具审计报告、资产评估报告或者法律意见书等文件的证券服务机构和人员,自接受上市公司委托之日起至上述文件公开后五日内,不得买卖该种股票。

8. 对证券内幕信息的知情人和非法获取内幕信息的人所持证券转让的限制

《证券法》第七十六条规定，证券交易内幕信息的知情人和非法获取内幕信息的人，在内幕信息公开前，不得买卖该公司的证券，或者泄露该信息，或者建议他人买卖该证券。

四、记名股票被盗、遗失或者灭失的处理办法

《公司法》第一百四十三条规定："记名股票被盗、遗失或者灭失，股东可以依照《中华人民共和国民事诉讼法》规定的公示催告程序，请求人民法院宣告该股票失效。人民法院宣告该股票失效后，股东可以向公司申请补发股票。"《民事诉讼法》对公示催告程序作出如下规定。

（1）按照规定可以背书转让的票据持有人，因票据被盗、遗失或者灭失，可以向票据支付地的基层人民法院申请公示催告。申请人应当向人民法院递交申请书，写明票面金额、发票人、持票人、背书人等票据主要内容和申请的理由、事实。

（2）人民法院决定受理申请，应当同时通知支付人停止支付，并在三日内发出公告，催促利害关系人申报权利。公示催告的期间，由人民法院根据情况决定，但不得少于六十日。

（3）支付人收到人民法院停止支付的通知，应当停止支付，至公示催告程序终结。公示催告期间，转让票据权利的行为无效。

（4）利害关系人应当在公示催告期间向人民法院申报。人民法院收到利害关系人的申报后，应当裁定终结公示催告程序，并通知申请人和支付人。申请人或者申报人可以向人民法院起诉。

（5）没有人申报的，人民法院应当根据申请人的申请，作出判决，宣告票据无效。判决应当公告，并通知支付人。自判决公告之日起，申请人有权向支付人请求支付。

（6）利害关系人因正当理由不能在判决前向人民法院申报的，自知道或者应当知道判决公告之日起一年内，可以向作出判决的人民法院起诉。

第三节　股份有限公司的治理结构

一、股东大会

（一）股份有限公司的股东

1. 股份有限公司股东概述

依据《公司法》规定，股份有限公司的股东大会由全体股东组成，股东是指以自己的名义认购公司股份的主体。股东资格的取得方式有两种：原始取得和继受取得。原始取得包括发起人或募集人原始取得、购买新股原始取得。发起人或募集人原始取得是指股东在公司成立或首次发行股份时，以自己的名义认购公司股份而取得股东资格，这些股东一般是公司的发起人或创办人，包括以募集方式设立股份有限公司时认购股份的股东，即原始股东。购买新股原始取得是指公司对外发行新股时，新近股东通过认购公司新股取得股东资格。继受取得是指通过股份转让、买卖、交易、赠与、继承及公司合并等方式取得股东资格。

2. 股份有限公司股东的权利及义务

股东对公司进行投资，并且按其出资份额对公司享有一定权利，承担一定义务。《公司法》第四条规定："公司股东依法享有资产收益、参与重大决策和选择管理者等权利。"具体包括：参加股东大会及表决权、提案权、质询权、查阅权等权利。同时，股东基于股东资格享受了权利也要承担作为或不作为的义务，比如出资义务、遵守公司章程义务和公司设立后不得抽回股本的义务，违反了义务就要承担法律责任，根据《公司法》第三条第二款规定，股份有限公司的股东以其认购的股份为限对公司承担责任。《公司法》第二十条明确规定了股东责任，公司股东应当遵守法律、行政法规和公司章程，依法行使股东权利，不得滥用股东权利损害公司或者其他股东的利益；不得滥用公司法人独立地位和股东有限责任损害公司债权人的利益。公司股东滥用股东权利给公司或者其他股东造成损失的，应当依法承担赔偿责任。公司股东滥用公司法人独立地位和股东有限责任，逃避债务，严重损害公司债权人利益的，应当对公司债务承担连带责任。

（二）股东大会

1. 股东大会的性质及职权

《公司法》第九十八条规定："股份有限公司股东大会由全体股东组成。股东大会是公司的权力机构，依照本法行使职权。"由此可见，股东大会的性质是行使决策权的权力机构。

股东大会的职权，即股东大会可以决定的事项。根据《公司法》第九十九条规定，股份有限公司股东大会职权，适用《公司法》第三十七条第一款关于有限责任公司股东会职权的规定，但是股份有限公司股东大会行使职权不能以书面形式直接作出决定，只能召开股东大会决定。

2. 股东大会的召开

根据《公司法》第一百条，股东大会的召开原则上应当每年召开一次，但是有下列特殊情形之一的，应当在两个月内召开临时股东大会：（1）董事人数不足本法规定人数或者公司章程所定人数的三分之二时；（2）公司未弥补的亏损达实收股本总额三分之一时；（3）单独或者合计持有公司百分之十以上股份的股东请求时；（4）董事会认为必要时；（5）监事会提议召开时；（6）公司章程规定的其他情形。

《公司法》规定股东大会的召开需要由董事会召集，董事长主持，同时制定了相应救济措施，来保障股东大会召集权的行使。《公司法》第一百零一条规定："股东大会会议由董事会召集，董事长主持；董事长不能履行职务或者不履行职务的，由副董事长主持；副董事长不能履行职务或者不履行职务的，由半数以上董事共同推举一名董事主持。董事会不能履行或者不履行召集股东大会会议职责的，监事会应当及时召集和主持；监事会不召集和主持的，连续九十日以上单独或者合计持有公司百分之十以上股份的股东可以自行召集和主持。"

除上文所述之外，股东大会的召开，还需将会议召开的时间、地点和审议的事项于会议召开前通知各股东，具体要求参见《公司法》第一百零二条规定："召开股东大会会议，应当将会议召开的时间、地点和审议的事项于会议召开二十日前通知各股东；临时股东大会应当于会议召开十五日前通知各股东；发行无记名股票的，应当于会议召开三十日前公告会议召开的时间、地点和审议事项。单独或者合计持有公司百分之三以上股份的股东，可以在股东大会召开十日前提出临时提案并书面提交董事会；董事会应当在收到提案后两日内通知其他股东，并将该临时提案提交股东大会审议。临时提案的内容应当属于股东大会职权范围，并有明确议题和具体决议事项。股东大会不得对前两款通知中未列明的事项作出决议。无记名股票持有人出席股东大会会议的，应当于会议召开五日前至股东大会闭会时将股票交存于公司。"

3. 股东大会的表决

《公司法》第一百零三条第一款规定，股东出席股东大会会议，所持每一股份有一表决权。这里体现的是参加股东大会会议的股东，进行表决时行使的权利是以其持有股份多少来决定权利大小的，即同股同权。

股东大会作出决议，必须经出席会议的股东所持表决权的半数以上通过。这里表明的股东大会的议事方式是采取由股东根据其所持股份多少，对股东大会的审议事项表示赞成或不赞成，最后以多数票形成肯定或否定的决议，即"简单多数通过"，股东大会的决议是一种共同行为。股东大会所作出的决议分为两种，即普通决议和特别决议。普通决议，是必须经出席会议的股东所持表决权的半数以上通过的决议，如《公司法》第一百零四条："本法和公司章程规定公司转让、受让重大资产或者对外提供担保等事项必须经股东大会作出决议的，董事会应当及时召集股东大会会议，由股东大会就上述事项进行表决。"；特别决议，是必须经过出席会议的股东所持表决权的三分之二以上通过的决议。《公司法》第一百零三条第二款规定，股东大会作出修改公司章程、增加或者减少注册资本的决议，以及公司合并、分立、解散或者变更公司形式的决议，必须经出席会议的股东所持表决权的三分之二以上通过。这就是属于特别决议事项。

股东行使表决权，除了直接在股东大会上投出表决表之外，还有累积投票制。根据《公司法》第一百零五条，累积投票制，是指股东大会选举董事或者监事时，每一股份拥有与应选董事或者监事人数相同的表决权，股东拥有的表决权可以集中使用。股东大会选举董事、监事，可以依照公司章程的规定或者股东大会的决议，实行累积投票制。

最后，股东大会应当对所议事项的决定作成会议记录。《公司法》第一百零七条规定："股东大会应当对所议事项的决定作成会议记录，主持人、出席会议的董事应当在会议记录上签名。会议记录应当与出席股东的签名册及代理出席的委托书一并保存。"

二、董事会

（一）董事会的性质及职权

股份有限公司的董事会是公司股东大会的执行机构，对公司股东大会负责。

根据《公司法》第四十六条规定，董事会对股东会负责，行使下列职权：召集股东会会议，并向股东会报告工作；执行股东会的决议；决定公司的经营计划和投资方案；制订公司的年度财务预算方案、决算方案；制订公司的利润分配方案和弥补亏损方案；制订公司增加或者减少注册资本以及发行公司债券的方案；制订公司合并、分立、解散或者变更公司形式的方案；决定公司内部管理机构的设置；决定聘任或者解聘公司经理及其报酬事项，并根据经理的提名决定聘任或者解聘公司副经理、财务负责人及其报酬事项；制定公司的基本管理制度；公司章程规定的其他职权。

（二）董事会的组成

根据《公司法》规定，股份有限公司设董事会，其成员为五人至十九人。董事会成员中可以有公司职工代表。董事会中的职工代表由公司职工通过职工代表大会、职工大会或者其他形式民主选举产生。董事会设董事长一人，可以设副董事长。董事长和副董事长由董事会以全体董事的过半数选举产生。董事任期由公司章程规定，但每届任期不得超过三年。董事任期届满，连选可以连任。特殊情况下，董事任期届满未及时改选，或者董事在任期内辞职导致董事会成员低于法定人数的，在改选出的董事就任前，原董事仍应当依照法律、行政法规和公司章程的规定，履行董事职务。

（三）董事会会议规则

董事会作为执行公司决策的执行机构，为了防止董事的随意决策给公司或股东造成利益损失，公司大多数的决策都需要通过董事会会议的方式来实现。基于此，《公司法》也制定了一系列法规，来规范董事会会议的召开流程，主要表现在以下几个方面。

1. 董事会会议的召开

董事会会议分定期会议和临时会议，《公司法》第一百一十条规定，董事会每年度至少召开两次会议，每次会议应当于会议召开十日前通知全体董事和监事。代表十分之一以上表决权的股东、三分之一以上董事或者监事会，可以提议召开董事会临时会议。董事长应当自接到提议后十日内，召集和主持董事会会议。董事会召开临时会议，可以另定召集董事会的通知方式和通知时限。此外，根据《公司法》第一百一十一条第一款的规定，董事会会议的召开必须达到法定人数，需要有过半数的董事出席方可举行。

2. 董事会会议的召集与主持

《公司法》第一百零九条第二款规定："董事长召集和主持董事会会议，检查董事会决议的实施情况。副董事长协助董事长工作，董事长不能履行职务或者不履行职务的，由副董事长履行职务；副董事长不能履行职务或者不履行职务的，由半数以上董事共同推举一名董事履行职务。"董事会会议，应由董事本人出席，董事因故不能出席，根据《公司法》第一百一十二条第一款规定可以书面委托其他董事代为出席，委托书中应载明授权范围。

3. 董事会会议的表决和会议要求

《公司法》第一百一十一条和第一百一十二条分别规定了董事会会议的表决和会议要求。董事会决议的表决，实行一人一票。董事会作出决议，必须经全体董事的过半数通过。董事会应当对会议所议事项的决定作成会议记录，出席会议的董事应当在会议记录上签名。董事应当对董事会的决议承担责任。董事会的决议违反法律、行政法规或者公司章程、股东大会决议，致使公司遭受严重损失的，参与决议的董事对公司负赔偿责任。但经证明在表决时曾表明异议并记载于会议记录的，该董事可以免除责任。

三、经理

经理属于公司的高级管理人员,《公司法》第一百一十三条规定,股份有限公司设经理,由董事会决定聘任或者解聘。有限责任公司关于经理职权的规定,适用于股份有限公司经理。第一百一十四条规定,公司董事会可以决定由董事会成员兼任经理。

四、监事会

(一)监事会的性质和职权

监事会是股份有限公司对公司事务进行监督管理而设立的监督机构,是为了防止董事会、经理滥用职权,损害公司和股东利益,而设置这种专门监督机关,代表股东行使监督职能。设立监事会有利于保护股东合法利益,保证公司健康有序运行和发展。

《公司法》第五十三条、第五十四条关于有限责任公司监事会职权的规定,适用于股份有限公司监事会。监事会行使职权所必需的费用,由公司承担。

(二)监事会的组成

股份有限公司设监事会,其成员不得少于三人,董事、高级管理人员不得兼任监事,监事的任期每届为三年。监事任期届满,连选可以连任。《公司法》第一百一十七条规定:"监事会应当包括股东代表和适当比例的公司职工代表,其中职工代表的比例不得低于三分之一,具体比例由公司章程规定。监事会中的职工代表由公司职工通过职工代表大会、职工大会或者其他形式民主选举产生。监事会设主席一人,可以设副主席。监事会主席和副主席由全体监事过半数选举产生。监事会主席召集和主持监事会会议;监事会主席不能履行职务或者不履行职务的,由监事会副主席召集和主持监事会会议;监事会副主席不能履行职务或者不履行职务的,由半数以上监事共同推举一名监事召集和主持监事会会议。"

(三）监事会会议的召开和表决

与有限责任公司每一年至少召开一次定期监事会议不同，股份有限公司是每六个月至少召开一次定期监事会议。《公司法》第一百一十九条规定，监事会每六个月至少召开一次会议。监事可以提议召开临时监事会会议。

监事会议的表决应当经半数以上监事通过且要制作会议记录。《公司法》第一百一十九条规定："监事会的议事方式和表决程序，除本法有规定的外，由公司章程规定。监事会决议应当经半数以上监事通过。监事会应当对所议事项的决定作成会议记录，出席会议的监事应当在会议记录上签名"。

五、对公司高级管理人员的特别规定

（一）公司不得向董事、监事、高级管理人员提供借款

此条规定是为了防止公司高级管理人员利用在公司的职权和地位，为自己谋取个人利益，公司董事、监事或者其他高级管理人员，如果为了公司发展的需要借用公司资金，则需要公司的批准；如果借用公司资金是为了个人私用，则不被允许，因为私自借用大量公司资金，可能会影响公司的业务执行，造成公司资金链断裂，所以《公司法》第一百一十五条规定："公司不得直接或者通过子公司向董事、监事、高级管理人员提供借款。"

（二）公司应当向股东披露董事、监事、高级管理人员从公司获得报酬的情况

根据《公司法》第一百一十六条规定，公司应当定期向股东披露董事、监事、高级管理人员从公司获得报酬的情况。此条规定是为了保障公司股东的知情权，公司股东享有知情权、质询权，股东作为公司出资人，是公司实际经营运行的背后主人，而公司的运行情况包括公司高级管理人员的情况，公司定期向股东披露董事、监事、高级管理人员从公司获得报酬的情况，有利于股东对公司董事、监事、高级管理人员进行监督，从侧面也有利于保护股东的权利。

民商事法律基础知识

第四节　上市公司组织机构的特别规定

一、上市公司概述

上市公司和非上市公司的区别在于，其股票是否经证券交易所批准在证券交易所公开挂牌交易。《公司法》第一百二十条规定，上市公司，是指其股票在证券交易所上市交易的股份有限公司。股份有限公司想成为上市公司，需要满足一定条件，根据我国《证券法》第四十六条第一款规定："申请证券上市交易，应当向证券交易所提出申请，由证券交易所依法审核同意，并由双方签订上市协议。"同时《证券法》第四十七条规定了，申请证券上市交易，应当符合证券交易所上市规则规定的上市条件。证券交易所上市规则规定的上市条件，应当对发行人的经营年限、财务状况、最低公开发行比例和公司治理、诚信记录等提出要求。

上市公司股票上市交易的条件和禁止交易的行为，详见《证券法》第四十六条至第六十一条的规定。

二、上市公司的表决权

由于上市公司股本规模大且股东人数众多又分散，公司的决议变动产生的风险较大，所以上市公司关于重大资本的变动，需经出席会议的股东所持表决权的三分之二以上通过。《公司法》第一百二十一条规定，上市公司在一年内购买、出售重大资产或者担保金额超过公司资产总额百分之三十的，应当由股东大会作出决议，并经出席会议的股东所持表决权的三分之二以上通过。

同时，为了规避风险，上市公司董事与董事会会议决议事项所涉及的企业有关联关系的，则另有规定。《公司法》第一百二十四条规定："上市公司董事与董事会会议决议事项所涉及的企业有关联关系的，不得对该项决议行使表决权，也不得代理其他董事行使表决权。该董事会会议由过半数的无关联关系董事出席即可举行，董事会会议所作决议需经无关联关系董事过半数通过。出席董事会的无关联关系董事人数不足三人的,应将该事项提交上市公司股东大会审议。"

三、上市公司的董事会秘书

董事会秘书为上市公司高级管理人员,由董事会聘任并对董事会负责,是上市公司与证券交易所之间的指定联络人。董事会秘书应该具备一定的专业知识,这是董事会秘书的职业所必须的。《公司法》第一百二十四条规定:"上市公司设董事会秘书,负责公司股东大会和董事会会议的筹备、文件保管以及公司股东资料的管理,办理信息披露事务等事宜。"董事会秘书的职责为:对外负责公司信息披露、投资者关系管理;对内负责股权事务管理、公司治理、股权投资、筹备董事会和股东大会,保障公司规范化运作等事宜,具体如下。

一是负责公司股东大会和董事会会议的筹备、文件保管,即按照法定程序筹备股东大会和董事会会议,准备和提交有关会议文件和资料;负责保管公司股东名册、董事名册,大股东及董事、监事和高级管理人员持有本公司股票的资料,股东大会、董事会会议文件和会议记录等。

二是负责公司股东资料的管理,如股东名册等资料的管理。

三是负责办理信息披露事务。如督促公司制定并执行信息披露管理制度和重大信息的内部报告制度,促使公司和相关当事人依法履行信息披露义务,按照有关规定向有关机构定期报告和临时报告;负责与公司信息披露有关的保密工作,制订保密措施,促使董事、监事和高级管理人员以及相关知情人员在信息披露前保守秘密,并在内幕信息泄露时及时采取补救措施。

上市公司设立董事会秘书,其可以成为公司大量具体经营活动的直接经手人和见证人,对公司经营管理人员的权力具有制约的作用,保护了投资者的合法权益,实现了股东利益的安全。

第十章　公司的变更

第一节　公司的合并

一、公司合并概述

（一）公司合并的概念界定

公司合并是指两个及两个以上的公司，根据《公司法》的规定，通过自主订立合并协议的方式，无须经过清算程序，直接合并为一家公司的法律行为。

《公司法》第一百七十四条规定："公司合并时，合并各方的债权、债务，应当由合并后存续的公司或者新设的公司承继。"因此，在公司合并的过程中虽然有公司解散了，但是合并者的所有债权债务关系由合并后存续或新设的公司概括承受，对于外部的债权人和债务人而言，不太可能产生不利影响，因而无需经过清算程序。

（二）公司合并的原因

在经济全球化的时代，市场竞争越来越激烈，企业为了在市场上有一定的立足之地，纷纷选择进行公司合并。在通常情况下，公司合并的原因主要有以下几点。

1. 扩张公司规模，取得规模效益

相同行业的几家公司进行合并，可以实现企业间的资源优化配置，达到资源共享，实现强强联合，减少竞争对手，从而扩大合并后的公司在本行业的市场份额，增强公司的竞争力和知名度。不同行业的几家公司进行合并，企业能够在保持原有经济领域的同时，向新的领域扩张，发展跨行业协作，融合各行业的领域优势，从而实现多样化经营，全方位发展。

2. 利用合并机会，规避破产风险

一般而言，劣势公司在激烈的市场竞争中面临着巨大的淘汰风险。通过与强势公司的合并，抓住合并机会，在公司无力经营之时，将公司的财产关系和股东关系概括地转移到存续或新设的公司，这就避免了付出昂贵的解散及清算费用，从而避免了公司破产的法律后果，在某种程度上也保住了原有的营业。

3. 亏损充抵盈利，实现节税目的

在集团企业内部，常常有部分子公司由于经营不善而常年亏损的情况发生，而部分子公司却常年盈利缴纳大量的所得税，亏损企业的亏损额在缴纳税款前无法得到弥补，这就增加了企业的税收成本。通过将劣势子公司合并的方式，将其身份变为企业的分支机构，把独立的纳税人变成非独立纳税人，可以帮助集团企业利用递延所得税资产实现节税的目的，从而改变这种部分纳税、部分亏损得不到弥补的局面。

（三）公司合并的特征

公司合并具有以下特征：(1) 基于公司之间的共同意思，通过合同的方式达成协议。现行《公司法》第一百七十三条规定："公司合并，应当由合并各方签订合并协议，并编制资产负债表及财产清单。"在充分尊重私法自治原则的基础上，以各个公司为主体，由合并各公司的股东（大）会分别作出合并的意思表示，最终各公司签订合并协议；(2) 公司合并不会导致合并前公司的股东资格消失。公司合并会导致原公司法人资格的丧失，但已注销的原公司的股东依然可以在新公司中取得相应的股东资格和股权；(3) 无须经过清算程序。公司合并可以在不进行清算的前提下改变公司的存在、财产结构和股权结构等。

二、公司合并形态

《公司法》第一百七十二条规定："公司合并可以采取吸收合并或者新设合并。"

（一）吸收合并

吸收合并，又称存续合并或兼并，是指两个或两个以上公司在合并过程中，一个公司吸收其他公司而继续存续，被吸收的公司注销登记并解散的合并方式。经过合并，购受企业以支付现金、发行股票或其他代价取得另外一家或几家其他企业的资产和负债，继续保留其法人地位，而另外一家或几家企业合并后丧失了独立的法人资格。例如，2008年10月，上海电气集团股份公司吸收合并上海输配电股份公司实现整体上市。

（二）新设合并

新设合并，也称创设合并或新建合并，是指两个或两个以上公司在合并中同时解散，另外共同设立一个新公司的合并方式。例如，2021年1月27日辽宁省内共有15家城商行，其中有12家银行：铁岭银行、抚顺银行、阜新银行、营口沿海银行、朝阳银行、鞍山银行、丹东银行、营口银行、葫芦岛银行、辽阳银行、本溪银行、盘锦银行参与合并重组为"辽宁银行"。

三、公司合并程序

由于各国的法律规定不同，各国公司的合并方式也存在差异。本书仅以吸收合并与新设合并为典型，谈谈公司合并的一般程序。

（一）制订合并计划

由董事会制订合并方案或者合并计划。如果涉及国有企业、外商投资企业的，需经政府有关部门批准。国有企业合并的批准部门应为国有资产管理部门，外商投资企业合并的批准部门应为当地的商务部门。如果是上市公司，还要经过公告程序。

（二）签订合并协议

公司合并协议是指由两个或者两个以上的公司就公司合并的有关事项而订立的书面协议。协议的内容应当载明法律、法规规定的事项和双方当事人约定的事项，一般来说应当包括以下内容。

（1）公司的名称、住所、公司类型、法人代表。这里所讲公司的名称与住所包括合并前的各公司的名称与住所和合并后存续公司或者新设公司的名称与住所。公司名称应当与公司登记时的名称相一致，并且该名称应当是公司的全称；公司的住所应当是公司的实际住所即总公司所在地。

（2）存续或者新设公司合并后的投资总额和注册资本，以及每个出资人所占投资总额的比例等。

（3）合并各方现有的资本及对现有资本的处理方案。

（4）合并各方所有的债权、债务的处理方案。

（5）存续公司的公司章程是否变更，公司章程变更后的内容，新设公司的章程如何订立及其主要内容。

（6）审计机构的聘任。

（7）公司合并各方认为应当载明的其他事项，如职工和高管人员的安排、特许经营事项的处理等。

（三）通过合并协议

公司合并应当由公司股东会或者股东大会作出合并决议，之后方可进行其他工作。公司合并会影响到股东利益，如股权结构的变化。根据《公司法》第四十三条、第四十六条的规定，应由董事会制订公司合并、分立、解散或者变更公司形式的方案；股东会会议作出修改公司章程、增加或者减少注册资本的决议，以及公司合并、分立、解散或者变更公司形式的决议，必须经代表三分之二以上表决权的股东通过。第六十六条规定，国有独资公司不设股东会，由国有资产监督管理机构行使股东会职权。国有资产监督管理机构可以授权公司董事会行使股东会的部分职权，决定公司的重大事项，但公司的合并、分立、解散、增加或者减少注册资本和发行公司债券，必须由国有资产监督管理机构决定；其中，重要的国有独资公司合并、分立、解散、申请破产的，应当由国有资产监督管理机构审核后，报本级人民政府批准。

（四）编制资产负债表和财产清单

资产负债表是反映公司资产及负债状况、股东权益的公司重要的会计报表，是会计合并中必须编制的报表。合并各方应当真实、全面地编制此表，以反映公司的财产情况，不得隐瞒公司的债权、债务。此外，公司还要编制财产清单，清晰地反映公司的财产状况。财产清单应当翔实、准确。

(五) 向债权人通知和公告

根据《公司法》第一百七十三条的规定,公司应当自作出合并决议之日起十日内通知债权人,并于三十日内在报纸上公告。一般来说,对所有的已知债权人应当采用通知的方式告知,只有对那些未知的或者不能通过普通的通知方式告知的债权人才可以采取公告的方式。通知和公告的目的主要是告知公司债权人,以便让他们作出决定,对公司的合并是否提出异议,此外,公告也可以起到通知未参加股东会(股东大会)的股东的作用。债务人自接到通知之日起三十日内,未接到通知的自公告之日起四十五日内,可以要求公司清偿债务或者提供相应的担保。不清偿债务又不提供担保的,公司不得合并。

(六) 合并登记

合并登记分为解散登记和变更登记。公司合并以后,解散的公司应当到工商机关办理注销登记手续;存续公司应当到登记机关办理变更登记手续;新成立的公司应当到登记机关办理设立登记手续。公司合并只有进行登记后,才能得到法律上的承认。此外,因合并使各合并公司的原债权债务关系发生变化,需要以书面形式将合并完成的结果告知债权人及债务人。

四、公司合并的法律后果

(一) 被合并的公司解散,法人资格通过注销登记而丧失

几个公司进行合并后,总有一方公司或者双方公司消灭。对于吸收合并而言,兼并公司可以继续存在,被兼并的公司则是通过注销登记丧失法人资格。对于新设合并而言,原公司均自动丧失法人资格。

(二) 公司的合并行为会导致公司的变更或设立

对于吸收合并而言,存续公司承受了消灭公司的权利和义务,因而会发生组织变更,比如注册资本、公司章程、股东出资额以及股东权利等事项,都需要办理变更登记。对于新设合并而言,参与合并的原公司的消灭会产生一个新的公司,这同样需要办理新设登记。

(三)权利和义务的概括承受

合并前的公司的权利义务均由存续公司或新设公司进行概括承受,包含不动产、动产、知识产权等综合性财产以及各种债务,都将会无条件地转移到合并后的公司,归入其法人财产权范围。除此之外,在公司职工无异议的前提下,原公司存在的雇佣关系也应当毫无保留地转入合并后的公司之中。

五、公司合并中对利害关系人的保护

(一)对中小股东利益的保护

中小股东作为公司中的"弱势群体",在发生控股股东利用绝对控制权,操控股东(大)会的决议与其他公司进行合并的情况下,其合法权益是很容易受到损害的。在"强强联合"的合并情况下,由于是两家公司的优质资产进行结合,对中小股东的权益不会造成太大的影响,因此中小股东们一般不会存在异议。然而在"强弱联合"的合并情况下,强势企业面对弱势企业的加入,很大程度会增加其债务负担甚至可能出现拖垮强势公司的风险,此时涉及自身利益的保护,强势公司的股东也就未必会支持公司合并。

为了保护对公司合并持反对意见的少数派股东的正常权益,法律例外的赋予了此类股东股份回购请求权,它是指对公司合并持有异议的股东有权请求公司以公正价格回购自己所持有股份的权利。

这一制度渊源于普通法国家,最早见之于美国俄亥俄州1851年的判例法中。许多国家和地区的法律都对异议股东股份回购请求权作出了规定。例如,美国《模范公司法》第十三章"异议者的权利"即对股份回购请求权的适用范围、主体资格、权利内容、行使程序、司法评估等问题作出了详细的规定。日本《商法典》第四百零八条第三款规定,在股东合并承认大会之前,以书面形式通知公司反对合并的意见,且在大会上反对承认合并契约书的股东,可以向公司提出由于未承认决议,需按公正的价格买回其股份的请求。

根据《公司法》第七十四条规定,有限责任公司合并时,"对股东会该项决议投反对票的股东可以请求公司按照合理的价格收购其股权"。

"自股东会会议决议通过之日起六十日内,股东与公司不能达成股权收购协议的,股东可以自股东会会议决议通过之日起九十日内向人民法院提起诉讼。"第一百四十二条规定,股份有限公司的股东对股东大会作出的公司合并决议持异议,有权要求公司收购其股份;公司对因此收购的股份,应当在六个月内转让或者注销。这一规定体现了对中小股东权益的合理保护,以立法的方式赋予了异议股东股份回购请求权。这是出于对利益平衡的考虑,为维护法律意义上的公平不致受损,异议股东股份回购请求权制度应运而生,使得不愿意接受多数股东决策的弱势投资者能获得公平补偿,以达到既满足了多数股东变革公司经营的愿望,又给异议股东提供了补偿,从非自愿改变的投资中及早脱身的目的。

(二)对债权人利益的保护

1. 债权人在公司合并中享有的权利

债权人在公司合并中享有的权利包括知情权、异议权(即要求清偿债务或提供担保的请求权)、权利损害的救济请求权等。

在公司合并即债务人变更的过程中,债权人首先享有知情权。合并各方当事人有义务向债权人告知合并的事实及享有的异议权。各国立法对此均作有规定。如日本商法第一百条规定,公司应在合并决议作出之日起两周内在政府公报上向债权人公告,告知其对合并有异议的,应当在一定期间内提出,并分别催告已知的债权人;留给债权人提出异议的期间,不得少于一个月。法国公司法规定,公司合并方案由合并各方公司在各处总机构所在省的法定公告报纸上予以公告。《公司法》第一百七十三条规定,公司应当自作出合并决议之日起十日内通知债权人,并于三十日内在报纸上公告。据此规定,首先,公司对已知的债权人负有进行个别通知的义务。《民法典》第五百五十一条规定:"债务人将债务的全部或者部分转移给第三人的,应经债权人同意。债务人或者第三人可以催告债权人在合理期限内予以同意,债权人未作表示的,视为不同意。"第五百五十五条规定:"当事人一方经对方同意,可以将自己在合同中的权利义务一并转让给第三人。"第五百五十六条规定:"合同的权利和义务一并转让的,适用债权转让、债权转移的有关规定。"所以,对债权人的个别通知是合并公司作为债务人的法定义务,绝不允许以公告方式取代。要坚决制止债务人仅发布公告，故意不通知债权人，以使债权人因未看公告可能不知公司合并信息，阻碍其行使异议权的欺诈逃债等行为。其次，对潜在的或有债权人、因地址不详等原因无法进行个别通知的债权人，公司应以公告方式进行告知。

在新设合并的情况下，应由合并前的各个公司分别通知或公告其债权人。在吸收合并即兼并的情况下，被吸收合并的公司应通知本公司债权人，合并后将继续存续的公司应当同时通知因为其是将来债务的履行主体，并负有依据《公司法》向对公司合并有异议的债权人清偿债务或公告本公司与各被吸收合并公司的债权人。强调合并后存续公司的全面通知或公告义务，是或者提供相应担保的义务。

合并公司通知和公告的内容应当包括：公司合并的基本情况，债权人的异议权即可以要求公司清偿债务或提供相应的担保，异议提出的期间、方法，以及了解公司合并详细情况的渠道等。

2. 债权人对公司合并的异议权

在公司合并中，保护债权人权益的核心措施是维护债权人对公司合并的异议权。有的学者认为，异议的成立应以公司合并对债权人形成实质危害为条件。法国、意大利等国家的立法采用此种做法。也有的学者认为，只要债权人提出异议，合并公司就应履行清偿或担保义务，无须证明公司合并已经对债权人形成实质损害。笔者赞成第二种观点，尽管有人认为其有悖于适度保护的原则。这样做，一方面因为在实践中界定公司合并对债权人是否造成实质性损害，是一件成本很高、非常复杂而又难以举证的工作；另一方面，《公司法》对债权人的异议权行使并无限制条件，《民法典》第五百五十一条、第五百五十五条也将债权人同意作为债务转移的无条件必备要件，所以公司合并各方清偿债务或提供担保义务的履行也应是无条件的。

《公司法》规定，债权人对公司合并有异议的，可以要求公司清偿债务或者提供相应的担保。债权人的异议应在接到通知之日起三十日内或公告之日起四十五日内（未接到通知者）提出，否则视为同意合并。如果合并公司未履行通知和公告义务，或者不按照债权人的要求清偿债务或者提供相应的担保，债权人可就其权利损害行使救济请求权。

六、公司合并无效及其诉讼

违反《公司法》《合同法》和其他法律、行政法规中强制性规定的公司合并协议无效。鉴于公司合并涉及多方公司及其股东、职工、债权人等利益相关者的切身利益,公司合并无效只能由法院通过司法审查程序予以确认。公司合并中的任何一方当事人和利害关系人均可向法院提起公司合并无效确认之诉。

公司合并行为由法院判决宣告无效后,应当及时予以公告。第三人倘若对公司合并无效判决提出异议,应当在该判决公告后的合理期限内提出。

法院在确认公司合并无效时除了严格遵守法定的司法审查程序,还应严格遵守实体法律规则,并充分弘扬鼓励公司合并无效的司法理念。法院可以确认其有效、也可确认其无效的,法院应当尽量确认其有效。对于可以补救的法律瑕疵,法院应当责令有关公司在一定期限内予以改正。

为维护交易安全,宣告公司合并无效的判决本身并不影响存续公司在判决公告之前所负的债务的效力。

第二节 公司的分立

一、公司分立概述

(一) 公司分立的概念界定

公司分立是指一个公司,根据《公司法》的规定,通过签订协议的方式,无须经过清算程序,分为两个或两个以上公司的法律行为。

(二) 公司分立的原因

作为现代公司分散投资风险、提高盈利能力的重要经营战略,公司分立对于集团内部进行资产重组、调整公司的组织结构具有积极意义。在通常情况下,公司分立的原因主要有以下几点:

1. 简化管理行为，提高管理效率

由于部分集团公司控制的资产规模和范围很大，往往存在部分机构设置臃肿、管理线长的问题，适当削减公司内部官僚组织机构，将一家公司分为多家公司，有利于简化管理行为，完善公司治理。

2. 调整主营范围，突出主营业务

在多元化经营的情况下，公司经营范围变得模糊，这往往会导致规模经济的丧失和经营管理费用的增加等问题。进一步清晰公司的经营范围，剥离与主营业务关系不大的资产，进而实现产品和服务的精品化与专业化，使主营业务更加突出，从而提升公司核心竞争力。

3. 解决内部纠纷，破解公司僵局

在公司存续过程中，股东通过不断行使各种权利来推动公司的运作，股东之间或股东与非股东之间也时常发生股权转让的情况，由此会引发股东权纠纷、股权转让纠纷等。为了消除势不两立的经营者股东之间的对抗，避免发生公司内部的权利斗争，可以通过公司分立，让两个控股股东各自掌握一个公司的管理权，从而避免了公司僵局。

（三）公司分立的特征

公司分立具有以下特征:(1)公司分立是一种单方法律行为。仅仅依据分立前公司的股东（大）会作出的单方面决议，即可产生公司分立的法律效果。除此之外，在有法律依据的授权下，政府也可出于反垄断的目的采取强制拆分措施;(2)公司分立并不会导致原公司股东资格的丧失。在存续公司或新设公司中，分立前公司的股东依然享有原有的股东资格;(3)需依照法律规定的条件和程序进行，目前主要是以《公司法》《公司登记管理条例》《关于外商投资企业合并与分立的规定》等相关规定作为依据;(4)公司分立导致既有公司数量的增加，而公司合并导致既有公司数量的减少。

二、公司分立形态

以公司分立前后的组织形态变化为准，公司分立分为新设分立与存续分立。

（一）新设分立

新设分立，又称解散分立，指一个公司全部资产分解为两个或者两个以上的新公司，原公司解散。新设分立实质上是对新设合并的逆向操作。例如，A公司分立为B公司与C公司，A公司则告消灭。当公司股东或者管理层围绕公司的投资和经营决策产生重大分歧、或者公司业务过于繁杂致使股东很难对公司各项业务的投资价值作出判断时，公司股东或者管理层往往倾向于公司分家。

（二）存续分立

存续分立，又称派生分立，指一个公司以其部分资产另设一家或者数家新公司，原公司存续。存续分立实质上是对吸收合并的逆向操作。例如，A公司分立为A公司与B公司，其中原来A公司的法人资格依然保留。在实践中，总公司为了实现资产扩张，降低投资风险，往往把其分公司改组成具有法人资格的全资子公司。此时总公司也转化为母公司。母公司仅以其投资额为限对新设子公司债务负有限责任。公司也可以划出部分资产作为投资，与其他股东共同发起设立新公司。

三、公司分立程序

由于各国的法律规定不同，各国公司的分立方式也存在差异。本书仅以新设分立与存续分立为典型，谈谈公司分立的一般程序。

（一）董事会起草公司分立方案

拟分立公司的董事会应当以书面形式起草公司分立方案。公司分立方案至少应当载明下列事项：（1）拟分立的公司的类型、名称和住所；（2）股份交换的比例及现金的支付金额；（3）分配股份的条件；（4）新取得股份的股东开始享有公司利润分配请求权的日期以及影响该权利的特殊条件；（5）被分立公司的营业活动开始在会计上被视为存续公司或新设公司的营业活动日期；（6）存续公司或新设公司赋予被分立公司特别股股东、股票之外的证券持有人的权利或者其他有关方案；（7）对注册会计师事务所以及拟分立公司的董事、监事和高级管理人员赋予的特别利益；（8）向分立后公司或存续公司转移公司资产与债务的精确说明和分配情况；（9）向拟分立公司的股东分配存续公司或新设公司的股份的情况及其分配标准；(10) 存续公司和新设公司的章程草案等。

（二）公布公司分立方案

为帮助广大股东正确判断公司分立的利弊，使股东在参加股东会决议之前有所心理准备，拟分立公司应当在决定该问题的股东大会会议召开之前按法定方式将公司分立方案通知全体股东。

（三）股东大会作出公司分立的特别决议

鉴于公司分立对公司命运与广大股东的切身利益密切相关，公司分立由股东会作出决议（《公司法》第三十八条第一款第九项），公司分立属于资本绝对多数决事项、而非资本简单多数决事项，公司分立决议属特别决议，而非普通决议。因此，股东会作出公司分立决议时，必须经代表三分之二以上有限责任公司表决权的股东通过（《公司法》第四十四条第二款）或者必须经出席会议的股东所持股份有限公司表决权的三分之二以上通过（《公司法》第一百零四条第二款）。倘若公司发行了不同类别的股份，公司分立决议还需得到各类股份股东以绝对资本多数决规则表示同意。

董事会应当在分立公司的股东会上解释分立方案的内容，说明编制分立方案尤其是股份转换比例的法律和经济理由，以及报告起草中遇到的特殊评估困难。必要时董事会应当聘请会计师事务所审查分立方案，并向股东会提交书面报告，对公司分立草案的内容尤其是股份转换比例是否公平合理发表意见。

股东大会决议的内容包括两个不可或缺的重要内容：一是批准分立方案；二是为推行公司分立计划而修改既有的公司章程或通过新设公司的章程。在新设公司的情形下，就公司分立而召开的股东会可以视为新设公司的发起人会议。

（四）异议股东保护程序

不同股东对公司分立的利弊有着不同的看法。因此，公司分立决议很难获得全体股东一致同意。为保护对公司分立持反对意见的少数派股东的正当权益，法律例外赋予此类股东退股权。在有限责任公司，对股东会作出的公司分立决议投反对票的股东可以请求公司按照合理的价格收购其股权。自股东会会议决议通过之日起六十日内，股东与公司不能达成控制权收购协议的,股东可以自股东会会议决议通过之日起九十日内向人民法院提起诉讼(《公司法》第七十五条)。在股份有限公司,对股东大会作出的公司分立决议持异议的股东也有权要求公司收购其股份;但是,公司回购的股份应当在六个月内予以注销(《公司法》第一百四十三条)。

(五)分割公司财产

公司分立,其财产作相应的分割。公司应当在合理期限内编制资产负债表及财产清单(《公司法》第一百七十六条)。在存续分立的情况下,由于财产分割导致存续公司财产减少,存续公司应当将资本减少事项记载于公司章程。

(六)债权人保护程序

为保护债权人利益免于不当公司分立行为的威胁,《公司法》第一百七十六条规定:"公司应当自作出分立决议之日起十日内通知债权人,并于三十日内在报纸上公告。"由于《公司法》未规定公司分立的公告次数,允许拟分立公司在法定期限内只公告一次,债权人应当格外留意债务人公司的分立信息。即使被分立公司未履行通知与公告义务,也不影响公司分立的效力,但分立后公司不得以公司分立的事实对抗分立前公司的债权人。

为保护交易安全,《公司法》第一百七十七条明确规定了公司分立后诸分立公司之间的连带清偿责任:"公司分立前的债务由分立后的公司承担连带责任。但是,公司在分立前与债权人就债务清偿达成的书面协议另有约定的除外。"这意味着,债权人可以只对分立后的一家公司主张债权,也可以同时对分立后的全部公司主张债权。被选择的公司应当心悦诚服地清偿债务,而不能相互推诿,互踢皮球。其实,《合同法》第九十条对该问题早有明文规定:"当事人订立合同后分立的,除债权人和债务人公司另有约定的以外,由分立的法人或者其他组织对合同的权利和义务享有连带债权,承担连带债务。"可见,《公司法》第一百七十七条实际上是《合同法》第九十条在公司法领域的翻版。二者除在文字表述上稍有差异外,其立法理念并无二致,都在于加大债权人的保护力度,但允许拟分立公司与债权人秉于契约自由精神,达成相反的约定。例如，拟分立公司可在分立前与债权人约定：拟分立后的公司按照约定比例分别对债权人承担按份债务清偿责任，但彼此之间不存在连带责任；也可约定：只有分立后的特定公司对原公司债务负责，至于其他分立后的公司不对原公司债务负责。

（七）办理公司分立登记

公司分立的，应当依法向公司登记机关办理相应登记手续。（1）被分立公司解散的，应当依法办理公司注销登记；（2）设立新公司的，应当依法办理公司设立登记（《公司法》第一百八十条第一款）；（3）分立后存续公司登记事项发生变化的，应当申请变更登记（《公司登记管理条例》第三十九条第一款）。

公司分立时的变更登记应当遵循严格的时间要求。公司分立的，应当自公告之日起四十五日后申请登记，提交分立决议或者决定以及公司在报纸上登载公司分立公告的有关证明和债务清偿或者债务担保情况的说明。法律、行政法规或者国务院决定规定公司分立必须报经批准的，还应当提交有关批准文件（《公司登记管理条例》第三十九条第二款）。

四、公司分立的法律效果

公司分立同时发生以下法律效果。

（一）公司的变更、设立和解散

根据公司分立的具体形态，原公司终止存在或者存续。在新设分立的情况下，原公司解散，丧失法人人格，产生了两个及两个以上的新公司。在存续分立的情况下，原公司仅仅发生相关登记事项如注册资本等的变化，法人人格依然存在，并产生新的法人人格（分立公司）。需要注意的是分立后的新设公司之间、新设公司与存续公司之间互相独立，均为独立法人。

（二）股东和股权的变化

被分立公司的股东按照公司分立决议确定的内容变成存续公司或新设公司的股东。但是，根据我国《公司法》第七十五条和第一百四十三条规定，股东倘若对股东会作出的公司分立决议持异议，有权要求公司以合理价格收购其所持股权（股份）。

(三)债权债务的承受

根据《公司法》第一百七十六条规定:"公司分立前的债务由分立后的公司承担连带责任。但是,公司在分立前与债权人就债务清偿达成的书面协议另有约定的除外。"分立前公司的债权债务关系由分立后的存续公司或新设公司概括继受,也即分立前公司的资产和负债分别移转于新设公司和存续公司。这种效力不仅存在于分立后的公司之间,同样也对有利害关系的第三人发生效力。

就对内关系而言,在内部债务承担比例这个问题上,一般是根据分立后的存续公司或新设公司接受被分立公司资产的比例来进行分配的。需要注意的是,这种内部的债务承担比例在没有取得债权人的同意的情况下,是没有对抗外部债权人的法律效力的,而且分立后的公司仍然要对继受的债务(不包括分立后公司单独创设的债务)承担连带责任。

五、公司分立中对利害关系人的保护

(一)对异议股东的保护

对于有限公司来讲,由于是小公司,资产联合的因素与人合因素均存在。股东之间合作不好,通过公司分立可以避免股东矛盾加剧,如果股东起诉请求公司分立,法院尚无明确的法律依据去支持,甚至无法受理诉讼。在股东间其他诉讼进行过程中,特别是股东针对公司提起的解散案件中(其原委和分歧的实质是股东之间的合作关系破裂),基于明确是非的基础,法院可根据实际情况将引导股东形成分立的决议作为一种解决方案。司法解散公司是法院在管辖公司纠纷中所能行使的较为严厉的手段,其在法理上是成立的,而司法分立公司对于法院而言似乎是逾越了商业判断规则的限制。这正如跨一大步是到了小溪的对岸,是正常的选择;而迈一小步则掉进了河沟,两脚淤泥,得不偿失。一旦股东就公司分立达成一致意见,并且公司的股东会作出决议时,即由起诉的一方申请撤诉处理,或者由法院进行调解解决。法院在对公司分立事务调解解决时,由于涉及资产分割和债权债务分配,在没有债权人普遍参与的情况下无法真正适当处理,因此公司分立的调解需以公司债权人的参加为前提。分立的确定是法律赋予股东会的权力,法院的调解是外部的促成因素。

股东之间合作的亲善关系一旦破裂，公司治理就会陷入僵局，与其解散公司，不如通过分立加以处理，这样就能够保留股东们在商业方面已经形成的客观空间和主观能力，保留公司作为经济发展的基础元素，也能对社会有所良益。

（二）对债权人的保护

按照《公司法》的规定，公司的债权人没有实质权利阻止公司的分立活动，即公司不经债权人同意的情况下也可实现分立。债权人在收到公司分立事项的通知后三十日内，未接到通知的债权人在公告日起算的四十五日内，即与公司开始谈判，要求履行债务或要求对债务的履行提供担保。（1）债务人公司立即清偿了债务或债务之大部；（2）债务人公司提供了担保，债权人接受了此项担保；（3）债权人认为其债权的实现不受公司分立的影响，同意了债务人公司所提议的债务偿还安排。

发生这三种情况中的任意一种，意味着公司的分立排除了债权人阻却的关口。在公司分立的情形下，债权人的利益保障有两种法律机制：一是请求公司立即偿还债务或者与公司达成提供担保或者同意公司的偿债安排，债权人处在主动地位且有选择权；二是立即向法院起诉公司偿还债务，即使债务未到期也视为到期。债权人的目的在于其债权利益的实现，而公司分立因法律规定在债权人与公司就债务清偿安排未达成协议的情形下由分立后的各家公司连带承担偿还责任给债权人以保障，故不赋予债权人实质阻止公司分立的权利是合理的。毕竟，公司分立不同于公司减资。公司分立是公司迫不得已的举动，或者是公司改革之举，债权人在自己利益不会被损害的情形下，不能阻止公司分立。

（三）对债务人的保护

在公司分立时，公司的债务人因欠公司的钱物，负有给付义务，或已到期尚未履行完毕，或尚未到履行期间，或为分期履行但延时较长，在公司分立完成时无法履行完毕。未到期的债务，处于分立程序中的公司不得以到期债务论。由于债务履行的接受方的变更没有对债务人增加新的义务或风险，故只要债权人同意即可实现债权债务关系的转化。这就是说，债权人公司在分立时，就某一债权的受偿在未来分立后的公司间作出分配，并由债权人公司书面告知债务人，即可以实现转移，债务人不具有非经其同意不得变更债权人的抗辩权，任何状态下的诉讼均得为债务人败诉，除非债权人公司与债务人互负义务而未得公平实现，或者分立后的公司在法定的诉讼时效内未曾主张债权。

六、公司分立无效及其诉讼

违反《公司法》和其他法律、行政法规中强制性规定的公司分立行为无效。鉴于公司分立涉及多方公司及其股东、职工、债权人等利益相关者的切身利益，公司分立无效只能由法院通过司法审查程序予以确认。公司分立中的任何一方当事人和利害关系人均可向法院提起公司分立无效确认之诉。

公司分立行为由法院判决宣告无效后，应当及时予以公告。第三人倘若对公司分立无效判决提出异议，应当在该判决公告后的合理期限内提出。

法院在确认公司分立无效时既要严格遵守法定的司法审查程序，还应严格遵守实体法律规则，并充分弘扬鼓励公司分立无效的司法理念。法院对某一公司分立行为可确认其有效、也可确认其无效的，法院应当尽量确认其有效。对于可以补救的法律瑕疵，法院应当责令有关公司在一定期限内予以改正。

为维护交易安全，宣告公司分立无效的判决本身并不影响分立公司在公司分立无效判决公告前所负的债务的效力。

第三节　公司的其他重要变更

一、公司注册资本的变更

（一）资本变更的概念

注册资本是公司在公司登记机关登记的全体股东认缴的出资额或股本总额，或者募集的实收股本总额，它是公司对外承担法律责任的物质基础。公司出于经营需要，增加或减少注册资本应当由股东（大）会决议。因为不适当地增加资本有可能导致资金过剩，使利润率降低，影响到股东的权益，而减少资本则与债权人利害攸关，可能使其债权的清偿增加风险，所以我国台湾地区"公司法"一度曾规定，公司不得减少注册资本。我国公司立法在公司资本方面采用资本不变的原则，即公司的注册资本非依法定程序，不得任意增加或减少。从理论上讲，股份有限公司增加或减少注册资本的形式主要有两种，即增加或减少股份数额和增加或减少每股股份的金额。由于在我国的实践中，股份有限公司每股股份的金额均确定为1元，所以增加或减少注册资本通常采取增加或减少股份数额的模式。

公司在增减注册资本过程中，应依法去市场监督管理部门进行变更登记。公司以法定公积金转增为注册资本的，应当留存的该项公积金不少于转增公司注册资本的百分之二十五。股份有限公司以公开发行新股方式或者上市公司以非公开发行新股方式增加注册资本的，还应当提交国务院证券监督管理机构的核准文件。

（二）增加资本

公司增加注册资本对保护公司债权人有利，但若增资不当，造成资金利用率低，则会降低资本收益率，影响到股东的利益。为使注册资本的增加符合公司利益，《公司法》规定有公司增加注册资本的相应程序。

有限责任公司增加注册资本时，股东认缴新增资本的出资，按照设立有限责任公司缴纳出的正常经营运转，《公司法》第三十四条规定，有限责任公司新增资本时，股东有权优先按照实缴（而非认缴）的出资比例认缴出资。但为尊重股东的意思自由，《公司法》还规定，全体股东约定不按照出资比例优先认缴出资的可以除外。

股份有限公司为增加注册资本发行新股时，股东认购新股应当按照设立股份有限公司缴纳股款的有关规定执行。

采取发行折中资本制或授权资本制的国家通常规定，在注册资本的数额内增加发行资本数额，由公司董事会即可作出决定，只有超过注册资本数额的发行才需要股东（大）会作出决议。其在注册资本的数额内增加实发资本数额的发行，通常称为非增资发行新股。

《公司法》在2005年及2013年修订后采用的资本制度通常被认为

是认缴折中资本制，即要求股东认缴全部注册资本，但允许股东分期缴付资本，这使注册资本与实缴资本的数额便可能不同。由于在注册资本的数额内增加实缴资本数额，并不改变注册资本的数额，所以此种情况不属于增资，而是变更实收资本。

（三）减少资本

主要是指当公司因严重亏损等原因造成实有资产与注册资本数额差距过大时，为使注册资本数额与公司实有资产基本相符而采取的减资措施。从实践情况看，公司减少注册资本可分为形式上的减资与实质上的减资。形式上的减资，在公司进行形式上减资时，股东不因减资而从公司抽走任何资金或资产，也不影响股东应履行而尚未履行的出资义务。减资仅仅是注册资本登记数额上的变更，不发生公司财产数量或股东出资义务上的变化。实质上的减资，是指因股东减少对公司的出资，即从公司收回相应资金或资产而进行的减资。此外，股东在认购注册资本后对尚未到期实缴的资本数额予以减少，从股东不从公司实际抽走已有资金或资产的角度看，与形式上减资有共通之处。但是，由于这种减资实际上减少了股东在公司进入破产程序时的出资缴纳义务，所以对债权人的利益也有不利影响，这一点又与实质上减资接近，故也应当予以限制。我国立法没有规定形式上减资与实质上减资的区别处理。

公司减资尤其是实质上的减资可能对债权人的利益造成不利影响，所以必须予以严格规范。为保障债权人的合法权益，《公司法》对公司注册资本的减少程序作了强行性的规定。

（1）公司减少注册资本应当由董事会制订方案，由股东（大）会作出公司减资决议。公司必须编制资产负债表及财产清单。资产负债表可以反映拟减少注册资本之公司的资产和负债情况，财产清单则载明公司的现存财产状况。通过编制资产负债表及财产清单，可以让公司债权人清楚地了解到公司的生产经营状况和负债情况，有利于其在公司减资时采取相应措施保护自己的债权。

（2）公司应当履行对债权人的通知义务，并在债权人提出要求时清偿债务或提供担保。公司在其股东（大）会作出减少注册资本决议之日起十日内应当通知债权人，并于三十日内在报纸上公告。债权人自接到通知之日起三十日内，未接到通知书的自公告之日起四十五日内，有权要求公司清偿债务或提供相应的担保。公司应该按照债权人的要求或清偿债务，或提供债权人接受的相应担保。公司不履行清偿债务或提供担保的义务，其减少注册资本不得对抗债权人，即减资对债权人无效，股东因减资而从公司收回的财产也要用于清偿债权人。

此外，对于法律、行政法规以及国务院决定对注册资本最低限额作有规定的公司，公司减少注册资本后应符合立法对资本最低额的限制。

公司减少注册资本后，应依法向公司登记机关办理变更登记手续。根据《公司登记管理条例》第三十一条的规定，公司减少注册资本的，应当自公告之日起四十五日后申请变更登记，并应当提交公司在报纸上登载公司减少注册资本公告的有关证明和公司债务清偿或者债务担保情况的各国立法为保证债权人的利益，对公司减少注册资本问题均作有严格规定。如英国1998年《公司法》规定，公司减少注册资本应经过公司股东大会特别决议通过，并向法院申请对减资的认可。公司在申请法院认可时，必须向法院提交公司董事会主席的宣誓书，内容包括公司的基本情况，对股东大会已合法有效地通过减资决议的确认，以及减资的详细情况，并且要提供说明公司债权人已得到充分保护的证据。法院在颁发同意减资的裁决前，要保障公司减资前的债权人权利不受公司减资的不利影响。通常，法院在存在以下情况之一时，可以认为债权人利益已得到充分保护:(1)所有公司债权人均签署对公司减资的同意书;(2)公司开立一信托账户，在该账户上存放与不同意减资的公司债权人债权数额相等的资金，作为清偿保证;(3)由一家注册于英国本土的银行向公司所有债权人出具清偿保证;(4)公司提供减资后公司仍然拥有充分流动资产、足于偿付所有债权人的债权并有相当盈余的财务文件，公司董事及其聘请的审计师要对该财务文件的真实性负责。此外，法院还要审查在公司与其债权人或其他利益相关方的协议中是否有禁止公司减资的规定。如果有此规定，公司减资则必须取得该债权人或利益相关方的同意。公司在取得法院同意减资的裁决后，持裁决到公司登记署办理变更登记。如果因公司进行减资损害了债权人的利益，公司的董事、经理必须证明自己在减资过程中履行了忠诚义务，证明自己同意减资行为的合理性，否则，应对其行为造成的债权人损失承担赔偿责任。英国2006年《公司法》第十七部分第十章"股本减少"对上述规则进行了修改，对减资程序及其后果作出了责任更为严格的系统规定。

首先，公司减少股本有两种情形：(1)封闭性股份有限公司根据第六百四十二条至第六百四十四条的规定，以偿债能力声明支持的特殊决议减少资本；(2)公司根据第六百四十五条至第六百五十一条的规定，以法院确认的特殊决议减少资本。

其次，偿债能力声明是每个董事对公司偿债能力所作的声明，声明内容应包括声明作出之日，公司有能力偿付其债务，而且公司在声明后一年内有清算计划的，则在此后一年内公司能清偿所有债务，而且声明后一年内能清偿所有到期债务。如果董事对登记在登记官处的声明文件所表述的意见没有合理的理由而作出偿债能力声明，每个失职董事构成犯罪。

再次，法院认可决议减资情形下，公司高级管理人员故意或者过失隐瞒债权人或债权性质、数额的，或者故意作出与债权人、债权性质、数额有关的隐瞒或虚假陈述的，构成犯罪。

最后，第六百五十三条规定了对债权人名单有遗漏时公司成员对公司无力清偿债权的清偿责任。

《公司法》对瑕疵减资并未规定相应的法律责任，在实务中也有不同的判决，有学者通过分析实务、理论以及域外规范，提出违反《公司法》第一百七十七条的规定瑕疵减资的，同意减资的股东对于减资前成立的债权在减少注册资本及其利息范围内负有连带清偿责任，不同意减资的股东，以其分配到的资本为限对同意股东承担的清偿责任负有补充清偿责任。

笔者认为，虽然减资对债权人而言兹事体大，但是公司的便利高效运作也需兼顾，所以在因为违反《公司法》第一百七十七条规定的程序和实体规定进行减资而导致债权人得不到清偿的范围内，以股东因为减资而实际分得的金额为限承担责任（不宜区分投同意票或反对票），并可以借鉴英国2006年《公司法》的规定，限定股东责任期限为减资后一年之内。

二、公司组织形式的变更

(一) 组织形式变更概述

公司组织形式的变更,是指有限责任公司变更为股份有限公司及股份有限公司变更为有限责任公司。公司组织形式的变更也是基于经营者的需求。比如,某有限责任公司事业蒸蒸日上,欲上市发行股票,这样就须先将有限责任公司变更为股份有限公司,因为有限责任公司不能发行股票。再如,某股份有限公司经营规模并不大,但机构较多、互相牵制,很不灵活,其变更为有限责任公司后,有些公司机构(如董事会、监事会)可以不设,这样就可以摆脱公司运行不畅的局面。

有限责任公司一般是中小企业的组织形式,股份有限公司特别是股份公司中的上市公司,是大企业的组织形式。所以公司组织形式的变更往往也反映了公司规模的变化。

(二) 组织变更的类型

根据大陆法系各国和地区公司法的规定,公司的组织变更一般包括以下类型。

1. 无限公司变更为两合公司

无限公司经全体股东的同意可以变更为两合公司,变更方法有两种,一是将一部分股东变更为有限责任股东,二是另加入有限责任股东。此外,当无限公司股东经变动而只剩下一人时,可加入新的有限责任股东,而变更为两合公司。

2. 两合公司变更为无限公司

两合公司变更为无限公司的情形有两种,一是经两合公司全体股东的同意,将有限责任股东改为无限责任股东,二是在两合公司的有限责任公司股东全部退股时,经全体无限责任股东同意,两合公司可变更为无限公司。

3. 有限公司变更为股份有限公司

《公司法》第九十五条规定,有限责任公司可变更为股份有限公司。

4. 股份有限公司变更为有限责任公司

有些国家和地区的公司法规定,禁止股份有限公司变更为有限责任公司，如我国台湾地区"公司法"；有些国家公司法则允许股份有限公司变更为有限责任公司，如韩国公司法规定，股份有限公司经全体股东同意，可以变更为有限责任公司。

在我国公司法中，只存在有限责任公司和股份有限公司两种公司形式，《公司法》第九十五条规定了有限责任公司变更为股份有限公司这一种公司变更的形式。

（三）我国公司法关于组织形式变更的规定

《公司法》第九条第一款规定：有限责任公司变更为股份有限公司，应当符合本法规定的股份有限公司的条件。股份有限公司变更为有限责任公司，应当符合本法规定的有限责任公司的条件。

例如，一人有限责任公司变更为股份有限公司，股东应变更为二人以上。再如，股份有限公司变更为有限责任公司，应当把股东减少到五十人以下。公司组织形式变更后，应当到公司登记机关办理变更登记。

《公司法》第九十五条规定：有限责任公司变更为股份有限公司时，折合的实收股本总额不得高于公司净资产额。有限责任公司变更为股份有限公司，为增加资本公开发行股份时，应当依法办理。公司净资产额，是资产总额减去负债。有限责任公司在存续时，既有资产，也会有负债。有限责任公司在变更为股份有限公司时，有限责任公司的股东，因有限责任公司资产向股份有限公司资产的过渡而持有股份有限公司的股份。如不减去负债，则会产生注册资本虚高的情况。有限责任公司的资本一般小于股份有限公司的资本，在有限责任公司变更为股份有限公司时，有时为增加注册资本而公开发行股份。此时，应按法律规定办理。

（四）公司组织形式变更后的效力

根据《公司法》第九条第二款的规定：有限责任公司变更为股份有限公司的，或者股份有限公司变更为有限责任公司的，公司变更前的债权、债务由变更后的公司承继。这种变更后的债权、债务承继，是民法中所说的法定概括承受。所谓"法定"是指法律规定；所谓"概括承受"，是指债权、债务一并承受。

例如，甲股份有限公司变更为甲有限责任公司，甲股份有限公司对乙公司的 100 万元货款债权、对丙公司（商业银行）的 200 万元贷款债务，都由甲有限责任公司一并承受。

三、公司章程修改

（一）修改公司章程概述

公司章程的修改，即公司章程的变更。公司章程是确定公司权利能力和行为能力的重要文件。为了更好地适应经营环境的变化，在不违反法律、行政法规强行性规范的前提下，公司可以修改包括绝对必要记载事项、相对必要记载事项和任意记载事项在内的所有内容。由于公司章程的变更涉及许多不同主体的利益调整，《公司法》规定了修改公司章程的规则。

（二）修改章程的法律要求

1. 修改公司章程的权限专属于公司的权力机构

在大陆法系国家，如德国、法国、日本、意大利等国家，将修改公司章程的权限赋予公司股东会是立法通例。根据《公司法》第三十七条和第九十九条的规定，修改有限责任公司和股份有限公司的章程分别专属于股东会和股东大会。

2. 修改公司章程需以特别决议为之

公司章程的修改涉及公司组织及活动的根本规则的变更，对公司关系甚大，而且还可能关系到其他不同主体的利益调整，因此，公司法将公司章程的变更规定为特别决议事项，从而提高了通过章程修改所需表决权的比例。在大陆法系国家，如德国、法国、日本、意大利等国家，修改公司章程需以特别决议为之亦是立法通例。《公司法》第四十三条规定，有限责任公司修改章程的决议，必须经代表三分之二以上表决权的股东通过；《公司法》第一百零三条规定，股份有限公司修改章程必须经出席股东大会的股东所持表决权的三分之二以上通过。

在其他国家和地区，在公司发行有特别股的情形下，公司章程的修改还需经该种类的股东大会的决议。在股份种类多元化的背景下，这类规定值得借鉴。

此外，公司变更章程须办理相应的变更登记，登记程序的设定可以保证章程内容合法和相对稳定。《公司法》规定了公司章程是申请设立登记必须报送的文件之一。因此，公司章程经修改变更内容之后，也必须办理相应的变更登记，否则，不得以其变更对抗第三人，这是章程变更的对外效力。至于变更章程的对内效力，即对公司、股东、董事、监事、高级管理人员而言，除非章程的变更附条件或者期限，否则，变更章程自股东会或者股东大会决议通过后即发生效力。

第十一章　公司终止

第一节　公司解散

一、基本概念

公司解散，是指导致公司法人资格消灭的法律行为。公司解散是公司法人资格消灭的原因，即已成立的公司出现了章程或法律规定的事由后，丧失其从事营业活动的能力，但公司法人资格并不一定消灭。公司因合并、分立而解散的，公司的法人资格消灭，其权利义务由合并、分立后存续的公司或新设的公司继受。除此之外，公司因其他事由而解散的，公司法人资格并不消灭，而是依法进入清算程序进行清算，在清算活动完结之后，其人格则归于消灭。在学理上，这种解散后进入清算程序的公司，称为清算中公司。①

公司解散的特征如下。

（一）公司解散不等于公司的终止或消灭

公司解散并不立即导致公司人格发生消灭，而只是导致公司人格发生消灭的原因。即已经成立的公司，由于一定的原因而解散后，仅导致其在营业上的权利能力消失，其法人资格仍然存在。

（二）公司解散必须基于一定事由的发生

这种事由可能是基于公司章程的规定，可能是公司股东会的决议，也可能是基于法律的直接规定，还可能是基于行政主管机关或者法院的

---

① 参见朱炎生编：《公司法》第五版，厦门大学出版社2015年版。

命令。

（三）公司解散既是一种行为，也是一种程序

在公司自愿解散的情况下，解散公司体现为一种公司行为。例如，在依照公司章程的规定而解散公司的情形下，它是公司对解散公司的一种预设，一旦满足了公司章程规定的条件，即可解散公司。公司解散也是一种程序，无论自愿解散还是强制解散，均需遵循法定的程序进行。①

二、公司解散的原因及分类

公司解散的原因，按照是否处于公司股东的意愿，分为自愿解散（任意解散）与强制解散（非任意解散）两大类。

（一）自愿解散（voluntary dissolution）

自愿解散，指基于公司自己的意思（可理解为股东的意思）而解散公司。相对于强制解散，这种解散取决于公司公司的意志，与外在意志无关，是一种自愿行为。《公司法》第一百八十条对公司自愿解散的情形作出了规定。

1. 公司章程规定的营业期限届满或者公司章程规定的其他解散事由出现

（1）公司章程规定的营业期限届满。现代公司法一般都承认公司的永久存在，所以原则上公司可以在公司章程中不记载营业期限。如果公司在章程中不记载期限，公司就可以永久存在；但公司章程已经订立有存续期限的，则公司于该期限届满时解散。

（2）其他解散事由出现。常见的其他解散事由有：目标事业已经完成或者无法实现、重要股东消亡、股东低于法定人数等，这都属于章程的相对必要记载事项。一旦章程规定的解散事由出现，公司即解散。

按照《公司法》第一百八十一条规定，公司出现上述情形解散的，可以通过修改公司章程规定的解散事由而存续。但修改章程必须依照法定的程序进行，即有限责任公司需经代表三分之二以上表决权的股东通过，股份有限公司需经出席会议的股东所持表决权的三分之二以上

---

① 参见冯果、彭真明编：《企业公司法》，中国法制出版社2007年版。

通过。

2. 股东会或者股东大会决议解散

股东（大）会作为公司的权利机构，可以决定公司是否解散等重大事项。但公司解散是使公司归于消灭的重大事项，因此法律对此规定了严格的程序。根据《公司法》第四十三条、第一百零三条的规定，有限责任公司股东会对公司解散作出决议，必须经代表三分之二以上表决权的股东通过，股份有限公司必须经出席会议的股东所持表决权的三分之二以上通过。《公司法》第六十一条规定，一人公司的解散由单个股东决定。《公司法》第六十六条规定，国有独资公司不设股东会，其解散由国资委决定；重要的国有独资公司的解散，由国资委审核后报本级人民政府批准。中外合资公司也不设股东会，可以直接由董事会决议解散，并报审批机构批准。

（二）强制解散（compulsory dissolution）

强制解散，是指非由于公司自己的意志而解散公司的情形。强制解散可以区分为两种情形：一是法定解散；二是命令解散。其中命令解散又具体包括两种情形：一是基于行政主管机关的命令而解散，即行政解散；二是基于法院的命令而解散，即裁判解散。

1. 法定解散（statutory dissolution）

法定解散是指基于法律规定的解散事由的发生而解散公司的情形。其主要包括两种情形。

（1）股东不足法定人数。如果股东人数经变动不足法定人数的，公司需解散。例如，在不承认"一人公司"的法制中，股东经变动只剩下一人时构成解散公司的法定理由。我国公司法承认一人有限责任公司，故不存在这一问题，对于股份有限公司，我国公司法既不承认一人股份有限公司，也未将股份有限公司股东人数发生变动不足两人时作为公司的解散事由。在我国，股东人数不足法定人数的，不构成解散的法定事由，公司若想存续，可以变更为一人有限公司。当然，股东决议解散的，则另当自愿解散。

（2）公司合并与分立。《公司法》第一百八十条第三项规定，"因公司合并或者分立需要解散"属于解散事由之一，此为一种法定解散事由。在吸收合并中，被吸收的公司解散；在新设合并中，合并各方解散。而在公司分立中，只有解散分立才会发生被分立的公司解散；存续分立的存续公司和分立公司均不解散。

2. 行政解散（administrative dissolution）

行政解散是指因公司违反法律而行政主管机关作出的行政处罚决定导致公司解散。《公司法》第一百八十条第四项规定，解散事由包括"依法被吊销营业执照、责令关闭或者被撤销"。此为一种行政解散。公司因违反法律、行政法规规定而被行政主管机关吊销法人营业执照、责令关闭或者被撤销，这只是公司的解散事由，并不意味着公司人格的当然消灭。由于公司被吊销法人营业执照、责令关闭或者被撤销后，公司的债权可能尚未受领，公司的债务可能尚未清偿，职工的工资可能尚未支付，拖欠的税款可能尚未缴清，剩余财产可能尚未处理等，因此，应当进行清算。

3. 裁判解散（judicial dissolution）

裁判解散，是指法院在特定情形下，依申请或者职权作出裁决而解散公司的情形。具体包括五种情形。

（1）在上述行政处分中，当事人如果对行政处罚不服，可以通过行政诉讼进行审查，法院一旦作出维持判决，即可强制执行。

（2）在民事诉讼中法院可将强制歇业作为一项救济措施来援用，如制造伪劣药品致人损害的，法院可以强制解散企业。

（3）公司被宣告破产。公司被宣告破产，则不能继续经营其事业，应予解散而进入清算程序，待破产程序终结时，公司即告消灭。

（4）因公司或者公司负责人违法而由法院主动解散公司。比如，基于公司设立目的非法、公司无正当理由在设立后法定期限内未开业或者歇业超过法定期限以上等原因而解散公司。

（5）法院经利害关系人申请而解散公司。

以上情形可指广义的法院裁判解散，仅第四种和第五种情形指狭义的法院裁判解散。从我国的实际情况来看，法院主动依职权解散公司的情形已为行政解散所吸收，所以我们在此只讨论第五种情况。

法院依利害关系人申请裁判解散公司的理由如下：

一是公司申请解散公司。公司本来可以自行决定解散公司，属于自愿解散情形。但是，如果公司在自愿解散中遇到障碍，而公司自身又无法克服，则可以申请法院解散公司并在法院的指导监督下清算公司。

二是股东申请解散公司。股东申请解散公司具有特别意义，主要是为了解决公司僵局或者欺压或者资产浪费等问题。允许股东申请法院解散公司的实质是为公司中少数股东利益提供一种保护机制或者退出机制。

三是债权人申请解散公司。债权人申请解散公司主要是因为其债权清偿可能发生障碍。如债权人的债权已经法院判决，但判决的执行不能使债权人满意，且公司处于破产状态，或者公司书面承认债务到期但公司却处于破产状态。

《公司法》第一百八十条将"人民法院依照本法第一百八十二条的规定予以解散"作为解散公司的事由之（五）。根据《公司法》第一百八十二条的规定，公司经营管理发生严重困难，继续存在会使股东利益受到重大损失，通过其他途径不能解决的，持有公司全部股东表决权百分之十以上的股东，可以请求人民法院解散公司。该条规定的目的在于解决公司僵局等公司内部纠纷问题。公司僵局是指在公司存续期间发生严重内部矛盾导致公司不能正常运作，甚至使股东利益受到严重损失。这种现象在公司实践中并非少见，尤其是在封闭公司中更是常见。对此，公司法提供的解决方案是允许股东提起解散公司的诉讼以便打破僵局。该条首先立足于解决公司僵局问题。公司僵局可能发生在股东会层面，也可能发生在董事会层面。但无论是何种情形，均导致公司经营管理发生严重困难，继续存续会使股东利益受到重大损失。

公司僵局的表现如下。

一是公司持续两年以上无法召开股东会或者股东大会，公司经营管理发生严重困难的。比如，公司两名或者两派股东所持股份相当但意见相左，导致无法召开会议，致使公司经营管理处于停顿状态。

二是股东表决时无法达到法定或者公司章程规定的比例，持续两年以上不能作出有效的股东会或者股东大会决议，公司经营管理发生严重困难的。比如，公司两名或者两派股东所持股份相当但意见相左，虽然勉强能召开会议，但任何一方所持股份的表决权都不足以形成有效决议，致使公司经营管理处于停顿状态。

三是公司董事长期冲突，且无法通过股东会或者股东大会解决，公司经营管理发生严重困难的。比如，董事会成员之间形成意见相左的两派，任何一派的表决权又不能形成多数，因而不能作出有效的董事会决议，致使公司经营管理处于停顿状态。实际上，董事会的僵局往往来自股东层面，如果董事层面发生僵局，自然也很难通过股东层面予以解决。

《公司法》第一百八十二条虽然致力于解决公司僵局，但却不限于公司僵局。所谓"公司经营管理发生严重困难，继续存在会使股东利益受到重大损失"，意味着除公司僵局外，还可能基于其他原因导致经营管理发生困难。我国司法实践对此予以肯定处理。那么，"其他严重困难"会是什么样的情形呢？既然"公司僵局"针对的主要是公司管理发生问题的情形，那么如果公司经营上出现了严重困难（包括市场原因和财务困境），从而导致股东利益受到重大损失，股东能否请求解散公司呢？在这样的情形下，股东利益可能受到损失，但涉及的却是全体股东。而《公司法》第一百八十二条的立法本意却在于解救部分股东或者个别股东。因此，如果公司在经营上发生严重困难，继续存在会使股东整体利益受到重大损失，完全可以由公司决议解散公司而不是由股东提起解散公司诉讼。

第二节 公司清算

一、公司清算概述

（一）公司清算的概念

公司清算，俗称公司清盘，是指公司解散后，处分公司财产以及了结各种法律关系并最终消灭公司人格的行为和程序。公司清算是公司法创设的特殊法律手段，旨在彻底消灭公司解散后的各种对内对外关系。通过公司清算，将彻底消灭公司的法人主体资格，收回公司债权，了结公司营业和债务；再经办理公司注销登记，才能最终消灭公司的法人资格。《公司法》第一百八十三条采用"先散后算"模式。我国公司法上公司解散与清算的关系是：解散一经发生，必须经过清算才能导致公司终止，唯一的例外是由公司分立、合并导致的解散，无须清算，因为分立、合并后还有存续的公司承继权利、义务。

（二）公司清算的适用条件

在我国，公司在发生法定解散事由后即告解散，如果没有豁免清算的理由，必须对公司进行清算。公司完成清算事务后，才能终止法人资格。因此，公司解散是引起公司清算的法定原因，公司清算是公司解散的通常结果，启动公司清算必须具备适当的法律前提，具体包括以下三点。

1. 公司解散事由之存在

公司解散事由分为自愿解散、裁判解散以及行政解散。在发生法定解散事由时，公司清理债权债务的活动，才能被称为公司清算。在实践中，即使有些公司基于业务或者资产重组原因而清理债权债务，因为这种清理债权债务不以公司解散为前提，不属于公司清算，所以也不适用公司清算规则。

2. 公司资产超过公司负债

这是破产清算与公司清算之间的重要差异。公司资产超过公司负债，意味着公司债权人可以通过清算程序获得足额清偿。如果公司资产低于公司债务，或者公司资产不能清偿公司债务，即应当依照破产法的规定启动公司破产程序，不能按照公司清算程序实现破产还债的目的。可见，确保公司债权人全面实现债权，是公司清算规则的核心价值；公司资产超过公司负债，则是公司清算规则的适用前提。因此，笔者认为，公司法应当确立全面清偿公司债务的基本原则，不仅公司股东可对遗漏的公司债权再度主张权利，还应在分配取得的剩余财产范围内偿还遗漏的公司债务。公司清算贯彻全面清偿债务的原则，从而与破产清算中部分清偿之间形成鲜明对比。

3. 不存在豁免清算的法定理由

因合并或者分立而解散公司时，豁免适用公司清算程序，无须向公司债权人偿还债务，被解散公司在结束公司合并、分立程序后，可直接办理公司注销。基于合并和分立而解散公司，依照有关公司合并、分立的公司法规定，被解散公司之债权债务自动转由合并后新设公司或者存续公司承担，或者由分立后的公司承担连带责任。即使未经清算，也不影响公司债权人利益，因此，可省去公司清算程序。除此之外，公司在发生解散事由的法定期限内，必须进行公司清算。根据英国和英联邦国家法律，依法成立的公司需经股东大会特别批准后才能从事营业。如果公司成立后没有开展经营活动，有证据表明不清算不会损害其他人利益的，公司登记机关有权豁免公司清算。我国没有规定股东大会对公司营业的批准权，因此，公司自取得营业执照后即可开展营业；而且无论公司成立后是否实际开展营业，只要出现公司解散事由，均必须启动并完成公司清算，否则，公司登记机关不接受注销公司的申请。[①]

二、清算的方式

清算方式的一般分类包括：破产清算与非破产清算、任意清算与法定清算、普通清算与特别清算、自行清算与强制清算。此处就我国公司法的相关规定对清算的方式进行阐述。根据我国公司法的规定，清算可分为自行清算、指定清算和破产清算。

（一）自行清算

自行清算是指公司自己组织的清算。《公司法》第一百八十三条规定，公司因本法第一百八十条第（一）项、第（二）项、第（四）项、第（五）项规定而解散的，应当在解散事由出现之日起十五日内成立清算组，开始清算。该条规定表明以下情况。

1. 自行清算既适用于自愿解散，又适用于强制解散

具体包括基于公司章程规定的事由发生而解散，股东决议解散，依法被吊销营业执照、责令关闭或者被撤销而解散，以及股东申请法院解散四种情形。应当注意的是，这里不包括基于合并或者分立而解散的情形。在合并情况下，其债权债务发生概括转移；在分立情况下，其债务

---

① 参见叶琳编：《公司法研究》，中国人民大学出版社2008年版。

或者根据协议由分立各方分担,或者由分立各方承担连带责任。因此,公司合并、分立无须清算。

2. 公司解散后,应当在合理的时间内确定适格的人对公司进行清算

什么是"合理的时间"?什么是"适格的人"?《公司法》第一百八十三条规定,公司被解散的,应当在解散事由出现之日起十五日内成立清算组,开始清算。有限责任公司的清算组由股东组成,股份有限公司的清算组由董事或者股东大会确定的人员组成。如果因为公司没有自行清算而给利害关系人造成损失或者因为资产流失或者隐匿、转移财产导致债权人不能收回债权,股东不能分配剩余财产,应当由公司的控制股东、董事、高级管理人员共同承担民事责任。这是因为,虽然在自行清算的情况下,清算组由股东组成或者由股东大会确定其组成人员,但实际上,只有控制股东才能参与公司管理或者对公司发生支配性影响,董事和高级管理人员则是直接责任人员。

(二)指定清算

指定清算,是指经利害关系人申请由法院指定清算人进行清算的情形。《公司法》第一百八十三条规定,公司被解散的,应当在解散事由出现之日起十五日内成立清算组,开始清算。有限责任公司的清算组由股东组成,股份有限公司的清算组由董事或者股东大会确定的人员组成。逾期不成立清算组进行清算的,债权人可以申请人民法院指定有关人员组成清算组进行清算。人民法院应当受理该申请,并及时指定清算组进行清算。

由此可见,指定清算适用于这样的情形:无论公司基于何种原因解散(前文已述,合并、分立无须清算,破产清算适用破产法,此种情形需排除),只要公司没有在法定期限内自行组织清算,利害关系人均可以向法院提出申请来指定清算人进行清算。司法实践则进一步明确了凡是有下列情形之一的,利害关系人可以申请法院指定清算组进行清算:(1)公司解散逾期不成立清算组进行清算的;(2)虽然成立清算组但故意拖延清算的;(3)违法清算可能严重损害债权人或者股东利益的。

司法实践显然扩大了指定清算的适用范围,但却是可取的,因为这样更加符合实际情况。〔可见《公司法》司法解释(二)第七条第二款〕

指定清算的申请人应当是利害关系人。根据公司法的规定，债权人可以申请指定清算。这自然没有问题，因为解散公司后是否顺利清算直接影响到债权人的利益。但是，公司解散后是否顺利清算同时也会影响到股东的利益，公司法将指定清算的申请人局限于债权人自然存在疏漏。好在《公司法》司法解释弥补了这一缺陷。它承认在出现上述情形时，如果债权人未提起清算申请，公司股东也可以申请法院指定清算组对公司进行清算。虽然司法解释有了这样的规定，但为何必须在债权人未提起清算申请时股东才能提起申请呢？股东是清算关系中固有的利害关系人，其请求权是独立的，并不具有依附性，其当然可以直接向法院申请指定清算。

（三）破产清算

公司被宣告破产后，其清算由破产法专门规定，公司法仅作衔接性规定。《公司法》第一百九十条规定，公司被依法宣告破产的，依照有关企业破产的法律实施破产清算。同时，《公司法》第一百八十七条规定清算组在清理公司财产编制资产负债表和财产清单后，发现公司财产不足清偿债务的应当依法向人民法院申请宣告破产。公司经人民法院裁定宣告破产后，清算组应当将清算事务移交给人民法院。

三、清算人

（一）清算人的概念

清算人（receiver），又称清算组、清算官、清算组织、清算机构、清算机关、清算委员会，是指清算事务的执行人，具体职责是对内执行清算事务，对外代表清算中公司。《公司法》中的立法用语是清算组。

（二）清算人的组成及选任

在各国公司法中，清算人的成员选任因解散原因、清算类型的不同而有所不同。一般而言，任意解散的情形下，清算人由股东选任；只有在股东不能选任时，法院才可以应利害关系人的申请组织清算人。在强制解散的情况下，清算人一般由法院组织。具体而言，可以分为如下几种情况。

（1）股东会选任。其方式包括：章程规定相任清算组成员的人选与股东会议决议。

(2) 法院指定。股东不能选任或者在法院强制解散时,由法院指定清算人的成员。

(3) 行政机关指定。在行政解散情形下,由行政主管机关指定清算人的成员。

(4) 债权人选任。英国等少数国家规定债权人可以选任清算人,且大多发生在普通清算的情形。

相比较而言,我国法律规定的清算组成员的选任最体现公司(股东)自治的精神,依据《公司法》第一百八十三条,分为两种情况:其一,无论解散的原因属于任意解散还是强制解散,只要适用普通清算,公权力机关不干预清算组的组成,有限公司的清算组由股东组成,股份公司的清算组由董事或者股东大会确定的人员组成。此处的"股东"可以指全体股东,也可以指部分股东;"股东大会确定的人员",可以是股东,也可以是股东以外的人。其二,在特别清算的情形下,应债权人申请才由法院出面组织清算组,成员由法院指定。特别清算适用非诉程序,以债权人或者股东为申请人,公司为被申请人,管辖法院的确立原则与前述司法裁判解散公司的管辖原则完全一样。〔可见最高人民法院关于适用《公司法》若干问题的规定(二)第二十四条,后文简称《公司法规定(二)》〕

需要指出的是,《公司法》第一百八十三条的规定表明股东、董事是公司清算的义务主体,履行清算职责。如怠于履行清算职责,由此给相关利益主体如债权人造成损失的,应当承担相应的法律责任。

(三) 清算人的人数

清算事务的执行人本来既可由一人充任,也可以由多人担当;清算人既可以是自然人,也可以是法人。采用清算组概念的多数公司法都没有清算组人数的要求,这说明清算组可以是一人,也可以是数人,但实务中清算组往往由若干人构成。我国公司法使用"清算组"概念本身也并不表明法律要求清算组必须由两人以上组成。因为对于一人有限公司而言,按照《公司法》第一百八十三条"有限责任公司司的清算组由股东组成"的字面解释,其清算组当然是由一人(即单个股东)组成。事实上,对于那那些小型公司来说,一定要求两人以上组成清算组既增加公司的负担,也没有必要。

(四)清算人的法律地位及职权

清算人的法律地位,是指清算人与清算中公司的关系。从总体上说,清算人是清算中公司的法人机关,在清算期内对内执行清算事务、对外代表清算中公司其法律地位相当于公司正常营业期间的董事会、经理。《公司法规定(二)》第十条规定,"公司依法清算结束并办理注销登记前,有关公司的民事诉讼,应当以公司的名义进行"。

大陆法系公司法一般规定,在清算人为数人的情况下,原则上清算人的各个成员均得代表清算中公司,即实行共同代表制。我国实行单一代表人制。《公司法规定(二)》第十条第二款规定,"公司成立清算组的,由清算组负责人代表公司参加诉讼;尚未成立清算组的,由原法定代表人代表公司参加诉讼"。清算组负责人的产生,一般由清算组会议决定。

依据《公司法》第一百八十四条,清算组的具体职权为:(1)清理公司财产,分别编制资产负债表和财产清单;(2)通知、公告债权人;(3)处理与清算有关的公司未了结的业务;(4)清缴所欠税款以及清算过程中产生的税款;(5)清理债权、债务;(6)处理公司清偿债务后的剩余财产;(7)代表公司参与民事诉讼活动。

(五)清算人的成员权利与义务

1. 权利

清算人的成员有权获得报酬。公司自行组织清算人的,成员的报酬由股东会在选任时确定;法院指定成立清算人的,成员的报酬由法院确定。

2. 诚信义务

清算人的成员在执行清算业务的范围内,其权利、义务有如公司的董事,与公司之间的关系属委任契约关系,处于受托人的地位。作为公司的受托人,清算人的成员与公司董事一样对公司、股东负有诚信义务,而且对公司债权人负有诚信义务,违反诚信义务的,承担违信责任。

3. 违信责任

清算人的成员的违信责任可以比照适用《企业破产法》关于破产管理人的规定。《公司法》第一百八十九条概括规定：清算组的成员应当忠于职守、勤勉尽责，依法履行清算义务；不得利用职权收受贿赂或者其他非法收入，不得侵占公司财产；清算组成员因故意或重大过失给公司或债权人造成损失的，应承担赔偿责任。根据这一立法精神，《公司法规定（二）》对清算组成员的违信责任进行了体系化的规定。

其第十一条第二款规定，清算组未依法履行通知和公告义务，导致债权人未及时申报债权而未获清偿，债权人主张清算组成员对因此造成的损失承担赔偿责任的，法院应予以支持。其第十五条第二款规定，执行未经确认的清算方案给公司、债权人造成损失，公司、股东或者债权人主张清算组成员承担赔偿责任的，法院应依法予以支持。

其第二十三条规定，清算组成员从事清算事务时，违反法律、行政法规或者公司章程给公司、债权人造成损失，公司、债权人主张其承担赔偿责任的，法院应依法予以支持。如果公司基于起诉追究该赔偿责任的，股东可以提起代表诉讼；公司已经清算完毕注销，股东可以清算组成员为被告、其他股东为第三人向法院提起代表诉讼。

此外，《公司法》第二百零六条："清算组不依照本法规定向公司登记机关报送清算报告，或者报送清算报告隐瞒重要事实或者有重大遗漏的，由公司登记机关责令改正。"该条对清算组成员违法行为的行政责任进行了规定。

四、解散清算的程序

根据《公司法》《公司法规定（二）》有关规定，解散清算程序大致如下。

（一）清算开始

在国外公司法上，公司解散后，除因合并、分立及破产解散法律另有规定外，应于法定期间到登记机关进行解散登记并公告，产生公示的效力。目前我国没有规定解散登记制度。

清算组成立之日即为清算开始之日。在国外公司法上，清算组选任后应当进行登记,我国法律无此要求。在清算开始后,公司便负有相应的义务,如不得开展与清算无关的经营活动。

(二)债权申报与登记

《公司法》第一百八十五条以及《公司法规定(二)》第十一条规定,清算组应当自成立之日起十日内将公司解散清算事宜书面通知全体已知债权人,并于六十日内根据公司规模和营业地域范围在全国或者公司注册登记地省级有影响的报纸上进行公告;清算组未按照规定履行通知和公告义务,导致债权人未及时申报债权而未获清偿,债权人主张清算组成员对因此造成的损失承担赔偿责任的,应予以支持。

债权人应当自接到通知书之日起三十日内,未接到通知书的自公告之日起四十五日内,向清算组申报其债权。债权人申报其债权,应当说明债权的有关事项,并提供证明材料。清算组应当对债权进行登记。申报债权期间,清算组不得对债权人进行个别清偿。

《公司法规定(二)》第十二条规定,债权人对清算组核定的债权有异议的,可以要求清算组重新核定;清算组不予重新核定,或者债权人对重新核定的债权仍有异议,债权人以公司为被告向法院提起确认之诉的,法院应予受理。第十三条规定,债权人在规定的期限内未申报债权,在公司清算程序终结之前补充申报的,清算组应予登记。第十四条规定,债权人补充申报的债权,可以在公司尚未分配财产中依法清偿。公司尚未分配财产不能全额清偿,债权人主张股东以其在剩余财产分配中已经取得的财产予以清偿的,法院应予支持;但债权人因重大过错未在规定期限内申报债权的除外。债权人或者清算组,以公司尚未分配财产和股东在剩余财产分配中已经取得的财产不能全额清偿补充申报的债权为由,向法院提出破产清算申请的,人民法院应不予受理。

(三)制订清算方案

清算组在清理公司财产、编制资产负债表和财产清单后,应当制订清算方案,报股东会确认(普通清算)或者法院确认(特别清算)。《公司法规定(二)》第十五条规定,未经确认的清算方案,清算组不得执行,否则,由此给公司或者债权人造成损失的,公司、股东或者债权人可以主张清算组成员承担赔偿责任。

(四)分配剩余财产

清算方案的执行,就是分配公司剩余财产。法定分配顺序依次为:(1)支付清算费用、支付职工工资、社会保险费用和法定补偿金;(2)清缴所欠税款;(3)清偿公司债务;(4)清偿完毕前述三项款项后的公司剩余财产,有限公司按照股东的出资比例分配,股份公司按照股东持有的股份比例分配。另依最高人民法院关于适用《公司法》若干问题的规定(三)第十六条,针对瑕疵出资的股东,公司可以根据公司章程或者股东会决议对其剩余财产分配请求权作出相应的合理限制,该股东请求认定该限制无效的,法院不予支持。分配财产必须严格依照法定顺序进行,如果在未进行其他清偿前向股东分配财产,属无效行为,不仅追回所分配的财产,相关人员还会被依法追究法律责任。

(五)清算终结

《公司法》第一百八十八条规定,公司清算结束后,清算组应当制作清算报告,报股东(大)会(普通清算)或人民法院确认(特别清算),至此清算程序终结。《公司法规定(二)》第十六条规定,特别清算应当自清算组成立之日起六个月内清算完毕,因特殊情况无法在六个月内完结的,清算组应当向法院申请延长。

第三节 公司重整

一、基本概念

公司重整(corporate reorganization/corporate rearrangement)是专门为陷入困境但具有维持价值的公司进行重建所建立的一项法律制度。根据《中华人民共和国企业破产法》第二条规定,企业法人不能清偿到期债务,并且资产不足以清偿全部债务或者明显缺乏清偿能力的,依照本法规定清理债务。企业法人有前款规定情形,或者有明显丧失清偿能力可能的,可以依照本法规定进行重整。

公司重整的特征如下。

1. 公司重整的直接目的是挽救陷入困境的公司，并使其维持和更生

公司陷入财务困境已经暂停营业或者有停业之虞，但仍有重建的可能或者必要，或者有继续经营的价值的应当使其免于解体或者破产。公司的重建或者再生不仅有利于企业本身，而且有利于保护债权人及公众投资者，进而达到维护社会经济秩序的目的。维护社会经济秩序可以说是公司重整的间接目的。

2. 公司重整适用的对象限于股份有限公司，而且限于公开发行证券的股份有限公司（以下简称公众公司）

一般而言，公司重整只适用于股份有限公司，而不适用于无限责任公司或者有限责任公司。(《美国破产法》所规定的重整制度适用于任何公司，并可适用于个人）其原因是无限责任公司的股东承担无限连带责任，有限责任公司规模较小、关系简单。至于是否有必要进一步将公司重整的对象限于公众公司，则存在不同的做法。日本、韩国的公司重整法只将公司重整的对象限于股份有限公司；而我国台湾地区的公司法则将公司重整的对象进一步限定于公开发行证券的股份有限公司。将公司重整的对象进一步限定于公众公司的原因是不公开发行证券的股份有限公司的法律关系实际上与有限责任公司的法律关系没有本质性差异。而在公众公司中，众多的公众投资者和债权人的存在使公众公司涉及广泛的公众利益。其公开发行之股票或者债券在证券市场流通，如不予以扶持，将会造成债权人债权得不到清偿，公众股东投资利益受到损失，员工大量失业，进而造成社会不安定，故而有重整的必要。相较而言，封闭公司则不会涉及公众利益，没有扶持的必要。

3. 必须公司具有维持价值

从公司的营业状况来看，如果公司已显然失去继续经营的价值，即便予以重整，也无济于事，这便失去了重整的意义，所以应将重整限于有继续经营价值的公司。但应注意的是，公司重整的目的在于重建企业，所以无须维持公司人格的同一性，也可以原来的企业为基础设立新的公司。

4. 必须发生在公司被解散或者被宣告破产之前

重整的目的在于避免公司解散或者破产。如果公司已经解散或者破产,自然没有重整的必要。但应注意的是,已经处于解散、破产程序的公司可因公司重整程序的启动而中止。

5. 必须依照法定程序进行

公司重整实际上以多数人分担损失为前提,否则重整无法进行。即为了维持企业的继续存在,公司债权人和股东必须做出一定的妥协和让步,以牺牲自己的一定利益和放弃自己的一定权利为代价获得公司再生的机会。因此,公司重整应由利害关系人共同参与并在法院的监督之下进行,以求所进行的各种重整行为公平合理。要想达到此目的,则必须保障重整程序的公正合法。

二、重整的程序

公司重整的程序分为三步,分别是:提出重整申请、法院对重整申请的受理、重整计划的执行。

(一)提出重整申请

公司法人的重整申请可由债务人、连续六个月持有公司百分之十以上股份的股东以及债权人提出。

申请人应向被申请人所在地的法院提出重整申请,并递交书面申请书。申请人应当在破产宣告前提出重整申请,破产宣告后不得再提起。

(二)法院对重整申请的受理

1. 重整申请的审查

(1)形式审查:审查法院有无管辖权、申请人是否合格、申请书的形式是否符合法律的规定;

(2)实质审查:审查被申请人是否合格、债务人是否具有重整的原因、债务人是否具有挽救的希望。

2. 法院的调查

法院应当选派法官或委任具有专门知识经验而与债务人无利害关系的人员对被申请重整的公司进行调查,具体查明债务人的财力状况和经营状况,征询有关主管机关的意见,将调查报告提交给人民法院。

3. 选任检查人

法院应在初步调查的基础上选任专门的检查人调查公司的情况,以供法院作为决定是否裁定重整的参考。

（1）检查公司业务、财务状况及作出资产估价；

（2）公司的营业状况依合理财务费用负担标准，是否尚有经营价值；

（3）企业负责人在执行业务时，有无违法行为；

（4）提出申请的事项有无不实。

4. 保全措施

法院接到申请到作出受理裁定期间内，为防止债务人转移财产和其他影响债权人利益的行为，可以依职权或依申请人申请，中止对债务人的其他民事执行程序或对公司财产采取保全措施。

法院经调查认为符合重整条件，应作出允许债务人重整的裁定。

5. 受理重整申请裁定的效力

法院裁定准许重整后，即正式启动重整程序。法院应在法定期间内公告准许重整的裁定，并将裁定书及公告事项以书面形式通知重整监督人、重整人、已知债权人、股东及主管机关。

（1）债务人的财产权、经营权、或财产管理权由重整人在监督人和法院监督下接管，债务人停止一切职权活动；

（2）进入重整程序后，重整人为唯一合法的清偿债务和接受债权清偿的机关，债务人不得为同样的行为；

（3）中止对债务人的其他强制执行程序；

（4）成立关系人会议，作为利害关系人表达其意思的机关；

（5）符合条件的债权人应在法定期间内向法定的机关申报债权。

（三）重整计划的执行

重整人应在债务人协助下及时制订出重整计划草案，交由关系人会议讨论通过后，由重整监督人提交法院认可，经认可的重整计划对债务人及关系人产生约束力。

重整计划的内容应包括：

（1）债权变动的具体情况、债务清偿的期限和履行的担保及作出清偿条件；

（2）重整的措施：包括企业整体情况的处理、企业重新发展的资金来源(可借入资本、出售部分财产换取资金、股份公司可征得证券监管部门的同意增发股票或债券募集资金、或进行合理的资本置换);

(3)重整计划的具体执行。

重整计划由法院指定的重整人执行。重整人在执行重整计划过程中,应尽到善良管理人的义务,接受监督人的监督,违反此义务而给债务人或关系人造成损害时,应负赔偿责任。

公司重整完成后,发生如下效力。

(1)已申报的债权未受清偿部分,除依照重整计划转移给重整后公司承受外,其请求权消灭。未申报债权亦同。但应注意的是,公司债权人对公司债务的保证及其他共同债权人的权利不因公司重整而受影响。比如,重整债权人在关系人会议中,赞成订有延期清偿的重整计划时,保证人不得主张免除其保证责任。再则,重整公司作为连带债务人之一,而重整计划减免重整公司之一部分债务时,其他连带债务人不得主张免除其连带责任。这一规则的目的在于"使重整计划于关系人会议中更容易获得通过"。[①]

(2)股东股权经重整而变更或者减除的部分,权利消灭;未申报的无记名股东权利亦同。

(3)重整裁定前,公司的破产、和解、强制执行及因财产关系所生之诉讼程序原本处于中止状态,但因重整成功即行失去效力。此外,重整工作完成,重整人和重整监督人当然解除职务。

[①] 参见柯芳枝编:《公司法论》,中国政法大学出版社2004年版。

后　记

感谢塔里木大学南疆技术转移中心的支持与帮助。感谢三峡大学法学与公共管理学院陈媛媛、曹然、邹婷婷、陈昕雨参与研讨、内容撰写及文稿校对。其中，陈媛媛参与撰写了第四编第十章，曹然参与撰写了第四编第八章，邹婷婷参与撰写了第四编第十一章，陈昕雨参与撰写了第四编第九章。

刘子龙

2023 年 4 月 6 日